W0001479

Lyn Webster Wilde
Amazonen

EUROPA
VERLAG

Aus dem Englischen von Diane von Weltzien

LYN WEBSTER WILDE

Amazonen

AUF DEN SPUREN KRIEGERISCHER
UND GÖTTLICHER FRAUEN

Europa Verlag
Hamburg · Wien

Die Deutsche Bibliothek – CIP-Einheitsaufnahme
Ein Titelsatz für diese Publikation ist bei
Der Deutschen Bibliothek erhältlich.

Originalausgabe:
On the Trail of the Women Warriors
© Lyn Webster Wilde 1999

Deutsche Erstausgabe
© Europa Verlag GmbH Hamburg/Wien, Januar 2001
Lektorat: Ingrid Klein
Umschlaggestaltung: Kathrin Steigerwald, Hamburg
Foto: Edgar Lissel
Innengestaltung: H & G Herstellung, Hamburg
Druck und Bindung: Wiener Verlag, Himberg bei Wien
ISBN 3-203-84040-5

Informationen über unser Programm erhalten Sie beim
Europa Verlag, Neuer Wall 10, 20354 Hamburg
oder unter www.europaverlag.de

INHALT

Wer waren die Amazonen?

Zum ersten Mal wurde ich mit den Amazonen bei der Produktion der BBC-Comedy-Sendung *Revolting Women* konfrontiert. Dort lief unter dem Titel »Bogwomen« ein wöchentlicher Beitrag über eine matriarchalische Gruppe, die ohne Männer im Moor außerhalb von Manchester lebte. Der Autor hatte sich zu dieser skurrilen Sippe von den mythischen Amazonen inspirieren lassen, die, wie ich bald herausfand, wenig mit den friedlichen Charakteren der Serie gemein hatten: Die Amazonen leisteten männlicher Herrschaft mit aller Gewalt Widerstand, waren erbarmungslose Kriegerinnen, töteten oder verstümmelten ihre männlichen Nachkommen und lebten in anonymer Promiskuität, um Schwangerschaften herbeizuführen. Sie waren ebenso schön wie grausam.

Das war der Anfang meiner Faszination. Sehr bald wurde mir klar, dass sie nichts mit dem Fluss Amazonas in Südamerika zu tun hatten, sondern ihren Ursprung in der klassischen Welt Griechenlands, im westlichen Asien und in den Steppengebieten um das Schwarze Meer hatten. Die echten Amazonen in den Überlieferungen Homers und Herodots kämpften während der Eisen- und Bronzezeit. Der südamerikanische Flussname verdankt sich späteren Erzählungen Reisender von bewaffneten Frauenbanden, die nach ihren griechischen Vorläuferinnen »Amazonen« genannt wurden. Doch wer die Amazonen wirklich waren, jenseits von Mythologie, Geschichte und Legende, war für mich das eigentlich Geheimnisvolle.

Ich las alles über sie, was mir in die Finger kam, und war schließlich besessen von dem Wunsch herauszufinden, ob es sie wirklich gegeben hat. Das war alles andere als einfach – unbeabsichtigt hatte ich ein Labyrinth betreten, das mich erst wieder freigab, nachdem ich seinen roten Faden bis zum bitteren Ende verfolgt hatte. Die Suche führte mich in die verstaubten Gewölbe von Bibliotheken, in die brillante, aber auch wirre Gedankenwelt von Akademikern, in das ebenso inspirierende wie ideologische Reich des Feminismus, in die Welt von Zauberern, Psychologen und Magiern und zuletzt auch in die abgelegensten Winkel meiner eigenen geschlechtlichen Identität. Ich habe erstaunliche Dinge herausgefunden, nicht nur über die Amazonen, sondern auch über den menschlichen Geist, wie er Schlüsse zieht und oft nur das sieht, was er sehen will, und nicht das, was wirklich ist (vorausgesetzt es *gibt* tatsächlich etwas, das *wirklich* ist). Zu kämpfen hatte ich außerdem mit meiner Neigung, mich vom breiten Strom der Dinge mitreißen zu lassen und dabei die für diese Geschichte so wichtigen Details zu übersehen.

Allein schon die Vorstellung von Amazonen, von unbarmherzigen Kriegerinnen, die getrennt von Männern leben, erregte Leute zutiefst. In manchen Frauen provoziert sie die Sexkriegerin, die sich an den Männern, von denen sie sich verletzt und misshandelt fühlt, rächen möchte. Auf viele Männer wirkt sie erotisch aufreizend; sie genießen die Vorstellung einer dominierenden, schönen, langbeinigen Gespielin, die sich ihnen nach einem fairen Kampf unterwirft. Andere beiderlei Geschlechts hingegen finden den Gedanken beunruhigend, dass Frauen kämpfen und ihre »natürliche« Zartheit zugunsten von Unbarmherzigkeit und Überlegenheit aufgeben. Manche Feministinnen beanspruchen die Amazonen ganz für sich und idealisieren sie, obwohl das beileibe nicht einfach ist! Jungianer werten ihre weibliche Gewalttätigkeit als beunruhigende Abweichung von der geordneten Welt der Archetypen; das Interesse von Altphilologen und Archäologen an ihnen ist mit Misstrauen gepaart oder führt zu den gleichen übertriebenen Behauptungen wie bei einigen der Amazonenenthusiasten im Internet, die a priori wissen, dass diese wunderbaren Frauen genau so waren, wie der Mythos sie präsentiert. Und für viele Anhängerinnen der Großen Göttin sind die Amazonen Bestandteil eines Erbes, auf das sie um keinen Preis verzichten wollen.

Bei der Beschäftigung mit Amazonen ist Objektivität selten. Zugleich erwies sich der Versuch, auf dem sicheren und hohen akademischen Podest zu verharren, als sinnlos. Jede »Tatsache« und jede »Vermutung« über Amazonen impliziert unsere Vorstellung von dem, was Frauen und Männer sind und was sie sein könnten, wenn wir davon absehen, was sie sein *sollten*. Heutzutage sprechen wir locker über »weibliche Macht«. Doch können wir uns *wirklich* vorstellen, welche »Macht« eine Priesterin mittleren Alters in Çatal Hüyük in Zentralanatolien hatte, wenn wir ihre 8000 Jahre alte Skulptur verziert mit Schädeln und Leoparden in einer Museumsvitrine betrachten? Und wie fühlte sich eine junge skythische Kriegerin, die lernen musste, mit Pfeil und Bogen oder mit dem Speer zu kämpfen? Hatte sie Freude daran, ihre Aggression auszuagieren, oder sehnte sie sich danach, daheim bei der Mutter oder bei Mann und Kindern zu sein? Wie empfand ein Mesopotamier oder eine Mesopotamierin die Macht der zugleich schönen und furchterregenden Kriegsgöttin Ischtar mit ihren Flügeln, Waffen und Löwen? Was veranlasste die Anhänger der phrygischen Kybele dazu, sich selbst zu kastrieren, um ihr als Priester zu dienen?

Diese Fragen dürfen nicht vernachlässigt werden, wenn wir verstehen wollen, wer die Amazonen waren und wie die Mythen über sie entstanden. Erstmals erwähnt wurden sie von Homer, der sie als »Horde männischer Amazonen« bezeichnete. Im sechsten Jahrhundert v. Chr. schrieb Aischylos über »diese berühmten Amazonen, die ohne Männer leben und sich von Fleisch ernähren« und behauptete, sie seien »im Kampf furchtlose Jungfrauen«. Ein Jahrhundert später schilderte Hellanikos von Lesbos sie als Frauen »in goldenen Panzern und mit silbernen Schwertern, die Männer lieben und Knaben schlachten«. In der Folge kommt es zu faszinierenden Variationen.

Im Wesentlichen waren die Amazonen für zwei Eigenschaften berühmt: unerschrocken und unbarmherzig zu kämpfen und ohne Männer zu leben, deren Gesellschaft sie nur einmal im Jahr suchten, um schwanger zu werden. Manchen Darstellungen zufolge gaben sie die männlichen Kinder deren Vätern; in anderen verstümmelten oder töteten sie sie. Einige Autoren berichten, dass die Amazonen ihren Töchtern in der Kindheit eine Brust ausbrannten, damit sie den Bogen ungehindert spannen konnten, oder um die

Kraft in ihren Zugarm zu leiten. Die Athener klassifizierten die Amazonen zusammen mit den Persern und Zentauren als barbarische Feinde, die zu guter Letzt immer von der Heimmannschaft besiegt würden. Sie wurden in der Regel als schlanke, durchtrainierte und attraktive Frauen dargestellt, ob nun mit unbedeckten Brüsten und wohlgeformten Oberschenkeln auf schwarzfigurigen Vasen aus dem sechsten Jahrhundert v. Chr. oder in Brustpanzern und knappen Chitonen als Kriegerin *Xena* im Fernsehen.

Als ich mit meinen Recherchen über die Amazonen begann, nahm ich an, dass es sie wirklich gegeben hat. Ich wusste nur wenig über die Geschichte der Antike oder das klassische Griechenland; ich vertraute den umfassenden Behauptungen feministischer Autorinnen wie Marija Gimbutas oder Merlin Stone, dass es in der Jungsteinzeit und in der Bronzezeit matriarchalische Gesellschaften gegeben habe, deren Überreste möglicherweise die Amazonen waren. Unter dem Begriff »Amazonen« versammelten feministische Enzyklopädien alle nur denkbaren beeindruckenden Kriegerinnen, angefangen bei den Walküren bis hin zu keltischen Göttinnen, und zitierten bedenkenlos aus Quellen, die sich bei näherer Untersuchung als unzuverlässig erwiesen. Ich bewegte mich auf unsicherem Boden. Nach der anfänglichen und recht naiven feministischen Begeisterung entwickelte sich in allgemeiner – offizieller – Übereinstimmung die Hypothese, es habe die Amazonen nicht wirklich gegeben. Zahlreiche lehrreiche Artikel wurden geschrieben, überwiegend von feministischen Altphilologinnen, in denen sie darauf verwiesen, dass es sich bei den Amazonen um das Produkt eines Kompensationsmechanismus der griechischen Patriarchen handelte – sie hatten ihre eigenen Frauen so gründlich unterworfen, dass ihre Schuldgefühle sie zur Schaffung eines Mythos veranlassten, der die Schrecken zeigte, die geschehen würden, falls die Frauen ihr Joch abwürfen. Oder man interpretierte die Amazonen als klassischen »Umkehrmythos«, der die Frage stellt: »Was würde geschehen, wenn Männer nicht das Sagen hätten?« Die Antwort lautete immer »schlechte Dinge«. Da diese Hypothesen durch zahlreiche kluge Köpfe gestützt wurden, entwickelten sie einen gewissen Reiz, überzeugten mich jedoch nicht.

Ich hatte eine Fantasie, die sich nicht beiseite schieben ließ – ich sah zwei Frauen, zähe, sehnige, junge Frauen auf ihren Pferden in weitem, feuchtem Grasland vor fernem Horizont, einen Eindruck von Freiheit und Kraft vermittelnd. Die Frauen kämpften nicht, sie unterhielten sich nur, erfreuten sich an der Stille und Frische des Tagesanbruchs, während sie ihre Pferde grasen ließen. Ich konnte den wilden Thymian förmlich riechen, den Wunsch der Frauen spüren, hier noch ein wenig länger zu verweilen, statt sich ihrer nächsten Aufgabe zu widmen. Diese Frauen waren Amazonen, Frauen die reiten und kämpfen und wenn nötig auch töten konnten. Ob sie von Männern getrennt lebten, darüber sagte mein inneres Bild nichts.

Natürlich war es nur eine Fantasie, doch sie hatte Macht über mich. Sie forderte mich auf: »Geh hin und sieh es dir an! Lass dich nicht mit den allgemein akzeptierten Hypothesen abspeisen.« Mir kam es so vor, als seien die Akademiker in ihre eigenen vernünftigen Argumente verliebt und keiner von ihnen bereit, seinen Schreibtisch, Computer oder seine Bibliothek zu verlassen, um die Amazonen tatsächlich *zu suchen*. Ich hatte eine Ahnung, dass sie sich irrten, und ich war nicht bereit, diese Ahnung zu verwerfen, nur weil die Akademiker mich auslachten. Doch wo sollte ich mit meiner Suche beginnen?

Wie jeder Rechercheur machte ich »zunächst ein paar Anrufe«. Das Ergebnis war nicht ermutigend: Ein freundlicher Archäologe erklärte mir, dass es sich bei den Amazonen mit großer Wahrscheinlichkeit um »Hethiter in Kilts« handelte, die die Griechen aus der Entfernung mit Frauen verwechselt hatten; eine bekannte Jungianerin meinte ärgerlich, es handele sich bei den Amazonen um eine »Verirrung«, für die sie sich nicht im Mindesten interessiere. Eifrig ging ich Verweisen in den dicken feministischen Bänden nach und musste feststellen, dass sie meist zu Werken amerikanischer Ideologen führten, denen mehr daran gelegen war, ihren eigenen Standpunkt zu vertreten, als die Wahrheit zu entdecken. Oder sie gaben »Fakten« aus den wunderbaren poetischen Streifzügen und Spekulationen in Robert von Ranke-Graves' *Die Weiße Göttin* oder *Griechische Mythologie* wieder.

11

Als ich meine Suche begann, spürte ich, dass die Mythen über die Amazonen der Anfang eines sehr langen Fadens waren, der scheinbar in das Zentrum des Unterschieds von männlicher und weiblicher Energie führt – nicht zu ermüdenden Debatten über Geschlechterrollen, sondern zu etwas weit Aufregenderem. Beispielsweise musste ich mich, als ich Hinweise auf die Macht hethitischer »Zauberweiber« oder Priesterinnen fand, fragen: »Von *welcher Art* Macht ist hier die Rede?« Wir leben in einer christlichen Kultur, in der die Frauen in der offiziellen Spiritualität noch immer eine untergeordnete Rolle spielen – Priester dürfen sie nicht werden und schon gar nicht Priesterinnen, die weibliche sexuelle Macht verkörpern. Wie können wir also über diese Art Macht irgendetwas wissen? Ich erwähnte bereits die berühmte Figurine aus Çatal Hüyük – es handelt sich um die »Herrin der Tiere« oder die »Leopardenfrau«, wie ich sie lieber nenne. Ihre Brüste hängen schlaff herab, und sie hat den ausgeleierten Bauch einer älteren Frau, die viele Kinder geboren hat. In Konya, 50 Kilometer von Çatal Hüyük entfernt, sah ich eine Frau, die ihre Zwillingsschwester hätte sein können: Eine Bauersfrau aus dem zwanzigsten Jahrhundert, kaum mehr als anderthalb Meter groß, mit großen hängenden Brüsten und einem riesigen halbmondförmigen Bauch. Sie strahlte eine rohe, animalische Kraft aus, die wir westeuropäischen Frauen fast vollständig verloren haben. Im Vergleich mit ihr fühlte ich mich wie ein klägliches Gespenst.

In diesem Zusammenhang erzählte mir die Archäologin Jeannine Davis-Kimball, die Gräber von Kriegerinnen in Südrussland freilegt, von ihrer Begegnung mit einer Nomadin in der Mongolei:

> ... eine wunderbare, junge Mongolin kam herbeigeritten. Sie saß kerzengerade im Sattel und war von anmutiger Gestalt. Ihre im Nacken zusammengefassten Haare gaben den Blick auf ein kraftvolles Gesicht frei. Sie strahlte das Selbstvertrauen und die Ungezwungenheit aus, die man für gewöhnlich amerikanischen Cowboys zuschreibt. Ich befand mich in Begleitung von Victoria Veit, einer Mongolenspezialistin aus München. Die Mongolin ritt auf Victoria und mich zu,

brachte ihr Pferd zum Stehen und brachte sich dann für ein Foto mit uns in Positur, als seien wir alte Freunde. Bald bemerkte ich lächelnd einen jungen Mann, der sich am Rand des Geschehens herumdrückte und dann angeritten kam, um herauszufinden, was sich hier abspielte. Er strahlte zu keinem Zeitpunkt die gleiche Spannkraft aus wie die junge Frau. Ich kann mir gut vorstellen, dass sie auch andere Situationen ausgezeichnet meisterte.

Das vorliegende Buch ist also nicht nur die Suche nach den Quellen des Amazonenmythos und seine Erforschung, sondern eine Begegnung mit vergangenen Formen weiblicher Macht. Ich habe mir zum Ziel gesetzt, dieser Macht gerade ins Gesicht zu blicken, sie weder zu verherrlichen noch zu verteufeln. Ich erzähle die Geschichte aus der Perspektive einer Frau, die im ausgehenden zweiten Jahrtausend n. Chr. lebt und die diese Macht wiederfinden und *durchdringen* wollte – jedoch nicht, und das möchte ich betonen, um sich von ihr oder dem Geist der unbarmherzigen Amazonen des Dunklen Zeitalters verschlingen zu lassen. Ich bin weder Altphilologin, Hethitologin, Archäologin, Anthropologin, Historikerin noch sonst irgendeine Wissenschaftlerin. Ich habe mich dennoch durch alle relevanten Forschungsergebnisse auf diesen Gebieten gearbeitet und bin überzeugt, dass dieses Buch nur von einem Generalisten, wie ich einer bin, geschrieben werden konnte. Keiner der oben genannten Spezialisten hätte sich den Fallstricken seines Spezialgebietes entziehen können, denn wer es wagt, es zu verlassen, oder irgendwelche wissenschaftlichen Risiken eingeht, der läuft Gefahr, von seinen Kollegen attackiert zu werden. Zum Glück habe ich keinen akademischen Ruf, den ich schützen oder fördern muss.

Andererseits wollte ich kein Buch schreiben, in dem zwischen allem nur Denkbaren eine Verbindung hergestellt wird – noch wollte ich lediglich Forschungsergebnisse aneinanderreihen, die eine These stützen, die zu beweisen ich von Anfang an angetreten bin. Es ist auch nicht meine Absicht, jede Kriegerin gleich welcher Kultur, die jemals ein Schwert oder Pfeil und Bogen aufgenommen hat, zu katalogisieren, so ansehnlich das auch sein mag. (In ihrer *Encyclopedia of Amazons* hat Jessica Amanda Salmondson das getan.) Stattdessen beschränkt sich diese Veröffentlichung im Wesentlichen auf die Amazonen in der griechischen Mythologie. Außerdem untersucht sie die verschiedenen Antworten auf die Frage, welchen Ursprung die Vorstellungen von den Amazonen und ihr Mythos haben, und steuert eigene Antworten bei.

Es ist nicht möglich, sofort ins Zentrum des Gegenstandes vorzustoßen. Da es mit der Objektivität in diesem Feld schlecht bestellt ist und jeder irgendeinen Standpunkt oder eine Theorie unter Beweis stellen will, ist die Gefahr groß, der ersten Sirene zu erliegen, die in Hörweite singt. Dies ist jedenfalls meine Erfahrung. Daher skizziere ich im ersten Kapitel zunächst einmal das Wesentliche des Amazonenmythos. Ich versuche darin einen Überblick über die griechische Gesellschaft zu geben, in der die Amazonen ihren Ursprung haben. Schließlich waren es die Griechen, die ihre Geschichte erzählten, Bilder von ihnen malten und ihre Schönheit und Kraft bewunderten. Damit stelle ich die Amazonen in einen angemessenen historischen Rahmen und markiere die Richtungen, die die Frage nach ihrer Herkunft klären könnten. Mit dem zweiten Kapitel beginnt die ernsthafte Suche. Sie führt uns in die ukrainische Steppenlandschaft und ans Schwarze Meer, um dort die außerordentlichen Funde von Kriegerinnengräbern aus der Eisenzeit zu erforschen. Kapitel drei untersucht die rätselhafte Gestalt der Artemis, der Göttin der Amazonen. Kapitel vier befasst sich mit ihrem dunklen Medusengesicht und einigen der weiblich dominierten Kulte in der griechischen Antike. Das fünfte Kapitel kehrt an die türkische Küste des Schwarzen Meeres zurück, um dort nach Spuren der Amazonenstadt Themiskyra zu suchen, das Rätsel der hethitischen »Throngöttinnen« zu lösen und etwas über die Macht der »Zauberweiber« in Erfahrung zu bringen. In Kapitel sechs gehen wir in der Zeit noch weiter zurück, um die babylonische Ischtar und die »Herrin der Tiere« von Çatal Hüyük zu finden und festzustellen, was englische Autoren der Jahrhundertwende mit der »orientalischen Vorstellung von sexueller Verwirrung« meinten. Kapitel sieben verfolgt den Weg der afrikanischen

Amazonen bis hin zu den matriarchalischen Sitten der heutigen Tuareg. Und Kapitel acht schließlich fragt, wer die letzten Amazonen waren und ob sie in der heutigen Zeit echte Nachfahren haben.

Als ich mit meiner Suche begann, glaubte ich wirklich, dass die Gräber der skythischen Kriegerinnen in Russland und in der Ukraine eine definitive Antwort auf die Frage nach der Identität der Amazonen liefern würden. Tatsächlich aber machten sie mir bewusst, dass es nicht nur *eine* Antwort auf diese Frage gibt, dass die Wahrheit über das Zustandekommen und die kunstvolle Ausführung des Amazonenmythos unendlich viel komplizierter ist.

Meine Suche hat mich in unvorhersehbare Richtungen und zu unerwarteten Schlüssen geführt. Dies macht bestimmte Begriffe erforderlich, zu deren Verwendung ich mich entschlossen habe und die ich am besten an dieser Stelle erkläre, um späteren Missverständnissen vorzubeugen. Der erste lautet »frauengesteuert«. Ich verwende ihn gelegentlich lieber als das Wort »matriarchalisch«, um Gesellschaften zu beschreiben, in denen die Große Göttermutter zwar die zentrale religiöse Macht darstellt, die jedoch nicht zwangsläufig »matriarchalische« Gesellschaften gewesen sind, in denen Frauen die Entscheidungsgewalt hatten. Der zweite Begriff ist »*Shakti*«, ein Hindu-Wort, das die Partnerin eines Gottes und die von ihr verkörperte weibliche Kraft bezeichnet. Es beschreibt die Energie, die zugleich erotisch, unerschöpflich, faszinierend, beängstigend, sinnlich und vernichtend ist – die göttliche weibliche Kraft in Aktion. Über diese Kraft verfügt jedoch nicht die Göttin – sie entsteht erst durch die Vereinigung mit dem Gott; *Shakti* ist eine aktive Energie, was Sie an den Figurinen der kretischen Schlangengöttin und in den Statuen der tanzenden Parvati in jedem indischen Restaurant deutlich sehen können. Sie ist *nicht* die fruchtbare, schläfrige, friedliche Erdmutterenergie, die bei den sentimentalen Anbetern der Großen Göttin so beliebt ist. *Shakti*, ob sie sich nun in göttlicher oder menschlicher Gestalt zeigt, ist die strahlende, versengende, vitale Kraft des weiblichen Archetyps. Für mich war der Begriff bei der Recherche für dieses Buch unverzichtbar, denn was immer man über die Amazonen sagt, man muss zugeben, dass sie erfüllt sind von *Shakti*. Doch das wurde den Männern vorenthalten, was auf lange Sicht für keine Zivilisation gut sein kann. Deshalb mussten sie untergehen. Doch bevor die Amazonen in die lange Nacht der Verlierer der Geschichte davon reiten, wollen wir herausfinden, wer sie wirklich waren.

1

Der Amazonenmythos

DER GERAUBTE GÜRTEL

Bis vor kurzem konnte man in England, wenn man an einem Samstagabend Entspannung suchte, den Fernseher anschalten und sich mit einer Stunde *Herkules* (griechisch: Herakles) gefolgt von einer Stunde *Xena* verwöhnen. Beide Programme erzählten verwegene Geschichten aus dem mythischen Dunklen Zeitalter Griechenlands. Für gewöhnlich kämpft das Gute gegen das Böse, und zum Schluss gewinnt das Gute. Die beiden Helden, Herakles und Xena, mit ihren magischen Kräften und ihrem trockenen, selbstkritischen Humor, scheinen im selben Reich zu existieren und auf derselben Seite zu kämpfen – auf der Seite des Guten. In der griechischen Mythologie aber waren die Amazonen und Herakles erbitterte Feinde. Wie können also die Amazone Xena und Herakles auf derselben Seite kämpfen?

Die Frauen »in goldenen Panzern und mit silbernen Schwertern, die Männer lieben und Knaben schlachten« waren würdige Gegner des großen Helden Herakles. Denn die neunte seiner zwölf ihm auferlegten Prüfungen verlangte von ihm, gegen die Amazonen zu ziehen und ihrer Königin Hippolyte den Gürtel zu stehlen. Weil die Amazonen die Töchter des Kriegsgottes Ares waren, durfte ihre Königin Ares' goldenen Gürtel tragen. Dieser Gürtel, eine Art Schlange, die aus Stoff, Leder oder Metall gefertigt war, ist ein Symbol sexueller Energie, kanalisiert und in zivilisierten Schranken gehalten. Wenn bei einer griechischen Hochzeit der Bräutigam den Gürtel der Braut löste, dann symbolisierte dies das Ende ihrer Jungmädchenzeit und das Öffnen ihres Körpers für den Ehemann und die Schwangerschaft. Die Abbildung der kleinen minoischen Schlangengöttin zeigt zwei der drei Schlangen, die sie trägt, als einen Gürtel, der auf ihren Hüften liegt und ihren Unterleib bedeckt.

Die Schlangengöttin ist ein Symbol dafür, was der »Gürtel« tatsächlich bedeutet. Für die Amazonen, diese Schar von Kriegerinnen, die ohne Männer lebten, war der Gürtel gleichzeitig ein Symbol ihrer selbstgenügsamen *Shakti*-Energie. Der Verlust des Gürtels ihrer Königin bedeutete für die Amazonen das Ende ihres unabhängigen Lebens.

In der von Diodor erzählten Variante der Geschichte[1] segelt Herakles nach Themiskyra, der Amazonenhauptstadt an der Südküste des Schwarzen Meers, und verlangt von Hippolyte den Gürtel. Sie verweigert die Herausgabe, und es folgt eine blutige Schlacht, in der ihre Kriegerinnen eine nach der anderen erschlagen werden. Sie alle tragen wunderschöne Namen: Aella, was Wirbelwind bedeutet, Philippis, Prothoe, Eriboia, Celaeno, Eurybia, Phoebe, Deianera, Asteria, Marpe, Tekmessa und Alkippe, die geschworen hatte, ein Leben lang Jungfrau zu bleiben, und sterbend diesen Schwur hielt. Erst als Herakles all diese tapferen Kriegerinnen erschlagen und das Volk der Amazonen praktisch ausgelöscht hat, gibt sich Melanippe, ihre Anführerin, geschlagen. In der Geschichte ließ Herakles Melanippe im Tausch für ihren Gürtel am Leben; mit anderen Worten, er vergewaltigte sie in dem Wissen, dass das für sie demütigender als der Tod war. Antiope, eine Amazonenprinzessin, machte er Theseus zum Geschenk als Dank dafür, dass er ihn bei dem Abenteuer begleitet und unterstützt hatte.

Theseus, der größte Held Athens, kehrte in seine Heimatstadt zurück und macht Antiope zu seiner Sklavin – mit anderen Worten zu seiner Konkubine. Vielleicht war Theseus ja außerhalb des Schlachtfelds kein so unzivilisierter Mann, denn Antiope verliebte sich in ihn. Doch die verbliebenen Amazonen wussten davon nichts und taten sich mit skythischen Verbündeten von jenseits des Schwarzen Meers zusammen, um Athen anzugreifen und Antiope zu retten. Sie kamen über den Kimmerischen Bosporus und Thrakien nach Attika und schlugen ihre Zelte auf den Hügeln vor der Stadt Athen auf (siehe Karte 2). In der nachfolgenden Schlacht kämpfte Antiope auf der Seite der Athener. Sie hatte inzwischen mit Theseus einen Sohn namens Hippolytos. Antiope fiel im Kampf gegen ihre eigenen Schwestern. Das verbliebene Amazonenheer wurde in die Flucht geschlagen und kehrte mit seinen Verbündeten nach Skythien zurück.

In einer späteren Version[2] des Mythos besucht Hippolyte Herakles auf seinem Schiff, als es im Hafen von Themiskyra vor Anker geht, verliebt sich in ihn und bietet ihm den Gürtel als Geschenk an. Alles hätte gut ausgehen können, wenn nicht die Göttin Hera, die ihr Gemahl, der Göttervater Zeus, mit Alkmene betrogen hatte, um Herakles zu zeugen, das Gerücht verbreitet hätte, dass die hellenischen Piraten Hippolytes Entführung planten. Also schwangen sich die Amazonen auf ihre Pferde und zogen gegen Herakles und die Seinen in die Schlacht. Da tötete Herakles die Amazonenkönigin und nahm ihr den Gürtel und die Streitaxt ab. Die Streitaxt schenkte er später Königin Omphale (selbst von ausgeprägter Amazonenhaftigkeit), die sie den heiligen Insignien der lydischen Könige hinzufügte.

Egal, welcher Version des Mythos Sie den Vorzug geben, die Geschichte markiert eine entscheidende Verschiebung in der Psyche des europäischen Mannes: Er hört auf, der *Sohn* der Mutter zu sein, und wird stattdessen zu ihrem *Herren*. Er stiehlt der Großen Göttin, die bis zu diesem Zeitpunkt als die Quelle allen Lebens, als die höchste Macht im Universum betrachtet wurde, ihren Gürtel, der ihre sexuelle Energie, ihre *Shakti* symbolisiert. Im Vergleich zu ihrer allumfassenden Weiblichkeit war Männlichkeit viel geringer. Camille Paglia schreibt: »Männlichkeit entströmt der Großen Mutter als ein Aspekt ihrer selbst und wird von ihr, wie es ihr gefällt, zurückgerufen oder fortgenommen. Ihr Sohn ist ein Diener ihres Kults. Jenseits von ihr gibt es nichts. Mutterschaft überlagert alles Leben.«[3]

Eine solche Situation kann kein Held akzeptieren. Herakles verkörperte den Geist der patriarchalischen Dorer, die um das Jahr 1200 v. Chr. in Griechenland eindrangen, die Macht an sich rissen und die alte, die Große Göttin verehrende Kultur nach und nach überlagerten. Herakles ist der mythische Repräsentant der Dorer, ein Vertreter des Wandels, der Mann, der die erforderlichen Schritte unternimmt, um eine Gesellschaft zu transformieren, die sich noch fest im Griff der Erdmutter befindet. Mit ihm gewinnt der maskuline Mann die Kontrolle und unterwirft die feminine Natur. Die aus dieser Transformation resultierende Gesellschaft ist das klassische Griechenland, das Sokrates, die Demokratie, die Tragödie und den Rationalismus hervorbrachte und dessen Geist unsere Zivilisation noch heute erfüllt.

Die Amazonen sind der Schlüssel zu einer vergessenen Gesellschaft, die existierte, bevor die entscheidende Hinwendung zu unserer heutigen Zivilisation erfolgte. Ich bin nicht der Meinung, dass diese Wende per se schlecht war, vermutlich war sie einfach notwendig. Jedenfalls kann sie nicht mehr rückgängig gemacht werden. Die geschichtlichen Epochen, in denen sich in Griechenland die Vorstellung von den Amazonen entwickelte und bewahrt wurde, waren das Archaische und das Klassische Zeitalter von etwa 700 bis 400 v. Chr. Es war eine Grenzzeit zwischen zwei Welten, einer alten und einer modernen; die eine geheimnisvoll und nahezu unbekannt, die andere vertraut. Will man das Wesen der Amazonen ergründen, muss man sich in diese unbekannte Welt stürzen. Der starken Versuchung, unsere eigenen Sehnsüchte und Fantasien zu projizieren, müssen wir widerstehen.

DER NAME UND DER MYTHOS

Um sich eine erste Vorstellung vom Geist der Amazonen zu machen, ist es aufschlussreich, die verschiedenen Bedeutungen ihrer Namen zu betrachten. Die geläufigste Erklärung besagt, dass das Wort griechischen Ursprungs ist und »brustlos« bedeutet. Möglicherweise bezieht sie sich auf eine Überlieferung, der zufolge es bei den Amazonen Sitte war, Mädchen schon in der Kindheit die rechte Brust auszubrennen, damit sie später die Bogensehne ungehinderter würden spannen können oder um die Energie in die rechte Schulter beziehungsweise in den Schwertarm zu leiten. Genau so gut könnte es sein, dass sie sich eine oder beide Brüste mit einer breiten Leder- oder Leinenbinde flach geschnürt haben, wie es zeitgenössische Bogenschützinnen manchmal tun, um sich freier bewegen zu können. Oder die vermeintlich brustlosen

Amazonen waren einfach sehr gut trainierte Athletinnen, deren Brüste zu Gunsten ihrer Schulter-, Arm- und Rückenmuskulatur unterentwickelt waren.

Die zweithäufigste Erklärung führt das Wort »Amazone« auf das Armenische zurück und interpretiert es als »Mondfrau«. Diese Übersetzung stützt die Vermutung, dass mit Amazonen die Priesterinnen verschiedener Mondgöttinnen gemeint waren. Donald Sobol[4] meint, der Name könnte sich auf die indische Göttin Uma beziehen und schlägt die Ableitung *Uma-Soona* = »Kinder Umas« vor. Amastris, eine frühere Niederlassung am Schwarzen Meer, bedeutet dann »Umas Frauen« (*Stri* = Frauen). Eine weitere Ableitung für Amazonen erfolgt aus dem Phönikischen: *Am* = »Mutter« und *Azon* oder *Adon* = Herr, was »Mutterherrin« ergibt. Sobol schlägt weiter vor, dass die Amazonen die Frauen von Ephesos sein könnten, die »das Ernten um der Kriegsführung willen« aufgegeben haben, wobei *amao* = »ernten« und *zonai* = »gegürtet« bedeutet. Ein Beiname, den ihnen Herodot verleiht, lautet *Oiorpata*, was »Männertötende« heißt. Aischylos nennt sie »das Männer hassende Amazonen-Heer« und die »Männerlosen«.

Nichts, was über die Amazonen geschrieben wurde, kann als endgültige Wahrheit betrachtet oder wörtlich genommen werden: Die Mythen sind weder leicht zu verstehen noch eindeutig, und die Berichte der Reisenden können wahr sein oder auch nicht – man kann es nicht wissen. Mythen über Herakles, Hippolyte, Theseus und Antiope gibt es in verschiedenen Versionen. Viele Autoren von Homer bis heute haben ihre hinzugefügt, Details verändert und Elemente ausgetauscht. Die virtuose Darstellung von Robert von Ranke-Graves in der *Griechischen Mythologie* war von enormem Einfluss. Doch obwohl er ein spekulativer Geist mit einem Faible für Lügengeschichten und möglicherweise schon der »Weißen Göttin« verfallen war, hat eine ganze Generation literarisch interessierter Feministinnen einige seiner wilden Ideen als bewiesene Tatsachen behandelt.

Zwei Fragen müssen wir uns stellen, bevor wir auf einer vernünftigen Basis nach dem Ursprung des Amazonenmythos suchen. Erstens, welche Art von Gesellschaft schuf das Bild der Amazonen, verschönerte es und erfreute sich daran? Und zweitens, *wann* und *wo* könnten die »echten« Amazonen gelebt haben?

DIE AMAZONEN UND DER ATTISCHE GEIST

Griechenland in der Zeit zwischen 700 und 400 v. Chr. war eine Gesellschaft, die sich in einem aufregenden und turbulenten Umbruch befand, dessen Initiatoren die Athener waren. Zugleich war dies die Zeit, in der Frauen nach und nach die relative Freiheit und den Status verloren, die sie im Heroischen Zeitalter (1600 bis 1100 v. Chr.) hatten – durch Homer und andere Epiker wissen wir, wie die Frauen jener Ära gelebt haben. Mit dem Anbruch der Archaischen und Klassischen Epoche verwandelten Frauen sich langsam in eine servile Unterklasse, vergleichbar mit den Sklaven, mit denen sie einen Großteil ihres Lebens teilten.

Normalerweise wurde ein Mädchen im Alter von vierzehn Jahren mit einem Mann verheiratet, der etwa dreißig Jahre alt war und bereits sexuelle Erfahrungen mit Sklaven oder Prostituierten oder anderen Männern gesammelt hatte. Die Braut jedoch musste Jungfrau sein. Dieses System mag sich entwickelt haben, weil der Anteil an Frauen in der Bevölkerung so niedrig war. Verursacht wurde der Frauenmangel vermutlich durch die Sitte, weibliche Kinder »auszusetzen« (und sterben zu lassen) und nur männliche Nachkommen großzuziehen. Junge Witwen wurden mehrmals und so lange verheiratet, bis sie die Menopause erreichten oder im Kindbett starben. Untersuchungen von Knochenfunden in griechischen Gräbern ergaben, dass im klassischen Griechenland die mittlere Lebenserwartung für Männer bei fünfundvierzig Jahren und für Frauen bei sechsunddreißig Jahren lag. Die Tatsache, dass Frauen heutzutage im Durchschnitt etwa drei Jahre älter werden als Männer, lässt darauf schließen, dass ein erheblicher Teil junger Frauen damals im Kindbett starb. Eine typische Athenerin gebar im Laufe ihres Lebens fünf oder sechs Kinder.[5]

Das attische Mädchen stand sein Leben lang unter dem Schutz eines Mannes, ob es sich dabei um ihren Vater, ihren Ehemann, Sohn oder einen anderen männlichen Verwandten handelte. Ihre Mitgift durfte zu ihren Lebzeiten nicht angerührt werden – sie konnte zwar zu ihrer Unterstützung herangezogen werden, doch frei und nach eigenem Gutdünken durfte ihr männlicher Beschützer nicht darüber verfügen. Scheidungen waren leicht zu erwirken und bedeuteten keine Stigmatisierung: Der Mann musste seine Frau lediglich aus dem gemeinsam bewohnten Haus fortschicken. Eine Frau jedoch, die sich scheiden lassen wollte, musste die Fürsprache eines männlichen Verwandten vor dem Archontat (Magistrat) erwirken. Es sind nur drei Fälle aus der klassischen Zeit bekannt, in denen Frauen Scheidungen verlangten und herbeiführten. Kinder waren der Besitz des Vaters und blieben im Haus des Vaters, wenn eine Ehe durch Tod und vermutlich auch durch eine Scheidung aufgelöst wurde.

Jungen wurde eine umfassende geistige und körperliche Erziehung zuteil. Bei Mädchen wurde darauf verzichtet, weil sie früh heirateten. Sie wurden lediglich in den häuslichen »Künsten« unterwiesen. Der Altersunterschied gab dem Ehemann einen väterlichen Anstrich, und tatsächlich hatte unter attischem Gesetz die Ehefrau gegenüber ihrem Ehemann den Status einer Minderjährigen. Männer und Frauen lebten getrennt voneinander – Frauen und Sklaven oben, Männer unten. Freie Frauen wurden für gewöhnlich unter Verschluss gehalten, damit Männer, die keine Verwandten waren, sie nicht zu Gesicht bekamen. Die Distanz zwischen Eheleuten konnte daher groß sein: Sokrates zum Beispiel verwies seine Frau, die Mutter seiner Kinder, von seinem Totenbett. Männer führten ein Leben an öffentlichen Orten in schönen und geräumigen Gebäuden, die sie aufsuchen konnten, um Sport zu treiben, Politik und Philosophie zu diskutieren und mit ihren Liebhabern zu verkehren. Frauen hingegen blieben zurück in düsteren, oft schmutzigen und unhygienischen Wohnquartieren in der Gesellschaft von Kindern und Sklaven. Frauen aller Klassen arbeiteten vor allem im Haus oder in der Nähe des Hauses, um es zu schützen. Die Bessergestellten schickten Sklaven, um Einkäufe zu erledigen und auf den

Markt zu gehen, und hatten so nicht einmal die Freiheit der ärmeren Frauen, die selbst Wasser holten, Kleider wuschen oder Gegenstände ausliehen. Frauen durften Land weder kaufen noch besitzen, ihnen standen nur wenige ehrbare Betätigungen offen. Männliche Beschützer verwalteten ihren Besitz.

Theaterbesuche gehörten zu den großen Freuden im Leben der Griechen, doch anders als *hetairai* mussten respektable Frauen auf sie verzichten. *Hetairai* waren »Gefährtinnen der Männer« und konnten an der Spitze der sozialen Leiter stehen, wohlerzogene und wunderschöne Kurtisanen sein. Die berühmteste Frau im Athen des fünften Jahrhunderts v. Chr. war Aspasia, die Gefährtin des Perikles, des Tyrannen von Athen. Sie begann ihr Leben als *hetaira* und beendete es als hoch respektierte Dame: Sokrates besuchte sie und brachte seine Schüler mit. Perikles schätzte Aspasia und küsste sie zur Begrüßung und zum Abschied. Ohne Zweifel handelte es sich um eine äußerst unkonventionelle Beziehung, und Aspasia muss eine sehr willensstarke und unabhängige Frau gewesen sein.

Sklavinnen standen ihren Herren und deren Freunden in sexueller Hinsicht zur freien Verfügung. Männer konnten sich auf einer mehr oder weniger ähnlichen Basis eine Konkubine wie ein Frau halten. Homosexualität, in der Regel zwischen einem älteren und einem sehr jungen Mann, wurde als normal betrachtet – und tatsächlich meinte man sogar, eine solche Beziehung sei der Liebe zwischen Mann und Frau überlegen. Unter Solons Gesetz hatte der männliche Vormund einer ledigen Frau, der sie *in flagranti delicto* ertappte, das Recht, sie in die Sklaverei zu verkaufen. Auf Vergewaltigung stand eine Geldstrafe, und der Ehemann hatte das Recht, den Verführer seiner Frau zu töten. Geschlechtsverkehr dreimal im Monat wurde für Frauen als ausreichend betrachtet. Da die meisten Männer vermutlich entweder homosexuelle Beziehungen hatten oder mit Sklavinnen schliefen, kann man sich vorstellen, dass die meisten Frauen sexuell unbefriedigt waren. Es überrascht daher kaum, dass Masturbation üblich und akzeptiert war – auf einigen Vasen werden Phallusnachbildungen dargestellt, die Frauen zur Selbststimulation benutzten, und auch Aristophanes spielt in seinem Theaterstück *Lysistrata* darauf an.

Wenn man sich eine Gesellschaft vorstellt, in der adelige Frauen so gut wie keine Freiheiten hatten und hochrangige Kurtisanen die einzige Gruppe von Frauen waren, die Männern auf gleicher Ebene begegnen und mit ihnen sprechen durften, dann ist es verführerisch, wie Mandy Merch zu argumentieren, dass Amazonen schlicht eine Erfindung der neuen mächtigen Patriarchen waren: »Die Amazonen werden im Mythos nicht als unabhängige Macht dargestellt, sondern als die besiegten Gegner von Helden, denen die Errichtung und der Schutz des attischen Staats zugeschrieben wurde – den Gründungsvätern sozusagen. Patriotismus stützt das Patriarchat.«

Merch stellt fest, dass das Leben für attische Frauen »kurz, beschwerlich und abgeschieden« war und dass »die resultierende Spannung zwischen dem attischen Staat und seinen weiblichen Bürgern Ausdruck in der Kunst fand, insbesondere in den Tragödien, die rebellierende Frauen thematisierten ... Der Amazonenmythos kann als Ausdruck dieser Spannung interpretiert werden.« Sie behauptet außerdem, dass »der Amazonenmythos diese Spannung auflöste, indem er eine solche Rebellion als bereits durch eine verdiente Niederlage beendet darstellte«.[6] Merch argumentiert geschickt, und man lässt sich leicht von ihr überzeugen. Doch die Tatsache, dass die Athener von ihren Vorstellungen über die Amazonen fasziniert waren, dass sie sie in Kunst und Geschichte ausschmückten, bedeutet nicht, dass es keine »wirklichen« prototypischen Amazonen gab – und auch nicht, dass für attische und griechische Frauen keinerlei Freiheiten existierten.

DIE VERSTECKTEN FREIHEITEN DER FRAUEN

Einen Bereich gab es, in dem die unterdrückte und unter Verschluss gehaltene Klasse der Frauen – und mit ihnen auch Sklaven und einige Fremde – den Männern nicht nachstehen musste: die Mysterien. Jedes Jahr im Herbst wurde in Eleusis neun Tage lang eine Zeremonie abgehalten, an der im Klassischen Zeitalter jede lautere Person, die griechisch sprach und ihre Hände nicht mit

Menschenblut befleckt hatte, teilnehmen und sich in die Mysterien der Demeter initiieren lassen konnte. Im Zentrum dieser Eleusinischen Mysterien stand die Beziehung zwischen der Erdgöttin Demeter und ihrer jungfräulichen Tochter Persephone. Dem Mythos zufolge pflückt Persephone auf einer Wiese Blumen, als sie von Hades, dem Herrn der Unterwelt, entführt wird. Demeter betrauert ihren Verlust zutiefst, sucht die Tochter im gesamten Universum und entzieht der Natur ihre Fürsorge, so dass alles verdorrt und missglückt. Als Mutter und Tochter schließlich glücklich wiedervereinigt werden, erhält auch die Erde ihre Fruchtbarkeit zurück.

Die Zeremonie in Eleusis beinhaltete außerdem das Ritual für die heilige Ehe und die Empfängnis eines heiligen Kindes. Die Mysterien waren aus alten vordorischen Riten hervorgegangen, die der Verehrung der Erde dienten und die ihren Ursprung möglicherweise in Kreta hatten, wo das Weibliche als Erdgöttin von größter Bedeutung war. Sophokles schrieb überschwänglich über die Eleusinischen Mysterien: »Dreimal selig, ewig stillbeglückt ist der Sterbliche, der jene Weihe erblickte, ehe er zum Hades niederstieg. Seiner harrt dort Freude, Licht und Sieg, ihm allein ist Sterben neues Leben.«

Niemand weiß genau, was sich auf dem Höhepunkt der Riten ereignete – und wahrscheinlich würde uns dieses Wissen ohne die langen, sorgfältigen Vorbereitungen, die das Bewusstsein verändern sollten, auch wenig bedeuten. Für uns ist die Tatsache wichtiger, dass die Eleusinischen Mysterien Frauen nicht nur offenstanden, sondern auch die Essenz der alten frauengesteuerten Religion bewahrten, im Herzen eines zunehmend patriarchalischen Griechenlands fast zweitausend Jahre lang, von ihrer Einführung um etwa 1350 v. Chr. bis etwa 300 n. Chr.

Etwas früher im Jahr fanden die Thesmophorien statt, das verbreitetste griechische Fest. Dieser sehr alte und geheimnisvolle Ritus, bei dem Ferkel geopfert wurden, stand nur Frauen offen. Nur freie Frauen unbescholtenen Charakters durften teilnehmen. Zur Vorbereitung mussten sie drei Tage lang enthaltsam leben, sich jedoch als Bestandteil des Rituals in unflätiger Sprache und in

Obszönitäten üben. Reiche Ehemänner hatten die Kosten des Fests zu tragen.

Noch deftiger war der Kult des Dionysos, des Gottes, der als Mädchen aufgezogen worden war. Seine Anhänger waren vornehmlich Frauen. Im späten sechsten Jahrhundert v. Chr. entstanden Vasen mit Darstellungen der wilden und brutalen dionysischen Rituale: Durch Wein oder andere Substanzen berauschte Mänaden (die »Rasenden«, die Anhängerinnen des Gottes Dionysos) zerreißen die Opfertiere mit ihren bloßen Händen.

Neben den Mysterien gab es die Orakel, unter denen jene von Delphi und Dodona wohl die berühmtesten waren. In früheren Zeiten handelte es sich vermutlich einfach um Orte, die der Göttin heilig waren und an denen ihre Priesterinnen und/oder Prophetinnen mit ihr Zwiesprache hielten und weissagten. Delphi hieß nach der weiblichen Schlange Delphyne, die dort in einer Erdspalte mit ihrem Gefährten Python lebte. Der Gott Apollon tötete Python und übernahm die delphischen Priesterinnen in seinen Dienst. Die Priesterin Pythia saß auf einem Dreifuß über der Erdspalte, atmete die Dämpfe ein, die aus dieser Erdspalte kamen, versetzte sich auf diese Weise in Trance und machte ihre Äußerungen, die dann von einem Priester ausgelegt wurden. Das Orakel des Zeus in Dodona soll von einer entführten Priesterin von Ägypten nach Griechenland gebracht worden sein. Die alten Priesterinnen des Heiligtums gingen barfuß, verzichteten darauf, ihre Füße zu waschen, und schliefen auf der bloßen Erde – der symbolische Ausdruck des Wunsches, mit der Mutter Erde in Berührung zu bleiben. Sie lauschten in den raschelnden Blättern seiner heiligen Eiche und im Klirren der Messinggefäße, die in den Zweigen des Baumes hingen, den Worten des Zeus. Später wurde auch diesen Priesterinnen Priester beigegeben, da die dorischen Neuankömmlinge darauf achteten, dass ihre Vatergötter die örtlichen Muttergöttinnen »heirateten«.

Obwohl die Hellenen, wie sie sich selbst nannten, ihre Frauen absonderten und in ihrer Bewegungsfreiheit einschränkten, müssen diese sich ihrer Macht bewusst gewesen sein, egal ob sie nun sexuell oder handfest war wie bei den dionysischen Riten, prophetisch wie bei den Orakeln oder tröstlich und transzendierend wie bei der Eleusinischen Erdgöttin Demeter. Tatsächlich *gehörte* ja Athen der Göttin Athene, und die Göttin Artemis, die jungfräuliche Jägerin, wurde unter verschiedenen Namen überall in der griechischen Welt verehrt. Artemis war natürlich die Hauptgöttin der Amazonen, und es heißt, dass die Amazonen ihren Tempel in Ephesos begründeten. Mysterien und Orakel zeigen: Im religiösen und spirituellen Bereich besaß das Weibliche durchaus Macht.

Im Athen des sechsten und fünften Jahrhunderts v. Chr. entwickelt sich der Demokratiegedanke, erblühen Kunst und Philosophie, sind Frauen ganz und gar unterdrückt, ist der Frauenhass weit verbreitet – und dennoch wird weibliche Macht, wie sie in den religiösen Riten zum Ausdruck kommt, unterschwellig anerkannt. Damit steht diese Gesellschaft in einem interessanten Kontrast zu unserer eigenen, in der Frauen den Männern zwar gleichgestellt sind, aber erst seit kurzem als Priesterinnen offiziell eine religiöse Rolle spielen. Um herauszufinden, welche Position die Amazonen in diesem Zusammenhang einnehmen, müssen wir uns mit den spirituellen Aspekten ihres Mythos befassen. Apollonios von Rhodos, der im dritten Jahrhundert v. Chr. über Jason und die Argonauten schrieb, bringt die Amazonen mit der Verehrung des Kriegsgottes Ares in Verbindung:

> Und dann gingen sie [Jason und die Argonauten] alle
>   zusammen zum Tempel des Ares,
> Schafe zum Opfer zu schlachten, und sie umdrängten
>   voll Eifer
> Rings den Altar, der vor dem dachlosen Tempel aus Kieseln
> Aufgerichtet war. Im Innern ruhte ein schwarzer
> Heiliger Stein, wo einst die Amazonen gemeinsam
> Beteten; aber sie pflegten, wenn sie von drüben gekommen,
> An dem Altare nicht Schafe und Rinder im Feuer zu opfern,
> Nein, sie schlachteten Pferde aus ihren unzähligen Herden.[7]

Hier wird den Amazonen andeutungsweise eine religiöse Rolle übertragen, mit der ich mich an späterer Stelle noch näher beschäftigen will. Hier sei zunächst nur auf den schwarzen Stein hingewiesen, der normalerweise mit der großen Göttin Kybele in Phrygien, dem heutigen Westanatolien, assoziiert wird, und auf die Pferdeopfer, die die Amazonen mit den Steppenreitervölkern in Verbindung bringen. Dieser letztgenannte Zusammenhang wird zudem in vielen ihrer Namen deutlich: Hippolyte – »stampfendes Pferd«; Melanippe – »schwarze Stute«; Alkippe – »starke Stute«.

DIE STARKEN FRAUEN VON SPARTA

In Athen und in den meisten anderen zivilisierten griechischen Stadtstaaten wurden Frauen vorrangig als Muttertiere betrachtet, aber in Sparta lagen die Dinge ganz anders. Obgleich die Spartaner ebenfalls Dorer waren und damit der patriarchalischen Linie des Herakles zugeordnet werden müssen, und obgleich sie ihr kriegerisches Ideal zu einem Schwert mit einer scharfen und tödlichen Schneide geschliffen hatten, waren die Frauen dort viel freier als in Athen. Da man in Sparta Frauen als »Mütter von Kriegern« betrachtete, mussten Mädchen dort genauso erzogen werden wie Jungen. Spartanerinnen heirateten erst mit etwa achtzehn Jahren und damit für griechische Verhältnisse spät. Folglich waren sie körperlich reifer und neigten bei der Geburt ihres ersten Kindes weniger zu Komplikationen. Xenophon rühmte die Spartaner dafür, dass sie ihre Mädchen ebenso gut versorgten wie ihre Jungen, denn bei den Griechen war dies unüblich.

Seit Mitte des sechsten Jahrhunderts v. Chr. sind Knaben in Sparta einer strengen Erziehung unterworfen, die sie zu zähen Kriegern machen soll: Mit sieben Jahren werden sie von ihren Eltern getrennt und in Altersgemeinschaften zusammengefasst. Mit ihren Altersgenossen essen, trainieren und verbringen sie die Nacht in Gemeinschaftsschlafsälen. Bis zum Alter von dreißig Jahren bleiben sie in diesen ausschließlich Männern vorbehaltenen Gemeinschaften. Doch die Mädchen wurden ebenfalls trainiert, möglicherweise nackt wie die Jungen, doch auf jeden Fall angetan mit *peploi* (Obergewändern), deren Röcke geschlitzt waren, die

Oberschenkel unbedeckt ließen und daher ausreichend Bewegungsfreiheit ermöglichten. Hausarbeit und die Herstellung von Kleidung blieb niedrigeren Kasten überlassen – die städtischen Frauen
beschäftigten sich mit Körperertüchtigung, Musik, der Leitung des
Haushalts und der Erziehung der Kinder. Und mit Sex natürlich.
Unter bestimmten Umständen wurde Ehebruch nicht miss-
billigt – der Staat interessierte sich nicht sonderlich für den Vater
eines Kindes, solange er Bürger Spartas war, und da spartanische
Männer oft lange Zeit kriegsbedingt abwesend waren, akzeptierte
man, dass ihre Frauen Kinder von anderen Männern empfingen.
Irgendwoher musste schließlich der Nachwuchs für die Kriegerkaste kommen. Spartanische Frauen waren berühmt für ihre Frei-
mütigkeit – es gibt eine Anthologie ihrer geistreichen Bemerkun-
gen, die Plutarch zugeschrieben wird.

Spartanische Hochzeitsbräuche gingen zurück auf die Zeit, als
eine Braut geraubt oder entführt werden musste – nun bestand das
Ritual aus einer gestellten Entführung, für die die Braut in Männerkleider schlüpfte und sich den Kopf rasierte. Wir wissen nicht, ob
dies dem Mann, der seine bisherigen sexuellen Erfahrungen auf ho-
mosexueller Ebene gesammelt hatte, den Wechsel zum heterosexu-
ellen Verkehr erleichtern sollte, oder ob es sich um ein Übergangs-
ritual für das Mädchen handelte, das das Ende ihrer unangetasteten
Jungmädchenzeit und den Beginn einer neuen Phase signalisierte,
in der sie wie ein geschorenes Schaf für den Fortbestand der Rasse
geopfert wurde. Oder sollte das Ritual die grimmige Artemis, die
Beschützerin der Jungen und Unschuldigen, darüber hinwegtäu-
schen, dass eine der ihren weggegeben wurde?

Spartanische Frauen waren gut genährt und muskulös. Sie erfreuten sich weitgehender sexueller Freiheit (erotische Beziehungen zwischen Mädchen und älteren Frauen wurden gefördert) und
durften sagen, was sie dachten. Wenn sie sich in Athen aufhielten,
dann müssen sie den Athenern durch und durch amazonenhaft vorgekommen sein. Man kann sich gut vorstellen, dass ein Vater seine
ungezogene Tochter mit dem Satz »Benimm dich nicht wie eine
spartanische Göre!« zur Räson gebracht hat.

Das Athen des Klassischen Zeitalters glich also nicht dem

heutigen Teheran, wo alle Frauen sich gleichermaßen den patriarchalischen Gesetzen unterwerfen müssen. *Hetairai* und Spartanerinnen, Priesterinnen und normale Frauen – bei festlichen Anlässen war ein breiter Verhaltensspielraum gestattet. Ein attischer Bürger würde zwar seiner Frau diese Freiheiten nicht gewähren, aber er konnte miterleben, wie andere sie auf dem Marktplatz auslebten.

Die Spartaner waren die Nachkommen dorischer Einwanderer, deren Held Herakles war, und damit »Herakleiden«. Die Athener hingegen waren Joner, die Erben der mykenischen Tradition, eines zivilisierteren und kultivierteren Stranges, der dem schlauen Held Theseus den Vorzug gab. Die Spartaner klammerten sich hartnäckig an die Ideale der Vergangenheit und waren ultrakonservativ, die Athener hingegen experimentierten mit den Mechanismen der Demokratie. Während des gesamten Klassischen Zeitalters kam es zwischen diesen beiden zu Spannungen, die sich Ende des fünften Jahrhunderts in mehreren blutigen Kriegen entluden. Doch dann, als die griechischen Stadtstaaten erblühten und Siedler nach Italien, Sizilien und an die Schwarzmeerküste schickten, entstand im Osten ein neues Reich, das Persische Weltreich unter Dareios I. (550 bis 486 v. Chr.). Die Griechen betrachteten die Perser als glattgesichtige, Hosen tragende Barbaren mit komischen Hüten, die die griechische Zivilisation an ihrer Basis bedrohten. Ein bitterer Krieg wurde Anfang des fünften Jahrhunderts von den Kontrahenten ausgetragen, den die Griechen schließlich wider Erwarten in den berühmten Schlachten von Marathon und Salamis gewannen.[8] Manche Kommentatoren glauben, dass die Geschichte von Theseus' Kampf gegen die Amazonen in Athen erfunden wurde, um die durch die Persischen Kriege erregten Gefühle zu verarbeiten – die Perser schienen wie feminine Männer, die Amazonen wie maskuline Frauen; beide wagten es, die Griechen auf ihrem eigenen Territorium herauszufordern, und beide standen für eine fremde Lebensweise, die den attischen Griechen zugleich faszinierend und abstoßend vorgekommen sein muss.

DIE AMAZONEN IN DER KUNST

Tatsächlich nahm die große Begeisterungswelle für die Darstellung von Amazonen in der Kunst, entweder auf Vasen oder auf Friesen, nach der Schlacht von Marathon 490 v. Chr. ihren Anfang. Aischylos erwähnt die Besetzung des »Aresfelsens« in Athen durch die Amazonen erstmals 458 v. Chr. in seinem Drama *Die Eumeniden.* John Boardman schlägt eine »späte Erfindung« der ganzen Geschichte vor, damit in ihr die Invasionen und Siege von 490 und 480 v. Chr. in einer einzigen mythisch-historischen Parabel gefasst werden konnten.[9] Der einzige Einwand gegen diese Interpretation lautet: Warum haben die Griechen nicht einfach ihren Sieg über die Barbaren in ihrer Gestalt als Perser gefeiert? Warum mussten sie in Amazonen verwandelt werden? Eindeutig war noch etwas anderes im Spiel, und ich hoffe im Laufe dieses Buches klarstellen zu können, was dieses Etwas gewesen sein könnte.

Seit Ende des siebten Jahrhunderts v. Chr. tauchen die Amazonen auf Vasen und anderen dekorativen Objekten auf. In der frühesten Darstellung (einer Votivtafel) thront der Held, vermutlich Herakles, mit massigen Schenkeln und erhobenem Schwert über der Amazone und hat sie beim Helmbusch gepackt, während sie einen schwachen Arm in die Höhe reckt, um ihn zurückzuhalten. Es gibt keinen Zweifel daran, dass sie sterben wird. Doch die fröhliche Ungeschlachtheit des Bildes verhindert, dass die Szene ergreifend wirkt, jedenfalls für das moderne Auge. Herakles hat etwas um seinen Hals geschlungen, was wie ein Gürtel aussieht, womit es sich um eine Szene aus der Schlacht von Themiskyra handeln könnte, als er der Amazonenkönigin ihren Gürtel stahl. Handelt es sich nicht um einen Gürtel, dann sind die beiden Kämpfer vermutlich Achilleus und Penthesilea in Troja. Penthesilea war die kühne Amazonenkönigin, die nach Troja kam, um dort gegen die Griechen zu kämpfen, und durch die Hand des Achilleus fiel. Als er ihr den Helm abnahm, um das Gesicht der Toten zu betrachten, verliebte er sich in sie.

Im sechsten Jahrhundert v. Chr. schließlich und bei wachsender Begeisterung für die Amazonenszenen sehen wir Herakles auf zahllosen Vasen im Kampf mit einer Amazone – meist ist er mit einem Löwenfell bekleidet, sieht äußerst männlich und sehr muskulös aus. Das Löwenfell stammt von dem wilden Nemeischen Löwen, den er erwürgte und dessen Fell er hinfort als eine Art Rüstung trug. Manchmal wird Herakles' Kopf von den Kiefern des Löwen umschlossen, so dass er halb als Mann, halb als wildes Tier erscheint. Die Konventionen der damaligen Zeit verlangten, dass männliche Haut schwarz und weibliche weiß dargestellt werden musste, und so sieht Herakles' amazonische Gegnerin, die manchmal als Andromache bezeichnet wird, neben ihm bleich und zerbrechlich aus. Oft wird sie auf eine Weise abgebildet, als erkenne sie zu spät, welcher Wahnsinn es ist, sich einem solchen Mann-Tier entgegenzustellen; sie versucht zurückzutreten und zu fliehen. In den früheren Bildern tragen die Amazonen meist einen kurze Chiton und einen Helm mit Federbusch, doch später, im fünften Jahrhundert v. Chr., werden sie immer häufiger in »orientalischer« Kleidung gezeigt: in engen, mit Tupfen oder Streifen geschmückten Hosen und langärmeligen Hemden, mit einer spitzen Mütze und Ohrringen. Das beliebteste Thema war Mann gegen Frau im Zweikampf, das in einigen Fällen ein starkes erotisches Element aufwies – Herakles springt vor und Andromache gibt sich geschlagen, indem sie vor ihm auf die Knie fällt. Doch die Gestalt der tapferen Amazone nötigt dem Betrachter immer auch Respekt ab, weil sie selbst angesichts des mit übernatürlichen Gaben ausgestatteten Kriegers bereit ist, weiter zu kämpfen.

Männliche Potenz wird manchmal noch zusätzlich durch die Nacktheit eines oder mehrerer Kämpfer hervorgehoben (in einem Fall ist Herakles' Penis erigiert, wie dies häufig der Fall ist bei Männern, die sich von der Kampfesleidenschaft mitreißen lassen). Und vor allem in den späteren Werken sind die Amazonen geschmeidig und hübsch, zeigen stramme Schenkel und gelegentlich nackte Brüste.

Manche der Darstellungen sind äußerst lebendig und kraftvoll: Ein Grieche und eine Amazone stehen einander hoch zu Ross im Kampf von Angesicht zu Angesicht gegenüber, während unter den Hufen eines der Pferde eine weitere Amazone stirbt; ein griechischer Krieger in seiner schwarzen Tierhaut schleppt eine tote Amazone fort, die er sich über die Schultern geworfen hat wie eine weiße Hirschkuh, und in einer anderen erfrischend naturalistischen Szene nähert sich eine Amazone, bekleidet mit einer sehr langen, spitzen Mütze und einem eng anliegenden dunklen Gewand, einem ängstlichen Pferd mit einem langen Stab, als wollte sie es abrichten. In manchen Fällen rufen die Szenen Erregung und eine urwüchsige Sexualität wach; in anderen kommt eine verfeinerte tänzerische Wehmut zum Ausdruck; wieder andere, vor allem die späteren, stellen die Amazonen unbeschwert dekorativ, ja sogar narzisstisch dar, wenn sie in ihren karierten Kleidungsstücken ihre Waffen überprüfen oder selbstbewusst ihre Äxte und Lanzen schwingen. Auf einer späten Vase sieht man ein muskulös gebautes Mädchen in schwarzem Chiton mit entschlossenem Gesichtsausdruck, das mit einer Schleuder in der Hand zum Angriff übergeht – ein Bild athletisch-muskulöser Kraft.

Eindeutig handelt es sich bei diesen Darstellungen nicht um naturgetreue Abbildungen von wirklichen Amazonen. Sie geben die Stimmung und die Fantasie ebenso wieder wie Xena oder Lara Croft oder das Tank Girl in unserer Zeit. Dennoch könnten manche dieser Darstellungen Hinweise auf die echten Amazonen enthalten: Auf einem Stück, das sich jetzt im Louvre befindet, nähert sich eine Amazone mit negroiden Gesichtszügen kniend einem Altar. Sie trägt einen langen Chiton und hat um ihre Mitte eine Tierhaut geschlungen; auf dem Kopf befindet sich ein mit einem Diadem verziertes Tuch. Köcher und Bogen hat sie umgehängt, und hinter dem Altar steht eine Palme. Dietrich von Bothmer[10] glaubt, dass sie in dem heiligen Tempel der Artemis in Ephesos Schutz sucht, doch sie könnte auch eine der afrikanischen Amazonen aus Libyen sein, wie Diodor sie im ersten Jahrhundert v. Chr. beschrieb. Andere Schalen zeigen ägyptische Bogenschützen, die Begleiter des Memnon, neben Amazonen und Palmen. Auf einer rotfigurigen Schale ist eine Amazone mit einem Speer zu sehen, an dem eine Sichel befestigt ist. Dies ist eine Waffe, die Herodot mit den Kariern und Lykiern in Zusammenhang bringt, Völker mit matrilinearen Sitten, die an der türkischen Ägäisküste lebten und die vieles mit den Amazonen zu verbinden scheint.

Abbildungen von Amazonen waren oft Bestandteil von Tempelfriesen, manchmal neben anderen »mythischen« Feinden der Hellenen wie etwa den Zentauren. Der Relieffries des Apollontempels in Bassae wurde zwischen 420 und 400 v. Chr. aus Marmor gefertigt. Dralle Frauen mit wohlgerundeten Armen und Beinen, gekleidet in gefällige Roben, verwickeln virile behelmte Männer in einen Kampf, der die fließende Qualität eines Traums hat. Die Gesichter der Frauen sind die offenen unschuldigen Gesichter junger Studentinnen, die durch den Konflikt, in dem sie sich befinden, überrascht sind; die Männer wirken edel und ein wenig beleidigt, als ob sie lieber an einem anderen Ort weilten. Die weiten Hemdkleider der Frauen offenbaren auffallende Brüste; die nackten Körper der Männer sind gekonnt so arrangiert, dass ihre wohlproportionierten Gliedmaßen zur Geltung kommen. Arme sind in die Höhe geworfen, um ein männlich-hageres Gesicht zu umrahmen, Röcke verrutschen, um den Blick auf einen gut gedrechselten Oberschenkel freizugeben. Der Fries von Bassae wirkt eher erotisch als kriegerisch. Doch er drückt keine Frauenfeindlichkeit aus: Die dargestellten Frauen sind groß, tapfer und mutig, den Männern gleichgestellte und würdige Gegner. Ihre Körper sind kraftvoll, sehen gesund und echt aus, nicht verzerrt, wie sie in späteren, verfälschenden Kunstwerken dargestellt wurden. O ja, die Griechen *wussten*, dass die Frauen eine Macht waren, mit der man rechnen musste: Tief im Inneren muss ihnen klar gewesen sein, dass ihre patriarchalische Idylle nicht ewig fortdauern konnte, dass die großen barbarischen Amazonenfrauen eines Tages an ihre Türen schlagen würden!

DIE ZEIT DER AMAZONEN

Die wahre »Zeit der Amazonen« ist die Bronzezeit (ca. 1700 bis 800 v. Chr.), obwohl einige Autoren zu glauben scheinen, dass es Amazonen sogar bis weit in christliche Zeiten hinein gab. Doch die entscheidenden Amazonenmythen deuten auf die Bronzezeit und liefern uns damit wichtige Anhaltspunkte. Herakles' Diebstahl von Hippolytes Gürtel, Theseus' Vergewaltigung von Antiope und der erfolglose Versuch der Amazonen, an den Athenern Rache zu nehmen und ihre Macht zurückzugewinnen, stellen einen deutlichen Hinweis auf das Ende einer Ära dar, in der es noch Frauengemeinschaften gab, die an der alten Macht festhielten. Wann war diese Ära? Wo waren diese Frauen? Welcher Art war ihre Macht? Das waren die Fragen, die ich mir stellte, als ich zu meiner Forschungsreise auszog. Doch zunächst musste ich mir die Quellentexte genau ansehen.

Die erste Erwähnung der Amazonen finden wir bei Homer, der etwa 750 v. Chr. über Ereignisse schrieb, von denen man annimmt, dass sie sich etwa 1200 v. Chr., kurz vor dem Fall Mykenes und Kretas, ereignet haben. Zwischen diesen beiden Daten liegt das Dunkle Zeitalter, über das man noch immer sehr wenig weiß. Lassen wir den trojanischen König Priamos sprechen:

> Vormals zog ich selber in Phrygiens Rebengefilde,
> Wo ich ein großes Heer gaultummelnder phrygischer
>   Männer
> Schauete, Otreus' Volk und des götterähnlichen Mygdon,
> Welches umher am Gestade Sangarios' weit sich gelagert;
> Denn ich ward als Bundesgenoss mit ihnen erwählet
> Jenes Tags, da die Horde männischer Amazonen
> Eindrang, minder an Zahl, wie die strahlenden
>   Krieger Achaias![11]

Diesem Ausschnitt lässt sich nicht viel entnehmen, außer dass die Amazonen mit einem Landstrich namens Phrygien (der sich in der heutigen West- und Zentraltürkei befindet) und insbesondere mit dem Fluss Sangarios in Verbindung gebracht wurden, der parallel zur türkischen Ägäisküste verläuft und somit ein Gebiet absteckt, das Griechenland direkt gegenüberliegt. Die Amazonen wurden als »männisch« im Sinne von »den Männern gewachsen« gesehen, ein Beiname, der an einer späteren Stelle im Epos erneut aufgegriffen

wird: »Bellerophontes ... erschlug die männliche Hord' Amazonen.«
Es sei darauf hingewiesen, dass Bellerophon zuvor die Chimäre, ein
Ungeheuer, tötete. Diese Tat reiht die Amazonen entschieden in die
Kategorie der unnatürlichen und unerwünschten Kreaturen ein, die
zum Wohle aller vernichtet werden müssen.

Dass die Amazonenkönigin Penthesilea und ihre Scharen sich im
Trojanischen Krieg auf die Seite der Trojaner schlugen, erwähnt
Homer nicht. Doch spätere griechische Autoren berichten von
dem verlorengegangenen Epos *Aethiopis*, in dem geschildert wird,
wie Penthesilea nach Troja kommt und sich Achilleus, dem griechischen Helden, im Zweikampf stellt. Sie kämpft tapfer, doch zuletzt
wird sie von Achilleus aufgespießt. Als er ihr den Helm abnimmt
und ihr wunderschönes Gesicht sieht, verliebt er sich in sie. Bei
Homer spielen die Amazonen zwar kaum eine Rolle, doch gibt es,
wie Sarah Pomeroy erwähnt, in den Epen der Bronzezeit zahlreiche andere beeindruckende Frauengestalten: Helena, Andromache,
Klytämnestra, Hekabe, Penelope, Arete, um nur einige von ihnen
zu nennen. Die Epen zeichnen allgemein ein positives Bild vom
Leben und Status der Frauen im Heroischen Zeitalter. Man erwartete von ihnen Bescheidenheit, aber eingesperrt wurden sie nicht.
Andromache und Helena gehen frei und ungehindert durch die
Straßen von Troja, auch wenn sie sich immer in Begleitschutz befinden. Insbesondere Helena, Arete und Penelope dürfen sich in
öffentlichen Räumen in der Gegenwart männlicher Gäste aufhal-
ten, ohne deshalb einen Skandal zu verursachen.

Sarah Pomeroy macht darauf aufmerksam, dass »mit dem Übergang vom archaischen zum klassischen Athen Frauen allem Anschein nach mehr und mehr gezwungen wurden, ihr Leben im
Verborgenen zu fristen. ... Als die Demokratie im fünften vorchristlichen Jahrhundert die Rechte der Aristokraten beschnitt,
führte dies im Ergebnis zur Unterdrückung aller Frauen, die allerdings besonders schwer auf den Aristokratinnen lastete, die Muße
und Mittel gehabt hätten, ihren Wohlstand zu zeigen und zu genießen.«[12] Es ist schwer vorstellbar, dass die erblühende griechische Demokratie Frauen tatsächlich in ihrer Freiheit einge-
schränkt haben soll, doch der Frauenhass, der in der Literatur

des Klassischen Zeitalters häufig anzutreffen ist, stützt Pomeroys Behauptung.

In Sagen aus der Bronzezeit gibt es außerdem Spuren matrilokaler Muster bei der Eheschließung: Ein vagabundierender Krieger konnte eine Prinzessin heiraten, sich in ihrem Königreich niederlassen und das Königreich ihres Vaters erben. Die Eheschließungen von Hippodameia, Atalante und Jokaste illustrieren dieses Prinzip der matrilokalen Erbfolge, die besagt, dass ein Mann nur König werden kann, wenn er eine Königin heiratet. (Im heutigen England ist dies anders: Prinz Philip hat keinen Herrschaftsanspruch.) Die Ehe des Menelaos und der Helena war sowohl matrilinearer als auch matrilokaler Art: Menelaos ist König durch seine Position als Helenas Ehemann, und folglich kann er den Thron verlieren, wenn er sie verliert. Der Trojanische Krieg wurde also ausgetragen, weil Menelaos nicht nur seine Frau Helena, sondern mit ihr auch sein Königreich an Paris verloren hatte.

Hesiod, der etwas später als Homer gelebt hat, bringt nach Auffassung von Mina Zografou in einem nur bruchstückhaft überlieferten Text als erster Herakles mit den Amazonen in Verbindung:

[Wegen der] Rosse, die Laomedon, dem Edlen, gehörten,
war er [Herakles] gekommen, die besten im ganzen
    asiatischen Lande;
[tötete – – –] den Stamm der kühnen Dardanos-Enkel,
– – – aus jenem Land vertrieb er sie gänzlich.[13]

Das Zitat bezieht sich auf eine Zeit, die zwischen der Suche der Argonauten nach dem goldenen Vlies und dem Trojanischen Krieg liegt. Laomedon (der Vater des Priamos aus der *Ilias*) war König von Troja und als solcher der Hüter der Meerenge, die ins Marmarameer und von dort ins Schwarze Meer führte. Dardanos war ein skythischer König, und in seinen Enkeln sieht Mina Zografou[14] die Amazonen. Auch Hesiod verknüpft also die Amazonen mit einer Zeit kurz vor dem Ausbruch des Trojanischen Krieges, mit den von den Skythen bewohnten Steppen Asiens und damit letztendlich auch mit Pferden.

Die Amazonen tauchten erstmals um 700 v. Chr., also zu Beginn
des Archaischen Zeitalters, in der griechischen Literatur und Kunst
auf und bewahrten ihre Popularität während der gesamten Klassischen bis hin zur Hellenistischen Periode (die zusammen von
ca. 500 v. Chr. bis zu Christi Geburt andauerten). Die Griechen,
die über die Amazonen schrieben, platzierten sie für gewöhnlich in
der von uns so bezeichneten ausgehenden Bronzezeit oder brachten sie mit der Blütezeit der Hethiter in Verbindung (zwischen
1900 und 1200 v. Chr.). Doch die verschiedenen Prototypen für die
Amazonen könnten ihren Ursprung in weiter zurückliegenden
Quellen haben und aus Kulturen stammen, die sich weiter im Norden und Osten befanden. Wenn wir uns nun, immer den Kriegerinnen auf der Spur, in den Jahrhunderten vor und zurück bewegen,
könnte die Zeittafel auf Seite 6/7 eine wichtige Orientierungshilfe
sein.

DIE HEIMAT DER AMAZONEN

Die Frage nach dem »Wo?« im Hinblick auf die Amazonen lässt
sich nicht halb so leicht beantworten wie die nach dem »Wann?«.
Ich fand früh heraus, dass es mehrere Gebiete gab, die mit den Kriegerinnen in Verbindung gebracht wurden, und keines von ihnen
befand sich auf dem griechischen Festland. Ein Gebiet war die türkische Ägäisküste zusammen mit einigen nahegelegenen Inseln wie
etwa Kreta und Samothrake; ein zweites umfasste den Bereich zwischen dem Pontischen Gebirge und dem Schwarzen Meer in der
heutigen Türkei; und ein drittes erstreckte sich vom Kaukasus östlich des Schwarzen Meers bis weit in die Steppen der Ukraine und
Russlands hinein. Diodor behauptet außerdem, dass es schon in
früheren Zeiten Amazonen in Libyen gegeben habe. Da die Geo-
graphie der Amazonen mitunter unübersichtlich ist, rate ich zu
einem gelegentlichen Blick in den Kartenteil.
    Die frühesten Erwähnungen verweisen auf die türkische Ägäis-
küste als die Heimat der Amazonen, und Plinius gibt an, Ephesos,
die berühmte Stadt der Göttin, die sich etwa in der Mitte dieser

Küste befindet, sei von den Amazonen gegründet worden. Dort stand der Tempel der Großen Muttergöttin. Sie hieß Artemis, doch handelte es sich bei ihr nicht um die knabenhafte Jägerin Artemis, mit der die Amazonen normalerweise in Verbindung gebracht werden, sondern um eine Göttin, die eher der Kybele nahestand und die in orgiastischen Riten mit pfeifenden Flöten und dröhnenden Trommeln und klirrenden Zimbeln verehrt wurde.

In der Bronzezeit lebten an dieser Küste nichtgriechische Völker, die Lydier, Karier und Lykier, die einige matrilineare Bräuche hatten. Die Lydier hatten eine Königin namens Omphale, die in der Mythologie als die Frau auftaucht, die Herakles als Sklaven kauft (eine überraschende Umkehrung seiner sonst so festgeschriebenen Rolle als siegreicher Held im Kampf gegen das Matriarchat) und ihn zwingt, eine Zeit lang als Frau zu leben. Worauf könnte diese merkwürdige Episode hinweisen? Mich erinnerte sie an eine Geschichte aus dem *Mahabarata* der Hindus, in der der Held Arjuna ein Jahr lang als Dienerin leben muss. Und als ich weiter forschte, stieß ich wieder und wieder auf die Idee des Geschlechtertausches oder auf etwas, was Florence Bennett 1912 als »die orientalische Vorstellung von sexueller Verwirrung« bezeichnete.

DIE SCHLANGENGÖTTIN SPRICHT

Ich hatte nicht erwartet, dass sich irgendwelche Verbindungen zwischen Kreta und den Amazonen herstellen lassen würden. Eine Autorin von hohem Rang war sehr entschieden, als ich mit ihr sprach: Es gäbe dort keinerlei Spuren von Kriegerinnen! Sie hörte sich sogar etwas ärgerlich an, weil ich gewagt hatte, danach zu fragen. Doch eines Tages wanderte ich in den halbdunklen, vollgestopften Gewölben der Londoner Bibliothek auf der untersten, mit »Topographie« etikettierten Ebene umher, wo der Mangel an frischer Luft an einem heißen Tag schon oft dafür gesorgt hatte, dass ich mich äußerst eigenartig fühlte. Als ich kurz stehen blieb, um tief Luft zu holen, fiel mein Blick auf die sechs großen und ehrwürdigen Bände von Arthur Evans, *Palace of Minos*, die er geschrieben hatte, nachdem er Anfang des Jahrhunderts Knossos ausgegraben hatte. Ich ging davon aus, dass ich über die kuriosen Vorstellungen dieses romantischen Zeitgenossen Eduards VII. lächeln würde, doch ich war schon bald verzaubert von Evans' zahlreichen und ausführlichen Illustrationen und seinem auf entwaffnende Weise begeisterten Schreibstil. Er liebte den Palast von Knossos und war wie keiner nach ihm fähig, dessen Magie heraufzubeschwören. Als ich widerstrebend Band IV schloss, fiel mir eine außergewöhnliche Abbildung ins Auge, die er als zweite Titelseite verwendet hatte. Evans hatte dieser Figur einer geschmeidigen, athletischen jungen Frau mit erhobenen Armen, vollen, durch ein goldenes Mieder vorgeschobenen Brüsten und einem merkwürdig männlichen Schurz zwischen ihren Lenden den Namen »Unsere Liebe Frau des Sports« verliehen. Sie gab ein wunderschönes, doch zugleich beunruhigendes Bild ab. Ich machte mir eine Notiz in meinem schwarzen Notizbuch und schloss Evans' Band. Erst Monate später kam ich darauf, welche Relevanz die Figur für das Rätsel der Amazonen haben könnte.

Es gab noch andere Gründe, warum sich Kreta im Zusammenhang mit den Amazonen als wichtig erwies: Auf dem Höhepunkt der jüngeren minoischen Palastzeit (ca. 1570 bis 1425 v. Chr.) entstanden die berühmten »Schlangenpriesterinnen« (im Ashmolean Museum in Oxford befinden sich sehr gute Kopien). Diese Figurinen sind auf eine dynamische, raffinierte Weise erotisch: die Betonung der Brüste dadurch, dass sie hoch- und vorgeschoben werden, die umgürtete Taille, der unter einem dekorativen Schurz verborgene Genitalbereich. Sie tragen lange, glockenförmige, mit Volants versehene Röcke und hohe Hüte, auf denen manchmal ein Tier sitzt. Einige der kleinen Figuren halten in jeder Hand eine sich windende Schlange und vermitteln so den Eindruck, die Kontrolle über eine wilde, elektrisierende Energie zu haben. Ich hörte diese Schlangenpriesterinnen förmlich sagen: »Ich als Priesterin verkörpere die Macht der Göttin. Ich kann dir diese Energie zeigen, und ich kann sie dich spüren lassen, denn ich habe Kontrolle über sie. Doch hüte dich davor, dich ihr anders als auf geheiligte Weise zu nähern, denn den Achtlosen kann sie gefährlich werden.«

Diese spannungsgeladene, elektrische Kraft und Sexualität wird durch die Schlangensymbolik zum Ausdruck gebracht. Schon bald fand ich heraus, dass die Amazonen ebenfalls mit Schlangen in Verbindung gebracht wurden: Die libyschen Amazonen trug Rüstungen aus den Häuten von Riesenschlangen und bekämpften den Frauenstamm der Gorgonen, deren Königin Medusa statt Locken Schlangen auf ihrem Haupt trug und deren Anblick Männer in Stein verwandelte. Die Medusa war im wahrsten Sinne des Wortes eine »Männertötende«. Auf einem Relief von der Insel Korfu aus dem sechsten Jahrhundert v. Chr.[15] kann man eine Gorgone mit zwei auf ihrem Bauch ineinandergeschlungenen Schlangen und einem kurzen Rock sehen, der kaum ihr Geschlecht bedeckt. Es sieht fast so aus, als dienten die Schlangen der Tarnung des verborgenen Geschlechts. George Thomson[16] erwähnt ein »bekanntes Frauenritual – in Griechenland wird es insbesondere mit Demeter in Verbindung gebracht –, bei dem das Geschlecht durch das Hochziehen des Rocks präsentiert wird«, ein Schauspiel, das die alte Amme Baubo der großen Erdgöttin Demeter bietet, um sie während der Suche nach ihrer Tochter Persephone aufzumuntern. Dahinter schien sich die Vorstellung zu verbergen, dass in der weiblichen Vagina und im Uterus eine furchterregende, ja tödliche Macht wohnt. Herodot bezeichnete die Amazonen als *Oiorpata*, Männertötende. Ich fing an mich zu fragen, ob dieser tödliche Beiname nicht vielleicht ebenso viel mit ihrer Sexualität wie mit ihrer kriegerischen Unbarmherzigkeit zu tun haben könnte.

Dann wurde mir klar, dass die Amazonen eine Eigenschaft haben, die für gewöhnlich zu Gunsten ihrer Kriegskünste heruntergespielt wird: ihre promiskuitiven Sexualpraktiken. Mehreren Quellen zufolge hatten sie keine Ehemänner, sondern zogen einmal im Jahr aus, um sich nach dem Zufallsprinzip mit den Männern eines benachbarten Stammes zu paaren. Im klassischen Athen, wo monogame Ehen üblich waren, wird man dieses Benehmen als äußerst anormal verurteilt haben. Doch es gab noch eine blasse Erinnerung an eine andere Lebensweise: Einem Mythos zufolge hatte erst Kekrops, der erste König Athens, die Ehe erfunden. Vorher hatten Frauen mit verschiedenen, häufig wechselnden Partnern

Geschlechtsverkehr mit dem Ergebnis, dass Söhne ihre Väter und Väter ihre Söhne nicht kannten. Kinder hießen nach der Mutter. Das hörte sich für mich nach der Art matrilinearen Gesellschaft an, die Amazonen hervorgebracht haben könnte. Ich nahm mir vor, immer dann, wenn ich auf Beschreibungen archaischer Sexualpraktiken stieß, besonders auf mögliche unterschwellige Hinweise auf Amazonen zu achten.

DIE STADT DER AMAZONEN

Themiskyra, die sagenumwobene Stadt der Amazonen, befand sich, so hieß es, am Fluss Thermodon in der Nähe des Schwarzen Meers und damit in »Pontos«. Verschiedene Quellen bezeichnen dieses Gebiet als die Heimat der Amazonen, und heutige Forscher stimmen darin überein, dass sich die Stadt Themiskyra (falls sie existiert hat) irgendwo zwischen dem heutigen Sinop und Giresun an der Südküste des Schwarzen Meers in der Türkei befinden muss. Eine Quelle erwähnt sogar *drei* Amazonenstädte in diesem Gebiet. Doch niemand hat bisher überzeugende oder weiter verfolgbare Anhaltspunkte für die Existenz einer dieser drei Städte oder auch nur von Themiskyra selbst erbracht. Die begeisterten Autoren einer Website zeigten sich überzeugt, Themiskyra sei mit der Festung Dundartepe bei Samsun identisch. Doch schien diese Überzeugung lediglich auf dem glücklichen Zufall zu beruhen, dass Dündartepe groß, am rechten Fleck, ausreichend verfallen und pittoresk war.

Ich beschloss, an die türkische Schwarzmeerküste zu fahren und selbst dort zu suchen. Die Bücher beschrieben die Gegend als geheimnisvoll und unzugänglich, auf natürliche Weise durch das Pontische Gebirge von der übrigen Landmasse abgeschnitten und dennoch durch Täler mit den Ebenen und Bergen des Südens und Ostens verbunden, von wo während der Bronzezeit Völker und Einflüsse sich wellenförmig ausgebreitet haben müssen. Die Region wies mehrere interessante Stätten auf – Ikiztepe, eine Bronzezeitsiedlung; paläolithische, phrygische und hellenistische Befestigungen; die massive Festung Akalan, die vermutlich aus hethitischer Zeit stammt, und die alten griechischen Kolonien Amisos und Sinope. Konnte irgendeiner dieser Orte das alte Themiskyra, die Stadt der Amazonen sein? Ich würde mein Möglichstes tun, um es herauszufinden.

WAS SAGT DIE SPHINX?

Doch unabhängig davon, ob die Amazonen nun an der türkischen Schwarzmeerküste oder in Ephesos und der Ägäisküste zu lokalisieren waren – sobald ich in der Zeit zurückging, stieß ich unweigerlich auf das mächtige, rätselhafte Volk der Hethiter. Im Archäologischen Museum in Istanbul steht eine hethitische Sphinx, die eine ganz bestimmte Art brutaler, verschlagener Macht verkörpert, die ich als zutiefst hethitisch empfand. Doch als ich die Hethiter besser kennenlernte, stellte ich fest, dass der erste Anschein trog. Sie waren ein patriarchalisches indoeuropäisches Volk, das Anfang des zweiten Jahrtausends v. Chr. in Anatolien eintraf und, als es sich mit den ortsansässigen Hattiern und Luwiern und später mit den aus dem Osten hinzukommenden Hurriern vermischte, eine Mythologie und ein religiöses System entwickelte, in dem die alte weibliche Kraft zwar in Frage gestellt, doch bis zu einem gewissen Grad geachtet wurde. Ich entdeckte faszinierende alte Dokumente, welche die außerordentliche Macht der Zauberinnen und Priesterinnen in der frühen Phase des Hethiterreichs bezeugen. Waren diese »Zauberweiber« vielleicht der Schlüssel zu einer von Frauen beherrschten oder dominierten Stadt? In dem Felsenheiligtum von Yazilikaya in der Nähe von Ankara kann man in den Reihen der Götter und Göttinnen, der Könige und Königinnen eine merkwürdige Gestalt marschieren sehen, die weder männlich noch weiblich ist, sondern beides zugleich. Sie ist halb verschleiert und mit Flügeln versehen und wird für Schawuschka,[17] die hurritisch-hethitische Göttin der Liebe und des Krieges, gehalten. Hatte ein Gott/ eine Göttin wie er/sie kriegerische Priesterinnen, die vielleicht der Prototyp der Amazonen waren? Einige der Engländer, die zu

Königin Viktorias Zeiten in dem Gebiet forschten, waren dieser Auffassung.[18]

Was nun die früheste Vorläuferin von Kybele, der Löwengöttin, betrifft, so taucht sie erstmals im sechsten Jahrtausend v. Chr. in der Gestalt einer dicken »Muttergöttin«, die zwischen ihren Löwen oder Leoparden gebärt, in der Geschichte auf. Diese so genannte »Herrin der Tiere« wurde in einem Getreidespeicher in Çatal Hüyük gefunden, eine der weltweit frühesten städtischen Anlagen mitten auf der anatolischen Ebene. Diese kleine Skulptur mit ihren dicken Oberschenkeln und ihren blinden Augen ist so ausdrucksstark und naturalistisch geformt, dass es mir einfach unwahrscheinlich vorkommt, die mit ihr verbundene Zivilisation könnte uns völlig fremd sein. Die Ausdruckskraft der Figur ist so groß, dass man meint, sie könne jeden Augenblick aufspringen und auf einen zu gehen. Was war das Geheimnis, die besondere Genialität von Çatal Hüyük, und gab es möglicherweise eine Verbindung zu den Amazonen? War hier der Anfang des Fadens, der sich durch die Jahrtausende abspulen und schließlich das eindrucksvolle Bild der Kriegerinnen weben würde?

AMAZONEN UND BARBAREN

Seit dem achten Jahrhundert v. Chr. gründeten die expansiven Griechen Kolonien an den Küsten des Schwarzen Meers – zum Beispiel Amisos bei dem heutigen Samsun, Phanagoreia auf der russischen Taman-Halbinsel, Olbia im Mündungsbereich des Flusses Borysthennes (Dnjepr) sowie Pantikapeion und Chersonesos auf der Krim. Sollte es also unter den von Griechen kolonialisierten Barbaren irgendwelche Amazonen gegeben haben, dann hätten sie es sicherlich bemerkt. Ich wusste, dass man in der Ukraine und in Russland Gräber von Frauen gefunden hatte, die mit ihren Waffen beerdigt worden waren. Ich hatte jedoch große Schwierigkeiten, Kontakt zu den zuständigen Archäologen aufzunehmen. Mit einer Ausnahme (Jeannine Davis-Kimball) sprachen sie entweder nur Russisch oder wollten sich gar nicht erst mit mir unterhalten. Also entschloss ich mich, mir ein Visum zu besorgen und hinzufahren in der Hoffnung, dass ich sie vielleicht persönlich dazu überreden konnte, mir weiter zu helfen. Was ich dann von diesen Archäologinnen erfuhr, überstieg meine kühnsten Erwartungen und eröffnete mir einen großartigen Ausblick auf die Frühgeschichte und Geschichte der Menschheit, von der ich zu Beginn meiner Suche nicht allzu viel wusste. Der Reichtum an Funden in Russland und in der Ukraine, den Sie im nächsten Kapitel kennen lernen werden, ist vermutlich nur die Spitze eines Eisbergs, der erst im neuen Jahrtausend richtig ins Blickfeld geraten wird. Die Bedeutung dieses Materials ist noch nicht in unser kollektives Bewusstsein eingedrungen. Sobald dies der Fall ist, wird der erste Teil der Botschaft der Amazonen entschlüsselt sein.

2

Das Geheimnis der Steppen

Durch mein Bullauge konnte ich sehen, wie der Vollmond eine Spur aus kleinen tanzenden Lichtern auf dem Schwarzen Meer erzeugte, die sich wie eine weiße Schlange auf mich zu bewegten. Der rote Mars suchte sich seinen Weg knapp über dem Horizont. Die See war glatt und dunkel wie ein Spiegel aus Obsidian. Es war eine Nacht, die angemessen schien, um die Suche nach den Frauen zu beginnen, die sich selbst als Töchter des Ares (in der römischen Mythologie Mars) bezeichneten und der Mondgöttin Artemis/Kybele mit ihren sichelförmigen Schilden dienten – meine Suche nach den Amazonen.

Es war uns gelungen, die letzten beiden Plätze auf einem russischen Frachtschiff zu ergattern, das auf dem Weg war von Istanbul nach Jalta, in die Ukraine. Wie die Amazonen, die die Schlacht bei Themiskyra überlebt hatten, machten wir die Überfahrt an die nördliche Schwarzmeerküste. Sie waren erbärmliche Gefangene in einem griechischen Schiff, bestimmt für die Sklaverei oder noch Schlimmeres. Sie hatten den Tiefpunkt ihrer Geschichte erreicht: Nach Jahrhunderten ruhmreicher Unabhängigkeit, der Eroberung und der Gründung von Städten waren sie nun von dem archetypischen patriarchalischen Held Herakles gedemütigt und in die Flucht geschlagen worden. Einige wenige waren entkommen, um später in Troja zu kämpfen, doch Penthesilea, ihrer schönen, tapferen Königin, war es bestimmt, dort zu sterben, durchbohrt vom Speer des Achilleus.

Solche »Ereignisse« hatten zur Schaffung eines der gewaltigsten Mythen unserer Zivilisation geführt. Doch welche historische Wahrheit verbarg sich hinter diesem Mythos? Worauf gründete er? In der Ukraine hoffte ich den Archäologinnen zu begegnen, deren

Arbeit bewies, dass Frauen, die den Amazonen glichen, tatsächlich existiert hatten. Außerdem wollte ich die Knochen, Panzer und Waffen einiger dieser Kriegerinnen sehen. Natasha, meine Freundin und Übersetzerin, vollzog in umgekehrter Richtung eine Reise, die ihre Mutter 1945 gemacht hatte, als sie aus ihrer Heimat, der Ukraine, nach Istanbul geflohen war. Natashas russische Mutter hatte tatarisches Blut in den Adern, und es könnte gut sein, dass Natasha eine Nachfahrin der nomadischen Kriegerinnen ist, die vor über zweitausend Jahren über die Steppen ritten.

In der vorangegangenen Nacht hatten wir an Deck des Schiffes zugesehen, wie es bis zu den Dollborden mit Waren vollgestopft wurde, die auf den Märkten von Jalta und Odessa verkauft werden sollten. Wir beobachteten, wie der Kran Kinderfahrräder, Kinderwagen, Elektrogeräte, Kisten voller Weintrauben an Bord schaffte. Die Händler waren meistens Frauen. Natasha musste ihre Kabine mit der gutmütigen Galya und all ihren Gütern teilen. Sie hatte kaum genug Platz, um sich zwischen all den Kisten hindurch zu ihrer Koje zu schlängeln. Meine Kabinenmitbewohnerin, die wie eine Doppelgängerin von Britt Ekland aussah und die wir Blondinka nannten, verkaufte eine Ware anderer Art. Sie verbrachte keine einzige Nacht in der Kabine. Sie war von einer Teilnahmslosigkeit, die tragisch angemutet hätte, wenn ihre Augen nicht so tot gewesen wären. Tatsächlich lag in den Augen aller Frauen an Bord, ob sie nun mit Kinderspielzeug handelten oder mit Sex, eine resignierte Traurigkeit. Der Basar in Istanbul ist voller »Natashas«, wie die ukrainischen und russischen Frauen genannt werden, die gekommen sind, um sich für Dollars zu verkaufen. Im muslimischen Istanbul finden sie reichlich Betätigung, aber auch unverhohlene Geringschätzung.

Nachdem wir mitten in der Nacht geweckt worden waren, um unsere Pässe vorzuzeigen, als das Schiff aus dem Bosporus auslief, sahen wir zu, wie die Moscheen und Minarette von Istanbul langsam im Mondlicht verblassten. Erst als wir auf dem offenen Meer waren, hatten wir das Gefühl, richtig unterwegs zu sein. In dem verwirrenden Gespinst aus Geschichten über die Amazonen ist das Schwarze Meer ein zentrales Motiv. Ihre Stadt Themiskyra lag, so heißt es, an der türkischen Küste in der Nähe des heutigen Samsun, ihre heilige Insel befand sich vor der Küste des heutigen Giresun. Aischylos allerdings platzierte die Amazonen etwas vage (seine geographischen Kenntnisse waren nur mäßig) in die Berge des Kaukasus, am östlichen Ufer des Schwarzen Meers. Doch der bedeutsamste Bericht, der das Schwarze Meer erwähnt, stammt von Herodot, dem »Vater der Geschichte«, der Mitte des fünften Jahrhunderts v. Chr. schrieb, als das klassische Griechenland eben den Zenit seines Ruhms überschritten hatte.

DIE LETZTEN AMAZONEN

Herodot erklärt, dass sich die Hellenen und die Amazonen miteinander im Krieg befanden, dass die Griechen die wilden Kriegerinnen besiegten und schließlich in drei Schiffen mit ihnen davonsegelten – vermutlich waren die Frauen für die Sklaverei bestimmt. Unterwegs revoltierten die Amazonen und überwältigten ihre Wärter, doch unglücklicherweise verstanden sie nichts vom Segeln und trieben daher mehrere Tage hilflos in Wellen und Wind, bis sie an das Ufer des Asowschen Meers gespült wurden. Als sie an Land auf eine Herde Pferde stießen, zähmten sie sie umgehend, schwangen sich auf ihre Rücken und machten sich daran, bei den in diesem Landstrich beheimateten Skythen zu plündern.

Die Skythen setzten sich zur Wehr und mussten, als sie die Körper ihrer erschlagenen Gegner untersuchten, überrascht feststellen, dass sie gegen Frauen kämpften. Sie beschlossen, die Überlebenden möglichst nicht zu töten, sondern stattdessen um sie zu werben, weil sie meinten, dass die Amazonen ihnen starke Kinder gebären würden. Also machte sich eine Gruppe junger Skythen auf den Weg, um ihr Lager in der Nähe der Kriegerinnen aufzuschlagen. Sie hatten Anweisung, sich so zu benehmen, dass die Frauen Zutrauen zu ihnen fassten. Nun lasse ich Herodot selbst seine Geschichte weiter erzählen:

Zur Mittagszeit taten die Amazonen folgendes: Sie zerstreuten sich einzeln oder zu zweien, um abseits voneinander ihre Notdurft zu verrichten. Die Skythen merkten das und machten es ebenso. Und einmal überfiel einer eine von ihnen, und die Amazone gab nach und wehrte ihm nicht. Sprechen konnte sie zwar nicht mit ihm, denn sie verstanden einander nicht, aber durch Zeichen bat sie ihn, er möchte am nächsten Tage an denselben Platz kommen und (indem sie bedeutete, es sollten zwei sein) einen anderen mitbringen; auch sie brächte eine andere mit. Der Jüngling ging und erzählte es den anderen. Am nächsten Tag ging er an dieselbe Stelle und nahm einen Gefährten mit. Da fand er die Amazone mit einer anderen wartend. Als das die anderen Jünglinge erfuhren, machten auch sie die übrigen Amazonen zahm.
Nun vereinigten sich die beiden Lager und lebten gemeinsam. Jeder nahm die, mit der er zuerst Verkehr gehabt hatte, zur Frau.[1]

Die Amazonen waren bereit, sich mit den Männern niederzulassen, doch nicht als skythische Frauen. Sie wollten sich ihre alten Sitten bewahren: »Wir haben andere Sitten als [eure Frauen], denn wir schießen mit Pfeilen und Speeren und sind beritten, Frauenarbeit jedoch verstehen wir nicht. Eure Frauen tun nichts von dem Genannten ...« Also überschritten die neu gebildeten Paare den Fluss Tanais und reisten drei Tage lang nach Osten und dann noch einmal drei Tage nach Norden, bis sie sich niederließen und gemeinsam das Volk der Sauromaten begründeten, deren Frauen an der Gewohnheit festhielten, zu Pferde zu jagen und in den Krieg zu ziehen. »Und was ihre Ehegebräuche betrifft«, schließt Herodot, »so darf keine Jungfrau heiraten, bevor sie nicht einen Feind getötet hat. Manche werden alt und sterben, ohne sich zu vermählen, weil sie dies Gesetz nicht haben erfüllen können.«
Es ist viel darüber diskutiert worden, ob Herodot eher Geschichtenerzähler oder Historiker war, doch die lebendigen Details dieser Geschichte bleiben im Gedächtnis haften, ob sie nun wahr oder erfunden ist. Herodot erklärt die Amazonen zu den Vorfahren

der sauromatischen Kriegerinnen, die in der Zeit, als er schrieb, also etwa im fünften Jahrhundert v. Chr., noch lebten und kämpften. Und ich war auf dem Weg in die Ukraine, um herauszufinden, welche konkreten Anhaltspunkte es für die Existenz dieser Kriegerinnen gibt.

Als wir uns am Morgen des zweiten Tages dem Hafen von Jalta näherten, sahen wir eine weiße Steilküste und Menschen, die darunter auf Wasser-Scootern umherschossen. Von solchen Felsen stürzten die grausamen Priesterinnen der Artemis Tauropolos schiffbrüchige Seeleute, die ihnen in die Quere kamen, und manche Leute glauben, dass die Amazonen die Erinnerung an eine derart blutrünstige Frauenbande verkörpern (siehe viertes Kapitel).

Die Krimküste ist wunderschön, üppig und traurig – in den Gärten spielen die Kinder unnatürlich leise, und die Erwachsenen sind gedrückter Stimmung: Sie haben kein Geld, und die Zukunft sieht trostlos aus. An diesem Abend saßen wir auf einer Terrasse hoch über Alupka, einer verblichenen Küstenstadt westlich von Jalta voller riesiger leerer Sanatorien, und starrten neuerlich auf den riesigen Mond, der über dem Schwarzen Meer hing. Die Terrasse und die baufälligen »Ferienbungalows«, die sie umgaben, gehörten »Babuschka«, Natashas Schwiegermutter. Wir schliefen in hohen, feuchten, klumpigen Betten, wuschen uns auf dem Hof und aßen einen Salat aus Gurken und Tomaten gemeinsam aus einer Schüssel. Babuschka war stolz auf ihr Reich. Ihr Leben war äußerst hart gewesen, doch ihr dritter und letzter Ehemann, ein Jude, der Auschwitz überlebt hatte, hatte ihr die Bungalows hinterlassen, die sie für zwei Hrivnas (etwa zwei Mark) pro Nacht an verarmte Städter vermietete, die Ferien am Meer machen wollten. Babuschkas Idol war Alexander der Große, dessen Erfolgsgeheimnis für sie darin lag, dass er seine Armee mit »Kapusta«, Kohl, ernährte. Kohl vermag alles zu heilen, sagte sie. Sie hatte im Bus einen Mann diese Behauptung aufstellen hören, und nach ihrer eigenen Erfahrung stimmte das.

Alexander der Große hatte, Diodor und anderen zufolge, eine interessante Begegnung mit einer Amazone. Sie war eine Kriegerkönigin namens Thalestris und besuchte ihn mit 200 Soldatinnen, als er in der Wildnis kampierte, um sich ihm anzubieten und mit ihm ein Superheldenmädchen zu zeugen. Sie verbrachten dreizehn Tage (einen halben Menstruations- beziehungsweise Mondzyklus) miteinander, jagten Löwen und liebten sich, doch bedauerlicherweise starb Thalestris bald darauf, und das Wunderkind wurde nie geboren. Die echte Thalestris war möglicherweise eine baktrische Nomadenprinzessin, die Alexander etwa 329 v. Chr. von ihrem Vater angeboten wurde.

Am nächsten Tag mieteten wir ein Auto mit Fahrer und machten uns auf den Weg, um die Küste zu erkunden. Der Fahrer war ein Tatare namens Hussein, der erst kürzlich aus Samarkand, wohin Stalin 1944 Husseins Familie und eine halbe Million anderer Tataren umgesiedelt hatte, auf die Krim zurückgekehrt war. War es hier besser? Hier ist die *Heimat*, erwiderte er spitz und zeigte uns stolz die neuen tatarischen Siedlungen, die entlang der Küste aus dem Boden schossen – dort, wo das Geld ausgegangen war, blieben die Häuser halbfertig, ein gelegentliches Minarett versprach die Errichtung einer Moschee.

Am Spätnachmittag trafen wir in Chersones ein, dem griechischen Chersonesos, das heute eine Vorstadt von Sewastopol ist. Eine heiße, helle Sonne brannte noch immer auf die ausgeblichenen Säulen und Torbögen der Überreste einer einzigartigen griechischen Kolonie herunter. In den letzten vier vorchristlichen Jahrhunderten hatten sich hier kultivierte Hellenen und – in deren Augen barbarische – Skythen miteinander vermischt, so wie Griechen dies mit vielen anderen Bewohnern an den Ufern des Schwarzen Meers getan hatten. Ich hoffte, hier Hinweise auf die Kriegerinnen zu finden, vielleicht eine Vase, die zeigte, wie sie in Gruppen durch die Stadt zogen und nach hübschen Griechen Ausschau hielten, um ihre Töchter mit ihnen zu zeugen. An der Ausgrabungsstätte wurden wir auf ein Holzhaus verwiesen, das über den Ruinen hockte und auf einen Strand voller Sonnenhungriger und Schwimmer hinunter blickte, die den Wundern der antiken Stadt keine Beachtung schenkten. Unser Klopfen wurde mit einem Stöhnen beantwortet. Vitaly Zubar, der Direktor der Ausgrabungsstätte, lag mit Grippe im Bett.

Er stand auf, schwitzte mitleiderregend in seiner Badehose und goss uns ein Glas bitter-süßen Krimwein ein, steckte die erste von vielen weiteren Zigaretten an und seufzte tief, als er uns von dem bedauernswerten Zustand der Archäologie in der Ukraine berichtete. Weil es an Geld fehlte, gab es im Augenblick kaum irgendwelche Ausgrabungsstätten – er selbst war seit drei Monaten nicht mehr bezahlt worden. In Chersonesos, klärte er uns auf, gab es keinerlei Hinweise auf Amazonen – keine leichtfüßigen Kriegerinnen, die durch die Stadt wanderten. Mir wurde klar, wie naiv ich gewesen war, so etwas überhaupt für möglich zu halten. Ja, man hatte in der Steppe irgendetwas gefunden, sagte er vage. Er würde versuchen, für uns ein Gespräch mit den erforderlichen Leuten zu arrangieren, und er würde sich wohl unserer annehmen und sich um uns kümmern. Er seufzte neuerlich schwer, als er dies ankündigte, zündete eine weitere Zigarette an und hustete heftig. Vitalys Welt war wie die der meisten Ukrainer im Sommer 1997 düster und hoffnungslos. Doch da er, wie wir später herausfanden, ein überaus freundlicher Mann war, blieb ihm nichts anderes übrig, als uns zu helfen.

Mehrere klassische Quellen verweisen auf die sauromatischen Frauen als die direkten Nachkommen der Amazonen, darunter auch Hippokrates, der im späten fünften Jahrhundert v. Chr. schrieb: »Man erzählt, daß die Amazonen bei ihrem männlichen Nachwuchse in frühester Jugend sogleich die Gelenke ausrenken teils an den Knien, teils an den Hüften, gewiß zu dem Ende, daß das männliche Geschlecht lahm werde und dem weiblichen Geschlechte gegenüber nichts Böses im Schilde führen könne ...«[2] Er wiederholte einige bereits von Herodot bekannten Einzelheiten und schmückte sie aus:

In Europa gibt es einen Skythenstamm, welcher um den Mäotischen See wohnt und sich von den übrigen Stämmen unterscheidet; man nennt ihn die Sauromaten. Die Frauen aus jenem Volksstamm reiten, schießen mit dem Bogen, schleudern den Wurfspeer vom Pferde herab und kämpfen, solange sie Jungfrauen sind, gegen die Feinde. Sie hören aber nicht eher auf, Jungfrauen zu sein, als bis sie drei Feinde erlegt haben, und gehen nicht eher eine Ehe ein, wobei sie die gesetzlich vorgeschriebenen Opfer bringen. Diejenige, die sich einen Mann gewonnen hat, gibt das Reiten auf, solange nicht die Notwendigkeit eines gemeinsamen Feldzuges eintritt. Die rechte Brust fehlt ihnen. Solange sie nämlich noch kleine Kinder sind, legen die Mütter den Mädchen ein zu diesem Zwecke hergestelltes ehernes Instrument, das sie glühend machen, an die rechte Brust, und diese wird so versengt, daß ihr Wachstum vernichtet wird. Dafür geht aber alle Kraft und Fülle in die rechte Schulter und den rechten Arm.[3]

Dann gibt es da den geheimnisvollen und recht späten Autor namens Iustinus, der wahrscheinlich im dritten Jahrhundert n. Chr. lebte und das Werk des Gelehrten Pompeius Trogus zusammenfasste. Seine Version unterscheidet sich insofern, als er nahelegt, dass die ursprünglichen Amazonen *von* Skythien *nach* Nordanatolien kamen und nicht umgekehrt. Dies ereignete sich folgendermaßen: Unter der Führung zweier junger Prinzen flohen sie mit ihren Ehemännern von Skythien an den Fluss Thermodon. Bei Zusammenstößen mit der örtlichen Bevölkerung kamen alle skythischen Männer um, und die Frauen errichteten für sich eine unabhängige Kolonie. Sie begegneten ihren Nachbarn aggressiv und nahmen nur dann mit ihnen Kontakt auf, wenn sie geschwängert werden wollten. Männliche Kinder töteten sie, die Mädchen erzogen sie zu Jägerinnen und Kämpferinnen und versengten ihnen schon im Kindesalter die rechte Brust, damit sie später besser mit Pfeil und Bogen umgehen konnten. Sie hatten zwei Königinnen, Marpesia und Lampedo, die gemeinsam große Flächen in Europa und Asien eroberten, bis Marpesia und ihre Armee vernichtet wurden und Herakles auftauchte, um den Gürtel einer der ihren zu verlangen.

Ungeachtet dessen, ob die kriegerischen Frauen der Skythen und Sauromaten die Prototypen der Amazonen oder ihre Nachfahren waren, musste ich herausfinden, ob es Beweise für ihre Existenz gab. Renate Rolle war der Schlüssel zu dieser Frage, und ich wusste, dass sie irgendwo in der Ukraine Ausgrabungen leitete.

SKYTHEN UND AMAZONEN: DER BEWEIS

Renate Rolle weiß mehr über die Skythen als irgendjemand sonst auf der Welt, und in ihrem Buch *Die Welt der Skythen* las ich zum ersten Mal von den aus der Eisenzeit stammenden Hügelgräbern, in denen Frauen mit ihren Waffen beerdigt waren. Doch Renate Rolle ist ein bescheidener und schwer zu erreichender Mensch und war nicht erpicht darauf, mich kennen zu lernen. Ich hatte monatelang versucht, mit ihr in Verbindung zu treten, im Wesentlichen über Nina, die geduldige, Englisch sprechende Frau ihres Assistenten Frank Andrashko. Ich hatte telefoniert, gefaxt und Briefe geschrieben, sowohl in Englisch als auch in holperigem Deutsch, und hatte trotz Ninas Einsatz nur eine höfliche Abfuhr kassiert. Problematisch war, dass Professor Rolle kein Englisch sprach, und mein Schuldeutsch war für ein richtiges Gespräch nicht gut genug – und schon gar nicht ausreichend, um ihr die Redlichkeit und Ernsthaftigkeit meines Anliegens zu vermitteln. Nina erklärte mir, dass Professor Rolle schlechte Erfahrungen mit Journalisten gemacht hatte, die zwar große Teile ihrer Zeit in Anspruch genommen hatten, dafür aber weder Bezahlung geleistet noch ihre Quelle später angegeben hatten. Ich konnte ihr Misstrauen verstehen, aber die Situation war äußerst frustrierend.

Vitaly ließ uns jedoch wissen, wo sie war – mitten in der Steppe östlich von Kiew, wo sie mit Professor Murzin die große skythische Siedlung in Belsk ausgrub. Der Ort war mitten im Nirgendwo, praktisch unerreichbar selbst über die Bahnstation in Poltawa. Per Telefon ließ sich schon gar nichts erreichen (was, wie ich glaubte, beabsichtigt war). Wir entschlossen uns, mit dem Auto dorthin zu fahren. »Ihr Engländerinnen seid so zielstrebig«, murmelte Vitaly, steckte sich eine weitere Zigarette an und überprüfte insgeheim seinen Puls.

Nach tagelangem sintflutartigem Regen erreichten wir die Umgebung von Belsk (siehe Karte 3) und konnten die Ausgrabungsstätte zunächst nicht finden; die Landschaft war auf finstere Weise eintönig, überschwemmt und wirkte bedrohlich. Keiner der patschnassen Menschen, denen wir begegneten, hatte die geringste

Vorstellung davon, wo die Ausgrabungen stattfanden oder wo sich die beiden Professoren aufhielten. Verzweifelt entschied sich Tolya, unser Fahrer, für eine ausgefahrene und mit Löchern übersäte Matschpiste und blieb schon bald stecken. Hundert Meter entfernt von uns standen zwei Herren unter einem Schirm neben einem gleichfalls stecken gebliebenen Geländewagen. Als Tolya sie um Hilfe bat, fand er heraus, dass der korpulentere von beiden Professor Vetchislav Murzin war und dass der Geländewagen Renate Rolle gehörte.

Etwas weiter stießen wir auf Professor Renate Rolle persönlich. Sie saß unter dem Vordach ihres Zeltes und machte Notizen, während es überall um sie herum tropfte. Sie war sehr überrascht, uns zu sehen, doch es ist fast unmöglich, Natashas Charme, den sie in fließendem Russisch zum Ausdruck brachte, zu widerstehen. Nach fünf Minuten tranken wir Wodka miteinander und ließen uns ein skythisches Schwert zeigen. Renate entpuppte sich als eine schüchterne und ernste Frau, deren gute Laune schon bald zum Vorschein kam. Ihr Mann Willi, den die Ankunft zweier exzentrischer englischer Damen während dieses Dauerregens aufmunterte, steuerte die Witze bei. Wenigstens waren wir an einem nassen Tag, an dem nicht gegraben werden konnte, eine willkommene Ablenkung.

Belsk ist ein geheimnisvoller Ort. Möglicherweise handelt es sich um das größte bewohnte Schanzwerk, das jemals entdeckt wurde: Es umschloss eine Fläche von viertausend Hektar, enthielt drei separate Dörfer und war einen Kilometer breit. Während der Eisenzeit war das Gelände von einer neun Meter hohen, fast 34 Kilometer langen weißen Holzmauer umgeben gewesen. Die Professoren Rolle und Murzin räumten ein, dass sie nicht wussten, *wozu* die Anlage gedient hatte.

Die Blütezeit der Anlage war im siebten Jahrhundert v. Chr., und sie war von einer gemischten Bevölkerung – zur Hälfte Griechen, zur Hälfte Skythen – bewohnt worden. In ihrem Inneren befindet sich ein riesiger Friedhof, der Tausende kleiner Kurgane (Hügelgräber) enthält. Offenbar waren alle Einwohner Krieger – die Gräber sind voller Schilde, Schwerter und Panzerhemden. Unglücklicherweise sind die Skelette in einem so schlechten Zustand, dass sich das Geschlecht der Krieger nicht feststellen lässt. Doch in der Anlage wurde eine Werkstatt gefunden, in der Trinkschalen aus Menschenschädeln gefertigt wurden – eine Sitte, die Herodot beschreibt. Belsk war vermutlich eine Festung, was gut zu dem kriegerischen Ruf der Skythen passt.

Die Skythen waren ein indoiranisches Volk, das etwa im achten Jahrhundert v. Chr. in den Steppen eintraf, die sie bis hinunter ans Schwarze Meer besiedelten. Sie führten das Leben von Viehzüchtern, die Kriegskunst und Schlagkraft zu schätzen wussten und für die Pferde eine wichtige Rolle spielten. Einige lebten auch weiterhin als Nomaden, hielten ihre Pferde und Schafe in Herden zusammen und trieben sie entsprechend den Jahreszeiten auf bessere Weiden. Andere ließen sich nieder, bauten Getreide an, fertigten in einem kraftvollen Stil verzierte Werkzeuge, Waffen und Schmuck und stellten Tiere gerne mit zur Verteidigung zurückgeworfenem Kopf dar. Herodot bereitete es offenbar großes Vergnügen, die blutrünstigen Sitten der Skythen ausführlich zu beschreiben:

> Sie ziehen den Schädeln die Haut ab, indem sie rings um die Ohren einen Schnitt machen, dann die Haare fassen und den Kopf herausschütteln. Mit einer Ochsenrippe wird das Fleisch abgeschabt, dann die Haut mit der Hand gegerbt und, wenn sie weich ist, als Handtuch gebraucht. Der Reiter bindet die Haut an den Zügel seines Pferdes und prahlt damit. ... Viele häuten auch die rechte Hand ihrer gefallenen Feinde ab mitsamt den Fingernägeln. Sie machen Deckel für ihre Köcher daraus.[4]

Griechen und Skythen sind offenbar ein Gegensatzpaar: Der griechische Geist scheint aus seiner unterweltlichen dionysischen Vergangenheit in eine klarsichtige apollinische Periode zu wechseln, die außerordentliche Fortschritte in Philosophie, Demokratie und Kultur mit sich brachte; die Skythen hingegen waren gewalttätige, primitive, vagabundierende, zielsichere Schützen und begabte Reiter, die Cannabissamen »rauchten«. Doch trotz (oder vielleicht gerade wegen) dieser Gegensätzlichkeit kamen die kolonialisierenden Griechen und die nomadisierenden Skythen, die in der Steppenlandschaft der heutigen Ukraine aufeinander stießen, gut miteinander aus, lebten gemeinsam in Kolonien am Schwarzen Meer, trieben Handel, beeinflussten sich gegenseitig in ihrer Kunst und gingen ohne Zweifel zahllose Mischehen ein. Herodot dokumentiert einen Mythos, demzufolge Herakles auf der Suche nach seinen Pferden nach Skythien kam. Dort traf er auf eine Schlangenfrau (deren obere Hälfte menschlich und deren untere Hälfte ein Schlangenkörper war), die versprach, ihm sein Pferd zurückzugeben, wenn er zuvor mit ihr schliefe. Er tat ihr den Gefallen, worauf er sein Pferd bekam und sie drei Söhne, von denen der jüngste namens Skythes Bogen und Gürtel seines Vaters übernahm und zum Ahnvater des skythischen Volkes wurde. Wieder trifft der patriarchalische Held auf die Muttergöttin.

Wir standen mit Professor Rolle inmitten skythischer Scherben und Knochen, während der Regen auf uns herniederprasselte. Jede von uns trug einen pastellfarbenen Plastikregenmantel, den Professor Murzin zur Verfügung gestellt hatte. Die Amazonen schienen noch weit entfernt. Doch sie waren näher, als wir ahnten. Renate Rolle erwies sich als einer dieser charakterstarken, unablässig hartnäckigen und ehrlichen Menschen, die erstaunliche Dinge entdecken und danach nur wenig Wert darauf legen, den Ruhm für ihre Entdeckungen einzufordern. Endlich konnten wir sie dazu überreden, uns ihre Geschichte zu erzählen.

1965, als sie noch Studentin war, fiel ihr auf, dass manche der Gräber, die sie freilegte, klassisch weibliche Gegenstände wie Spindeln und Spiegel *und außerdem* klassisch männliche Dinge wie Messer, Schwerter und Pfeile enthielten und dass deshalb das Geschlecht der Beerdigten keineswegs eindeutig bestimmbar war. Die meisten Archäologen vor ihr hatten diese Gräber irgendwie erklärt, doch sie waren nie auf die Idee gekommen, die in solchen Gräbern Beerdigten könnten Frauen sein – tatsächlich wurden Gräber mit Waffenbeigaben grundsätzlich für Männergräber gehalten. Es gab beachtenswerte Ausnahmen wie etwa den Russen Grakov, der meinte, diese Kurgane könnten ein Hinweis auf eine von

Frauen dominierte Gesellschaft und die letzten Überreste eines Matriarchats sein, oder den Amateurarchäologen Graf Wladimir Alexejewitsch Bobrinskij. Nicht zuletzt, weil Renate Rolle eine Frau und äußerst gewissenhafte Archäologin ist, wollte sie alle Möglichkeiten überprüfen.

Sie fing an, indem sie das Grab noch einmal untersuchte, das Graf Bobrinskij Ende des 19. Jahrhunderts gefunden hatte. Es war 1884 in Cholodni Yar am linken Ufer des Flusses Tiasmin freigelegt worden. In diesem Grab lagen zwei Skelette: Die Beerdigung hatte der Frau gegolten, doch zu ihren Füßen lag der Körper eines jungen, etwa achtzehnjährigen Mannes. Es war ein recht reich ausgestattetes Grab, in dem die bedeutenderen Gegenstände um die Frau gruppiert waren. Sie trug große Silberohrringe und eine Kette aus Knochen- und Glasperlen; an einem ihrer Arme befand sich ein Bronzearmreifen. Neben ihr lagen ein Bronzespiegel, ein Webstuhlgewicht aus Ton und eiserne Platten, auf denen einmal Speiseopfer präsentiert worden waren. Über ihrem Kopf links befanden sich zwei eiserne Speerspitzen und darunter eine glatte, quadratische Platte, die einmal als Wetzstein verwendet worden war; noch darunter, neben der Frau, lagen ein bunt bemalter Köcher aus Leder und Holz, 47 dreischneidige Bronzepfeilspitzen und zwei Eisenmesser. Bei ihrem Kopf befanden sich außerdem zwei sogenannte »Steinschleudern«, wobei nicht klar ist, ob sie als Waffe benutzt wurden. Bei dem Skelett des jungen Mannes hingegen lagen nur zwei kleine Bronzeglocken, ein eiserner Armreifen und ein paar kleinere Stücke Schmuck.

Anscheinend handelt es sich um das Grab einer Kriegerin von höherem gesellschaftlichen Rang mit ihrem männlichen Diener, der getötet worden war, um sie ins Jenseits zu begleiten. Die Frau hatte viele der klassisch weiblichen Ausrüstungsgegenstände – Web- und Spinnwerkzeuge sind fast nie in Männergräbern anzutreffen –, aber sie besaß auch einen Bogen, Messer und Speere.

Als ich hörte, wie Renate Rolle das Grab beschrieb, da lief mir ein Schauder über den Rücken: Hier waren die gesuchten Spuren einer Welt, die sich radikal von der griechischen unterschied, eine Welt, in der eine Frau kämpfte *und* für bedeutsam genug erachtet

wurde, um einen Diener zu opfern, damit er sie ins Jenseits begleitete. In einem anderen Grab aus dem sechsten Jahrhundert v. Chr.,
erzählte Renate Rolle, war eine »Amazone« mit einer mit goldenen
Nieten versehenen Kappe sowohl mit einem Diener als auch mit
einem Pferd beerdigt worden. Diener und Pferd hatte man als ihre
Begleiter vermutlich rituell getötet. Sie selbst war offenbar durch
einen Schlag auf den Kopf, dessen Spuren man noch über ihrer
rechten Augenbraue sehen konnte, ums Leben gekommen.

Das älteste von Renate Rolle dokumentierte »Amazonengrab«
befindet sich im antiken Kolchis (im heutigen Georgien) und wird
auf Ende des zweiten Jahrtausends v. Chr. datiert. Die Frau war in
sitzender Position beerdigt worden und hielt ein kurzes Schwert
auf ihren Knien. Der Boden des Grabes war mit Kieseln ausgelegt.
Vor ihr lag auf zwei kleinen Steinen ein Eisendolch. Neben ihr befand sich eine Lanzenspitze und darunter der Kieferknochen eines
Pferdes, der darauf schließen lässt, dass der Rest des Pferdes vielleicht bei der Beerdigungszeremonie gegessen worden war. Zwei
Armreifen, fünf Bronzeringe, eine zehn Zentimeter lange Ahle, ein
paar Perlen und zwei irdene Gefäße befanden sich ebenfalls in dem
Grab. Die Untersuchungen von Knochenspezialisten ergaben, dass
die Frau etwa einen Meter und zweiundvierzig Zentimeter groß
und zwischen dreißig und vierzig Jahre alt gewesen war. Auf der
linken Seite ihres Schädels befanden sich Spuren einer schweren
Verletzung – 28 Millimeter lang und sieben Millimeter breit –, an
deren Rändern der Heilungsprozess zum Zeitpunkt ihres Todes
eingesetzt hatte. Nach der Verletzung hatte sie noch eine Zeitlang
gelebt. Es ist denkbar, dass die Wunde durch eine Speerspitze oder
einen Stein verursacht wurde.

Eine Pfeilspitze im Schädel einer anderen jungen Frau, die in der
Nähe beerdigt worden war, erklärt vermutlich deren frühen Tod. In
noch einem anderen Grab lagen Löwenkrallen neben der rechten
Hand der Kriegerin – eine erste archäologische Bestätigung der auf
Vasen abgebildeten, in Löwenfelle gekleideten Amazonen.

Renate Rolle fing an, selbst zu graben. Anfang der achtziger
Jahre arbeitete sie in Certomlyk, am unteren Lauf des Dnjepr, wo
sich Skythengräber in großer Zahl und zum Teil noch unberührt

befinden. In sechs von den 53 Gräbern stieß sie auf Frauenskelette mit Waffen:

> Zwei von ihnen waren nicht angerührt worden. Eines enthielt eine junge Frau mit Waffen, einem Bogen und einigen Pfeilspitzen und ein kleines Kind, das in ihren Armen ruhte. Die zwei Finger ihrer rechten Hand, mit denen sie die Bogensehne gespannt haben würde, wiesen starke Verschleißerscheinungen auf. Es war sehr bewegend. Sie sehen also, diese Kriegerinnen hatten durchaus Kinder, und es ist wahrscheinlich, dass sie als verheiratete Frauen zusammen mit ihren Familien und Männern ein vollkommen normales Leben geführt haben. Sie kämpften nur, wenn es erforderlich war, um ihre Siedlung zu verteidigen oder weil irgendein wilder Kampf im Gange war. Sie verwendeten den Bogen – er ist eine gute Waffe für eine Frau, weil man für seine Verwendung keine brutale Kraft braucht, sondern Schnelligkeit und Flexibilität. Wir wissen, dass sie auf Pferden ritten. Defensive Waffen sind im allgemeinen schwer, und trotzdem haben wir Panzerhemden und Rüstungen in Frauengräbern gefunden und wissen daher, dass sie sie benutzt haben müssen. Und einige der Frauen weisen Verletzungen auf, die sie sich in einer Schlacht zugezogen haben müssen.

Für Renate Rolle war es wichtig, dass die Kriegerinnen, deren Gräber sie freilegte, gewöhnliche, Männer liebende (im Gegensatz zu »Männertötende«), Kinder aufziehende Frauen waren, und nicht muskelbepackte Männerhasser. Sie weist darauf hin, dass der weibliche Körper Vorteile beim Reiten bietet, insbesondere über weite Strecken. Männer, die lange im Sattel sitzen, werden impotent, weil erhöhte Reibung und Wärme sich ungünstig auf ihre Hoden auswirken. Frauen haben solche Probleme nicht. Auch der Bogen als Waffe ist für Frauen gut geeignet: Seine Handhabung verlangt weniger Muskelkraft als andere Waffen, doch setzt er Ruhe, Konzentration, eine gute Koordination von Hand und Auge sowie eine sichere Einschätzung von Entfernung und Timing voraus. All dies sind Fähigkeiten, die durch rigoroses tägliches Training in der Kindheit erworben werden können. An einer Ausgrabungsstätte hatte Renate Rolle ein Mädchen im Alter zwischen zehn und zwölf Jahren gefunden, die in ihrem Panzerhemd beerdigt worden war. Dies lässt darauf schließen, dass sie fertig ausgebildet war und als kampfbereit eingeschätzt wurde. Renate Rolle weist darauf hin, dass skythische Panzerhemden äußerst elastisch und praktisch waren und daher von Mädchen und Frauen getragen werden konnten, ohne sie in ihrer Bewegungsfreiheit einzuschränken.

Ihrer Meinung nach waren die von ihr gefundenen Kriegerinnen schlank und stark wie heutige Allroundathletinnen. Jedenfalls musste man, um vom Pferderücken aus Pfeile abzuschießen, äußerst beweglich sein und dennoch fest im Sattel sitzen. Geht es jedoch um die Verwendung von Lanzen und Speeren, dann sind Frauen im Nachteil. Durch die Winkelanordnung weiblicher Armknochen ist die Kraftübertragung weniger wirkungsvoll als bei Männern. Deshalb empfinden viele Frauen das Werfen über Kopf als schwieriger. Folglich war Penthesilea benachteiligt, als sie sich bei Troja mit Achilleus auf einen Zweikampf mit dem Speer einließ, und musste früher oder später von ihm durchbohrt werden. Die vorsichtige Kriegerin ließ sich also nicht auf Nahkämpfe ein, sondern kämpfte aus der Entfernung, entweder vom Pferderücken oder von einer Anhöhe aus. Damit hatte sie die Möglichkeit, ihre Feinde von oben mit Pfeilen zu beschießen.

In den meisten von Renate Rolle untersuchten Gräbern waren die Grabbeigaben Bogen, Pfeile und Messer. Rüstungen und »schwere« Waffen wie Lanzen, Steinschleudern und Schwerter fand sie nur in etwa zwanzig Prozent der Kriegerinnengräber, wie etwa in jenem an der nördlichen Schwarzmeerküste, in dem eine junge Frau mit Bronze- und Silberschmuck, Bogen und Pfeilen, vier Lanzen und einem mit Eisennieten beschlagenen Kampfgürtel lag. Penthesilea, die mit Nahkampfsituationen rechnen musste, hätte wohl ähnliche Waffen gehabt. Der Gürtel, der dem Schutz des Bauch- und Lendenbereichs diente, war ein deutlicher Hinweis auf einen professionellen Kämpfer beziehungsweise eine professionelle Kämpferin. In Hippolytes Fall jedoch ist unklar, ob es sich um den schützenden

Lendengürtel einer Kriegerin oder um einen Frauengürtel handelte. Möglicherweise kämpften zwar die meisten Frauen, wenn es möglich war, aus der Distanz, jedoch ist auch vorstellbar, dass es eine Gruppe eigens für den Nahkampf ausgewählter, besonders ausgebildeter und kräftiger Kriegerinnen gab. Sinnvoll erscheint dies auf jeden Fall. Wenn man eine beliebige Mädchenschulklasse betrachtet, dann wird immer bis zu einem Fünftel von ihnen größer und stärker sein als der Rest. In einer gleichaltrigen Jungenschulklasse hingegen wird ein ebenso großer Prozentsatz der Jungen kleiner und schmächtiger sein als der Durchschnitt. Bei einer Schulhofrauferei hätten die kleineren Jungen keine Chance gegen die größeren Mädchen.

Die Russin Vera Kovalevskaya weist darauf hin, dass Nomadenfrauen, wenn ihre Männer auf der Jagd waren oder in den Krieg zogen, dazu fähig sein mussten, sich selbst, ihre Tiere und ihre Weiden wirkungsvoll zu verteidigen. In der Zeit, als die Skythen in den Schwarzmeerraum eindrangen und sich dort eine Vormachtstellung erkämpften, gab es eine Phase von achtundzwanzig Jahren, in der die Männer an langen Feldzügen teilnahmen und daher häufig abwesend waren. Während dieser Zeit waren die Frauen nicht nur selbst für ihre Verteidigung zuständig, sondern mussten sich auch selbst um ihre Fortpflanzung kümmern. Diese Tatsache könnte sehr wohl der Ursprung der Behauptung sein, die Amazonen paarten sich einmal im Jahr mit ihren Nachbarn. Anderenfalls sorgten sie vermutlich dafür, dass sie von ihren Sklaven schwanger wurden.

Renate Rolle hatte vor, bis Oktober in Belsk zu bleiben, in einem Zelt zu schlafen, im Freien auf offenem Feuer zu kochen und telefonisch unerreichbar zu sein. Mit anderen von den Skythen begeisterten Forschern wollte sie in der nassen Erde nach Hinweisen wühlen, warum eine so große Zahl von Nomaden eine Festung errichtet und sich in ihr niedergelassen hatten. Offenbar fühlte sie sich in der trostlosen Steppe mit ihrem zahmen Schwein, einer Ziege und ein paar Hühnern wohl. Das Schwein sollte irgendwann gegessen werden, doch ich nahm an, dass Renate Rolle dies niemals zulassen würde. Sie ist eine echte Kriegerin, denn sie hat sich mit der schlimmsten europäischen Bürokratie herumschlagen müssen, um an ihren Arbeitsplatz zu gelangen. Doch ihre Erbarmungslosigkeit war nicht von der Art, die das Schlachten zahmer Schweine gestattete.

AMAZONEN OHNE PFERDE

Aus Renate Rolles Arbeit ergibt sich die überraschende Tatsache, dass nur in drei von fünfzehn Kriegerinnengräbern auch Pferdeknochen gefunden wurden. Krieger hingegen beerdigte man häufig mit ihren Pferden oder mit für das Reiten erforderlichen Gegenständen. Diese Tatsache stört natürlich unser Bild von der archetypischen Amazone zu Pferde. Doch wenn wir es mit Herodot halten, dann handelt es sich ja auch gar nicht um Amazonen, sondern um ihre Nachkommen, um sauromatische Frauen. Die Sauromaten sind ein Volk, das im sechsten oder fünften Jahrhundert v. Chr. an der Ostgrenze des skythischen Einflussbereichs auftaucht. Wie wir zuvor bereits gesehen haben, meint Hippokrates, dass diese Frauen nur so lange kämpften, bis sie sich ihre Sporen verdient und drei Gegner in der Schlacht getötet hatten. »Diejenige, die sich einen Mann gewonnen hat, gibt das Reiten auf, solange nicht die Notwendigkeit eines gemeinsamen Feldzuges eintritt.«

Damit wir uns über sauromatische Gräber informieren konnten, stellte Vitaly die Verbindung zu der ukrainischen Archäologin Dr. Elena Fialko her, die in der östlicheren, der »sauromatischeren« Ukraine oberhalb des Asowschen Meers, östlich des Dnjepr und in der Nähe des Flusses Molochnaya Ausgrabungen geleitet hatte. Die Gräber stammten aus dem fünften und der ersten Hälfte des vierten Jahrhunderts v. Chr. Sie befinden sich genau in dem Gebiet, in dem Herodots Amazonen sich niedergelassen haben sollen, nachdem sie sich mit den skythischen Männern verbündet hatten.[5]

Unglücklicherweise war Dr. Fialko abwesend, als wir sie in Kiew aufsuchen wollten, und so musste ich nach unserer Rückkehr nach England brieflich und telefonisch mit ihr kommunizieren. Natasha rief sie für mich an und stellte ihr die Fragen, die wir nach Lektüre ihres Textes hatten, und zeichnete ihre Antworten auf ihrem

Anrufbeantworter auf. Dann rief sie mich an, spielte mir die aufgenommene Kassette vor und übersetzte sie zugleich. Ich machte mir Notizen, überlegte mir neue Fragen, und Natasha rief Elena Fialko neuerlich an – und so fort.

Elena Fialko erzählte uns, dass es die merkwürdige Kombination aus hübschen kleinen Stücken und Waffen war, die den Frauengräbern einen so individuellen und wahrhaftigen Anstrich gab. Da waren keine großen, exquisit bemalten Vasen oder irgendetwas besonders Wertvolles, nur massenweise produzierte Nippsachen im griechischen Stil wie etwa Lackschalen und -schüsseln, die die Griechen selbst gedankenlos fortgeworfen hätten. Doch für diese skythischen Frauen war solche Töpferware exotisch und etwas Besonderes, also wurden sie mit ihr beerdigt und außerdem mit Speerspitzen, Pfeilspitzen und Köchern. Über zweitausend Jahre später versetzten die gleichen kleinen Ornamente auch Elena Fialko in Entzücken:

> Ich war so begeistert, denn als ich erst in Sibirien und dann in Kiew aufwuchs, hatte ich mich viel mit der klassischen Welt beschäftigt ... und nun konnte ich etwas, das die Griechen hergestellt hatten, in die Hände nehmen. Das war einfach wunderbar. Sobald ich sie sah, wollte ich sie einfach anfassen ... Und ich war so stolz, als Frau so stolz, dass man diesen Frauen die Ehren einer Kriegerbestattung zugestanden hatte – der Kopf nach Westen gerichtet, in einer quadratischen Grube, deren eine Seite ausgehöhlt war, auf dem Rücken liegend. Da gab es eine Kriegerkaste, und sie gehörten dazu.

In einem ovalen Grab in der Nähe des Dorfes Akimovka (siehe Karte 3) stieß Elena Fialko auf eine Frau, die zwischen vier- und fünfundzwanzig Jahre alt war, auf dem Rücken lag und ihren Kopf nach Norden gewendet hatte. Unter ihrem Kopf und ihrer linken Seiten lagen 575 farbenfrohe Glasperlen verstreut. Sie hatte Gold- und Silberringe an ihren Händen, und ein goldener schleifenförmiger Ohrring lag neben ihr; außerdem befanden sich neben ihrem

Körper 60 goldene Nieten oder Rosetten, 46 goldene Knöpfe und 28 weitere goldene Schmuckbeschläge, von denen einer einen Hirsch, ein weiterer einen Frauenkopf und ein dritter einen Medusenkopf darstellte. Daneben besaß sie eine schwarze lackierte Schale im griechischen Stil, ein paar Webstuhlgewichte aus Blei und schließlich noch neun Pfeilspitzen und zwei bruchstückhafte Messerklingen. Diese gut situierte Frau muss mit all ihrer goldenen Pracht großartig ausgesehen haben. Vielleicht hätte sie nur dann zu Pfeil und Bogen und zu ihren Messern gegriffen, wenn die Notwendigkeit es wirklich erfordert hätte. Vielleicht war sie kein volles Mitglied der »Kriegerkaste«.

Nicht weit entfernt lag eine Fünfundzwanzigjährige mit Bronzearmreif um ihr rechtes Handgelenk, einem Bronzespiegel und einer schwarz lackierten Schale neben ihrer linken Hand, einem Eisenspeer und einem Wurfspieß an ihrer Seite und mit zwei brezelförmigen goldenen Ohrringen. (Die vielleicht ein Hinweis darauf waren, dass es sich hier um eine verheiratete Frau handelte.) Außerdem hatte sie ein Messer, ein Webstuhlgewicht aus Eisen und drei Pfeilspitzen aus Bronze sowie einen Stein, der vermutlich zum Erhitzen von Wasser gebraucht wurde. Speer und Wurfspieß lassen darauf schließen, dass sie eine ernst zu nehmende Kämpferin war.

In einem dritten Fall in diesem Dorf war eine Frau auf dem Rücken liegend und mit angezogenen Beinen bestattet worden, sodass ihr linkes Bein an der Hüfte abgeknickt, das Knie nicht weit vom Ellbogen entfernt war und die linke Verse am Becken zu liegen kam. Eine solche Position lässt entweder auf Geschlechtsverkehr oder auf Reiten schließen! Dass es sich um eine Kriegerin handelte, darauf deuten die neuen Bronzepfeilspitzen hin, die in ihrem Grab neben zwanzig »Glasaugenperlen« und drei Kalksteinanhängern gefunden wurden.

Die beerdigten Frauen entstammen unterschiedlichen sozialen Klassen: Manche befinden sich in tiefen Hauptgräbern mit reichen Beigaben, andere liegen in flachen, in einer zweiten Bestattungsphase einem Hauptgrab hinzugefügten Nebengräbern mit bescheidenen Beigaben, doch vor allem gab es in dieser Gegend eine auffallend hohe Zahl an Kriegerinnengräbern. Die Beigaben lassen sich zwei Kategorien zuordnen: Typisch weibliche Besitztümer wie Schmuck, Spiegel, Spindeln und Spinnrocken einerseits und Waffen wie Pfeilspitzen (für gewöhnlich aus Bronze), Speerspitzen, Wurfspieße (selten), Verschlüsse für Speerspitzenschutzhüllen (gelegentlich blieb etwas grober Stoff erhalten, der vermuten lässt, dass Speerspitzen in Stoff gewickelt wurden, bevor man sie einem Grab beigab) und Steinschleudern andererseits. Es ist die *Kombination* dieser beiden Kategorien von Hausrat, die solche Gräber von anderen unterscheidet.

Elena Fialko fiel der Mangel an Waffen auf, die man bei Herodots *Oiorpata* vermutet hätte: Es fehlten defensive Waffen wie Schilde, Rüstungen oder Waffenhemden (von ein paar beschlagenen Gürteln abgesehen), und es gab nur drei Nahkampfwaffen wie Schwerter, die jedoch allesamt verbogen waren und daher auf rituellen Gebrauch schließen ließen. Nur eine Frau, die aus der Waldsteppe stammte, war mit ihrem Pferd beerdigt worden. In keinem der Frauengräber waren die hölzernen Becher mit Goldeinlagen anzutreffen, die sich in zahlreichen Kriegergräbern fanden. Es drängt sich die Vermutung auf, dass die Frauen im Vergleich zu den Männern als zweitklassige Kämpfer betrachtet wurden.

In den meisten Gräbern lag nur eine Person, doch in vier Fällen waren die Frauen mit sehr kleinen Säuglingen beigesetzt worden – möglicherweise waren Mutter und Kind bei der Geburt gestorben. Bei einer Frau lagen zwei Babys und mehrere Diener.[6] Die Aufschlüsselung nach dem Alter ergibt ein interessantes Bild:

Altersgruppe	Anteil
16 bis 20	22%
25 bis 35	47%
35 bis 55	20%
über 60	11%

Die Tabelle lässt die Deutung zu, dass Frauen ab sechzehn Jahren Kriegsdienst leisten *konnten*. Ein hoher Prozentsatz von Frauen starb im Alter zwischen Ende zwanzig und Anfang dreißig, in vielen Fällen vermutlich bedingt durch Komplikationen bei der

Geburt. In 50 Fällen fand man Bronzespiegel, die gut erhalten waren, und in einigen weiteren Gräbern Steinschalen mit Resten von Färbestoffen. Die Steinschalen wurden vielleicht verwendet, um kosmetische Substanzen zu mahlen, was mit Herodots Aussagen über skythische Frauen übereinstimmen würde: »Ihre [der Skythen] Frauen zerreiben auf einem rauhen Stein unter Beimischung von Wasser Cypressen-, Cedern- und Weihrauchholz und bestreichen mit dem dickflüssigen Brei den ganzen Körper und das Gesicht. Das macht sie nicht nur wohlriechend, sondern, wenn sie am Tage darauf die Schicht abschaben, auch rein und glänzend.«

Die Spiegel und die Schminke sind Indizien dafür, dass es sich um normale junge Frauen handelte, die hübsch aussehen wollten. Elena Fialko glaubt nicht, dass sie mit Herodots »Männertötenden« übereinstimmen. Sie waren nur leicht bewaffnet und hatten keine Reitausrüstung als Grabbeigaben. Sie vertritt den Standpunkt:

> In dem von mir untersuchten Steppenbereich gibt es 80 Frauengräber – nur in einem habe ich Teile von Zaumzeug gefunden. In dem Waldgebiet haben wir 20 Kurgane gefunden – nur in einem davon ist eine »Amazone« mit ihrem Pferd und in einem anderen mit Zaumzeugteilen begraben. In Männergräbern ist Zaumzeug sozusagen ein fester Bestandteil der Beigaben. Renate Rolles Vorstellung, dass Frauen zwar weniger Kraft haben, dafür aber auf dem Pferderücken wendiger und flexibler sind, hilft uns also nicht weiter. Vor allem deshalb, weil Herodot, wenn er über männliche Skythen spricht, betont, wie schnell und beweglich sie sind. Doch sind sich alle klassischen Autoren darin einig, dass Skythen und Amazonen von frühester Kindheit an Reiten und den Umgang mit Pfeil und Bogen lernten. Die schriftlichen Quellen stimmen also mit den archäologischen Funden nicht überein.

Elena Fialkos Theorie besagt, dass es Mittelstandsfrauen bei den Skythen gab, die Kriegsdienst leisteten, wenn der Stamm dies von ihnen verlangte. Bislang wurden keine Amazonen in reichen Fürstengräbern gefunden. Wenn die Männer häufig auf Beutezügen waren oder ihre Pferde, Rinder und Schafe von Weide zu Weide trieben, dann war es für die Frauen möglicherweise lebenswichtig, die Siedlung selbst gegen Aggressoren verteidigen zu können. Elena Fialko fährt fort:

> Eines könnte den Mangel an Pferden und Zaumzeug in den Frauengräbern erklären: Hippokrates sagt, dass die Sauromatinnen mit Beginn der Ehe aufhören zu reiten, es sei denn, ein Notfall macht es erforderlich, dass alle zu den Waffen greifen. In Friedenszeiten führten Frauen ein normales Frauenleben. Doch warum enthalten dann all diese Gräber Waffen? Vergessen wir nicht Herodots Behauptung, dass sie erst heiraten durften, nachdem sie drei Feinde getötet hatten, und jene, denen dies nicht gelang, blieben bis zu ihrem Tod Jungfrauen. Doch in den skythischen Gräbern sind zehn Prozent der Frauen mit Waffen wenigstens sechzig Jahre alt. Also müssen wir davon ausgehen, dass sie nicht verheiratet waren – doch zugleich fehlt in ihren Gräbern das Zaumzeug, und sie können folglich keine Pferde gehabt haben.

Ganz fügt sich das alles noch nicht zu einem Bild. Jedoch erscheint es mir natürlich, Frauen mit Waffen zu begraben, wenn sie zu *irgendeinem* Zeitpunkt in ihrem Leben gekämpft haben, auch dann, wenn dieser Zeitpunkt schon lange zurückliegt. Damit würde der Dienst anerkannt, den sie dem Stamm geleistet haben, und gleichzeitig diente es als Vorsorge, falls sie sich im Jenseits verteidigen müssten. Was die älteren Frauen betrifft, waren sie vielleicht nicht ihr Leben lang ledige Kriegerinnen, sondern zähe ältere Frauen, die sich neuerlich dem Kämpfen widmeten, nachdem ihre Kinder erwachsen waren. Das Fehlen von Pferden in den Gräbern könnte bedeuten, dass das Kriegertum für Frauen lediglich als zeitweilige Beschäftigung betrachtet wurde, während es für Männer Bestandteil ihrer Identität war.

Von den ukrainischen Archäologen weiß ich, dass 25 Prozent aller Skythengräber mit Waffenbeigaben Frauen gehören, was bedeuten könnte, dass 25 Prozent aller skythischen Krieger Frauen waren. Falls das zutrifft, dann hatte diese Gesellschaft Vorstellungen von den Geschlechterrollen, die sich stark von den unseren unterscheiden. In der Tat gibt es Beweise dafür, dass dies so war. Sowohl Herodot als auch Hippokrates sprechen von einer Männerkaste, die sie *Anarieis* nennen. Herodot bezeichnet sie außerdem als »Mannweiber« und behauptet, sie seien Wahrsager gewesen, die mit Hilfe von Rindenstücken der Linde, die sie um die Finger wickelten und wieder abwickelten, die Zukunft deuteten. Die Anarieis behaupteten, diese Methode von Aphrodite gelernt zu haben, wobei es sich hier vermutlich um den griechischen Namen für eine skythische Göttin handelte – vielleicht für Tabiti, die Muttergöttin der Skythen. Herodot erklärt weiter, dass die Skythen in früheren Zeiten einen Aphroditetempel ausraubten und von der Göttin dafür mit der »Frauenkrankheit« gestraft worden waren, womit vermutlich die Menstruation gemeint ist. In vielen Kulturen imitieren Männer die Monatsblutung von Frauen, indem sie sich blutende Verletzungen an den Genitalien zufügen, um auf magische Weise die geheimnisvolle Macht der Frauen zu »stehlen«.

Hippokrates führt die Geschichte weiter aus:

> Außerdem werden aber auch noch die meisten Männer im Skythenland Eunuchen, sie gehen [dann] weiblichen Berufen nach, sie leben und reden genauso wie Frauen; solche heißen Anarieis ...
> Wenn sie sich alsdann ihren Frauen nähern und nicht im Stande sind, geschlechtlichen Verkehr mit ihnen auszuüben, so kümmern sie sich das erste Mal nicht darum, sondern bleiben ruhig; sofern jedoch ein zweiter und dritter oder ein noch häufigerer Versuch auch zu keinem anderen Ergebnis führt, glauben sie ... gesündigt zu haben und ziehen Frauenkleidung an, womit sie ihre Entmannung eingestehen, sie leben [dann] wie die Frauen und verrichten mit ihnen zusammen dieselbe [Tätigkeit], die auch jene [ausüben] ...

Sie gleichen unter den Menschen am meisten den Eunuchen ... weil sie stets weite Beinkleider tragen und die meiste Zeit über zu Pferde sitzen, sodass sie mit der Hand nicht an die Genitalien fassen können, ihnen infolge der Kälte und der Ermüdung das Liebesverlangen und die Geschlechtslust aus dem Sinne kommt und sie nicht eher den Beischlaf auszuüben suchen, als bis sie zu Männern geworden sind.[7]

Offenbar handelt es sich hier um Männer, die die weibliche Macht stehlen, indem sie sich als Frauen verkleiden. In Delphi wurden die Orakelsprüche normalerweise von Frauen entgegengenommen, da Frauen fähig waren zu *empfangen*. Vielleicht waren die Anarieis bereit, im Tausch für diese Fähigkeit mit ihrer Männlichkeit zu bezahlen. Um ihren Geist fliegen zu lassen, schlüpfen die Schamanen zahlreicher Kulturen in Frauenkleider – die männlich-weibliche Polarität soll Energie freisetzen oder sie aus ihrem gewohnten Bewusstseinszustand katapultieren. Zahlreiche spirituelle Traditionen (insbesondere im Hinduismus und im Christentum) lehren, dass sexuelle Energie, wenn sie nicht auf dem üblichen Weg freigesetzt wird, auch gespeichert und sublimiert werden kann.

Offenbar war es also in skythischen und sauromatischen Gesellschaften möglich, als Mädchen geboren und trotzdem eine mutige Kriegerin zu werden oder als Junge zur Welt zu kommen und dennoch ein Leben als Schamane oder Seher zu führen, der aufgrund seiner Schwäche nicht zum Kriegsdienst herangezogen wurde. Möglicherweise war diese Flexibilität für ein nomadisches oder halbnomadisches Leben erforderlich.

Jeannine Davis-Kimball machte Schlagzeilen, als sie 1997 mitteilte, dass sie Gräber von Kriegerinnen in der Nähe der Stadt Pokrovka (siehe Karte 1) bei der russisch-kasachischen Grenze, 1600 Kilometer östlich von den Fundstätten in der Ukraine, gefunden hatte. Diese Entdeckung war faszinierend. Sie bedeutete, dass es sich bei den mit dem Kriegshandwerk vertrauten Frauen um ein erheblich weiter verbreitetes Phänomen handelte, als man bisher angenommen hatte. Ich war bereits im vorangegangen Jahr auf die Arbeit von Jeannine Davis-Kimball gestoßen, als ich im Internet nach Informationen über die Amazonen suchte, und wir hatten uns über Telefon und E-Mails ausgetauscht. Jeannine Davis-Kimball hatte ihre Arbeit in Pokrovka abgeschlossen, mir jedoch mitgeteilt, dass sie, während wir uns in der Ukraine aufhielten, in der neuen Moldawischen Republik (westlich der Ukraine und nördlich von Rumänien) sein würde, um dort mit einer zusammengewürfelten Gruppe aus Amerikanern und Moldawiern zu graben. Munter kündigte ich an, dass wir sie dort besuchen wollten.

Das war jedoch alles andere als einfach. Um in Moldawien einzureisen, benötigt man ein Visum. Da es jedoch in England keine moldawische Botschaft gibt, war es uns nicht möglich gewesen, vorab ein Touristenvisum zu erlangen. Auf einer Internet-Site wurde behauptet, dass man das Visum bei der Einreise auf dem Flughafen in Chisinau kaufen könne, doch ein hilfreicher Freund eines Freundes, der die Gegend kannte, riet uns dringend, schon vorher Visa zu beschaffen. Das hätte uns gezwungen, unsere Pässe nach Brüssel zu schicken. Dafür war jedoch keine Zeit, und überhaupt brauchte Natasha ihren Pass für die Arbeit im Ausland. Also blieb uns nichts anderes übrig, als das Risiko einzugehen.

Und so waren wir in Jalta im Begriff, Tickets für einen Crimea-Air-Flug nach Chisinau zu kaufen, als uns die humorlose Verkäuferin sagte, sie könne uns nicht versprechen, dass wir ohne Visa überhaupt ins Flugzeug gelassen würden. Ich blickte Natasha an. In ihr verbinden sich Verständigungsbereitschaft mit Einfallsreichtum und List. An diesem Morgen hatte sie bereits eine äußerst ärgerliche Situation gemeistert, in der wir dazu verdammt schienen, Stunden auf die Verlängerung unserer Touristenvisa zu warten. Sie war in das Büro der Amtsleiterin geplatzt und hatte ihr einen Vortrag darüber gehalten, dass die Ukraine jetzt ein freier und friedlicher Staat war, der Besucher wie uns freundlich aufnehmen sollte, statt uns das Leben zur Hölle zu machen. Ich fürchtete, hinausgeworfen oder verhaftet zu werden. Tatsächlich seufzte die Beamtin jedoch nur und winkte uns an den Anfang der Schlange. Natasha würde sich doch nicht von der Einwanderungsbehörde in Chisinau zurückhalten lassen ...

Im Endeffekt wurden wir in der moldawischen Hauptstadt von einer ruhigen jungen Frau in Empfang genommen, die perfektes Englisch sprach und uns bat, einen Kaffee trinken zu gehen, während sie für uns im Archäologischen Institut anrief. Nach einer Stunde und um hundert Dollar für unsere Visa erleichtert saßen wir bereits in einem Raum voller alter Knochen und schwatzten mit Jeannine Davis-Kimball.

Wenn Sie glauben, Sie schaffen es nicht, Mutter und Kriegerin zugleich zu sein, dann sollten Sie Jeannine Davis-Kimball kennen lernen. Diese gut aussehende und schlaue Amerikanerin, inzwischen in den Sechzigern, hat sechs Kinder auf die Welt gebracht und jahrelang als Krankenschwester gearbeitet, bevor sie auch nur daran dachte, sich als Archäologin ausbilden zu lassen. Nachdem sie mit Ende dreißig ihren Abschluss gemacht hatte, suchte sie sich die schwierigste Aufgabe, die ein Archäologe damals überhaupt finden konnte: Ausgrabungen in einer der asiatischen Republiken in der Sowjetunion. Die stählerne Hartnäckigkeit, die sie brauchte, um mit der Bürokratie, der Korruption und der Benachteiligung von Frauen fertig zu werden, hätte aus ihr eine Zynikerin machen können. Doch sie besaß gleichzeitig große mütterliche Freundlichkeit: Mehrfach stand sie morgens um vier Uhr auf, um die jungen Amerikaner, mit denen sie gearbeitet hatte, zum Flughafen zu bringen und dafür zu sorgen, dass sie auf dem Weg nach Hause nicht »ausgenommen« wurden.

Die Gräber, die für Aufmerksamkeit in der Weltpresse sorgten, waren große Kurgane im russischen Flachland nordöstlich der Ukraine, das Bestandteil der Steppe ist, die sich vom Schwarzen Meer bis hinein nach China erstreckt. Heute ist ein Großteil dieser riesigen Fläche Ackerland, doch in der Antike war sie bedeckt mit hohem, gefiederten Gras, in dem hier und da Salbeibüsche, Kornblumen und andere stark duftende Wildblumen und -kräuter wuchsen und einen Spaziergang zu einer duftenden Strapaze machten. Das ist der Grund, warum hier die Reise zu Pferde die ideale Fortbewegungsart ist: Es dauert nur drei Wochen, um zu Pferde vom Rand der chinesischen Steppen bis zum Schwarzen Meer zu gelangen. In Jeannines Hügelgräbern lagen Sauromaten, ein Nomaden-

volk, das den Skythen in Kultur und Gewohnheiten verwirrend
ähnlich ist. Die Skythen, die ab 800 v. Chr. im eurasischen Steppen-
gebiet eingetroffen waren, wurden nun ab etwa 400 v. Chr. von den
Sauromaten weiter nach Westen gedrängt.

Jeannine Davis-Kimball erinnert sich lebhaft an den Tag, als sie
die erste Kriegerin fanden: »Es war ein sehr heißer Tag, und dieses
Grab sollte das letzte sein. Wir waren müde und wollten Schluss
machen, nur das Skelett wollten wir noch freilegen. Wir hatten
bereits Pfeilspitzen, einen Köcher und einen Dolch gefunden, und
dann schließlich bestimmten wir das Geschlecht des Skeletts. Es
war eindeutig das einer Frau.« Bei einem gut erhaltenen Skelett ist
es relativ einfach, erklärte Jeannine Davis-Kimball, die Geschlechtszugehörigkeit festzustellen. Entscheidend sind der Schädel und das
Becken. Um eine Geburt zu ermöglichen, hat der Beckenknochen
einer Frau eine tiefere Einkerbung und eine etwas andere Form.
Und der männliche Schädel ist außer bei Kindern vor der Pubertät
und sehr alten Männern hubbeliger und weist einen stärkeren Brau-
enwulst sowie einen ausgeprägteren Unterkiefer auf. Ein guter An-
thropologe liegt mit 90 Prozent seiner Zuordnungen richtig.

Jeannine Davis-Kimball und ihr Team hatten festgestellt, dass
Frauen in Pokrovka im Allgemeinen mit einer größeren Vielfalt
und Menge von Artefakten bestattet worden waren als Männer,
vermutlich weil sie innerhalb der Gemeinschaft eine höhere Stellung eingenommen hatten. Die Archäologen unterteilten die Frauengräber in drei Kategorien. Die größte Gruppe (28 Gräber) waren
»normale« Frauengräber, deren Beigaben aus Spindelwirbeln, zerbrochenen Spiegeln (Jeannine Davis-Kimball erklärte, dass man
sie wohl absichtlich zerbrochen hatte) sowie aus Stein- und Glasperlen bestanden. Die zweite Gräbergruppe (fünf), die Jeannine
Davis-Kimball als »Priesterinnengräber« bezeichnete, enthielt
Altäre aus Stein oder Ton, Knochenlöffel und intakte Spiegel. In
der dritten Gruppe (sieben), den »Kriegerinnengräbern«, fanden
sie Eisenschwerter oder -dolche, Bronzepfeilspitzen und Wetz-
steine zum Schärfen der Waffen.

Ein dreizehn- oder vierzehnjähriges Mädchen hatte stark ver-
krümmte Beinknochen, die auf ein Leben auf dem Pferderücken

deuteten. Bei ihr lagen Dutzende von Pfeilspitzen in einem Köcher aus Holz und Leder, ein Dolch und eine weitere Pfeilspitze aus Bronze in einem Beutel um ihren Hals, möglicherweise ein Schutzamulett, und ein großer Eberhauer befand sich zu ihren Füßen. Im Körper einer anderen Frau fand man eine verbogene Pfeilspitze – sie war wohl in der Schlacht getötet worden.

Das »beste Priesterinnengrab« gehörte einer Frau in den Sechzigern. Offenbar konnte man als Frau dieses Alter erreichen, wenn man die gebärfähige Zeit überlebte, während der man entweder im Kindbett oder an Entkräftung im Verlauf der Stillzeit sterben konnte.

Die Männergräber in Pokrovka waren sogar noch faszinierender. Die meisten von ihnen gehörten Kriegern, die mit Eisenschwertern und Dolchen begraben worden waren, doch vier von ihnen schienen einer niedrigeren Männerkaste anzugehören, die man mit kleinen Kindern im Arm und fast ohne Beigaben bestattet hatte. Neben dem Bein des einen lag ein sechsjähriges Kind. Diese Gräber stellten Jeannine Davis-Kimball vor ein Rätsel. Waren diese Männer Diener gewesen, die sich um diese Kinder gekümmert hatten? Auf welche Weise standen sie zu den Kindern in Beziehung? Es ist unmöglich, diese Fragen zu beantworten. Doch auch hier machen die Gräber zumindest deutlich, dass sie zu einer Kultur gehörten, in der die Geschlechterrollen nicht starr definiert waren.

Jeannine Davis-Kimball meinte, der Spiegel müsse etwas mit Heilen zu tun haben. In der zentralasiatischen Region Tuva hat sie selbst beobachtet, wie Schamanen auch heute noch mit einem Spiegel über den Körper eines Kranken fahren, um subtile Spuren der Krankheit aufzuspüren. Wenn eine gewöhnliche Frau mit einem zerbrochenen Spiegel begraben wurde, dann nahm man wohl an, dass sie nach ihrem Tod kein Spiegelbild mehr hatte. Andererseits unterstellte man Priesterinnen vielleicht, dass sie ihres behalten und noch aus dem Grab heraus Macht ausstrahlen könnten. Der Spiegel ist ohne Zweifel eine primär weibliche Grabbeigabe, die überall auf der Welt anzutreffen ist. Im siebten Jahrtausend v. Chr. wurden Frauen in Çatal Hüyük bereits mit Spiegeln aus poliertem vulkanischen Obsidian beigesetzt. Als ich sie im Museum in Ankara sah, hatte ich den dringenden Wunsch, einen anzufassen und mein Gesicht darin zu sehen. Ich vermute, dieser universelle Impuls ist bei Frauen ausgeprägter als bei Männern.

Der Spiegel ersetzt in Frauen das Wir-Gefühl durch ein Ich-Gefühl; er sorgt dafür, dass wir uns unserer selbst bewusst werden. Er sagt uns etwas über uns im Vergleich zu anderen – bin ich schöner als du? Wie kann ich es ohne Spiegel wissen? Man könnte sein Spiegelbild in glattem Wasser gesehen haben, aber eben nur in der horizontalen Ebene, und die verzerrt das Abbild. Ein in die Höhe gehaltener Spiegel gibt das Gesicht genau wieder. Welche Wirkung hätte es für jemand, der sein Spiegelbild zum ersten Mal sieht? Es könnte eine zutiefst beunruhigende und verwirrende Erfahrung sein. Folglich hat in einer Gesellschaft, in der Spiegel selten sind, die Frau, die einen besitzt, eine besondere Macht. Bedenken Sie, dass man Medusa, die Königin der Gorgonen, nur durch einen Spiegel gefahrlos betrachten durfte.

Für Nomaden war der kleine tragbare Altar ohne Zweifel ein außerordentlich wichtiges Objekt. Er stellt einen verkleinerten geheiligten Raum dar; eine Schwelle zwischen den Welten. Man kann darauf Dinge opfern oder verbrennen und von einer Welt in eine andere schicken. Für die Zurückgebliebenen ist die Anwesenheit des Verstorbenen gelegentlich noch immer spürbar, folglich ist es natürlich anzunehmen, dass Tote in einer anderen Welt weiter existieren. Wenn man etwas auf einem Altar opfert oder verbrennt, dann sendet man es in diese andere Welt. Der Altar ist Bestandteil des Hauses, selbst wenn es sich um ein bewegliches Haus wie ein Zelt handelt, und daher ist es wenig verwunderlich, dass Frauen für den Altar verantwortlich waren. Dazu müssen sie nicht unbedingt formal Priesterinnen gewesen sein. Es reichte aus, wenn sie verantwortungsbewusst waren, man ihnen etwas Wertvolles anvertrauen konnte und sie wussten, wie die Riten ordnungsgemäß durchzuführen waren.

Der Löffel mag zur Verabreichung von wahrnehmungsverändernden Substanzen benutzt worden sein, Halluzinogene vielleicht oder Hanf (wir wissen, dass die Skythen sich solcher Mittel zur

Bewusstseinserweiterung bedienten). In der Muschel waren Spuren eines weißen Pulvers erhalten, das möglicherweise kosmetischen Zwecken diente oder gleichfalls psychotrop wirkte.

Drei Frauen, drei Archäologinnen, hatten den unumstößlichen Beweis erbracht, dass es während des Klassischen Zeitalters in den Steppenregionen nördlich des Schwarzen Meers Kriegerinnen gegeben hat. Etwa 25 Prozent der bisher in der Ukraine untersuchten skythischen und sauromatischen Kriegergräber gehörten Frauen. Aber waren diese Frauen Amazonen? Der nächste Schritt sollte mich der Antwort näher bringen.

Es regnete ununterbrochen, als wir in Kiew waren – ein schwerer, alles durchnässender Regen. Als wir uns eines trüben Nachmittags von der Metro auf den Weg zu Vitalys Büro in einem hohen baufälligen Gebäude machten, quatschten unsere Füße in den Sandalen, und unser Schirm klappte über im Wind. Bis auf den Concierge war das Gebäude leer, und wir stiegen auf der dunklen Treppe in einen Raum, der vom melancholischen Licht des Regentags nur unvollkommen erleuchtet wurde. Das Archäologische Institut war im Begriff, mit all seinen Fundstücken umzuziehen, und so arbeitete Vitaly unbezahlt in seinem dämmerigen Reich zwischen den Welten weiter. Altmodische schwarze Telefone mit silbernen Wählscheiben standen auf den Schreibtischen, und der Regen hämmerte beständig boshaft an die schmutzigen Fensterscheiben.

Vitaly hatte seine Kollegin Ekaterina Bunyatyan, eine Skythenspezialistin, eingeladen, damit wir mit ihr sprechen konnten. Während unseres Gesprächs rauchte sie fieberhaft und verängstigt eine Zigarette nach der anderen, als seien wir vom KGB und nicht zwei Engländerinnen, die dankbar für ihr Wissen waren. Sie sah unendlich müde aus – eine Krankheit in der Familie, wurde uns erklärt, doch ich vermutete, dass einfach das Leben in der Ukraine im Jahr 1997 seinen Preis forderte. Wir wussten, dass das Leben hier, wenn man nicht nebenbei irgendwelche Geschäfte betrieb, hilfreiche Verwandte hatte oder eine Datscha auf dem Land, ebenso erbarmungslos und armselig sein konnte wie im England Dickens'.

Sie liebte die Skythen. Für sie symbolisierten sie Freiheit und

Macht. Ihr Bericht in dem schmuddeligen, vom Regen verdunkelten Raum ließ das Skythien der Eisenzeit auferstehen:

> Am wichtigsten ist es, sich die endlose Steppe vorzustellen, die Planwagen, die Reiter, ständig ankommende und aufbrechende Menschen ... Diese Viehzüchter waren ein äußerst aggressives und sehr bewegliches Volk, immer bereit, sich auf einen Kampf einzulassen ... Man kann skythische Waren in chinesischen Gräbern finden, China war andauernd von Nomaden bedroht, Toynbee bezeichnete die Nomaden als die Mitreisenden der Zivilisation.
> Doch woher kamen die Skythen? Die Kimmerier, die vor ihnen die Steppen vom fünften Jahrtausend v. Chr. bis gegen Ende des zweiten bewohnten, stellten in ihrer Kunst keine Tiere dar. Auf einmal tauchten Tierdarstellungen in der Kunst auf. Doch woher kamen sie? Die Leute sagen: »Aus den Tiefen Asiens.« Doch welches Asien? Die Kunst der Skythen ähnelt der der Thraker!

Penthesilea stammte der Sage nach aus Thrakien, erinnerte ich mich. Ekaterina Bunyatyan war sich sicher, dass Frauen und Männer bei den Skythen gleichgestellt waren: »Die Frauengräber gleichen denen der Männer so sehr! Die Gräber hinterlassen bei mir nicht den Eindruck, dass die Einstellung der Frauen sich irgendwie von der der Männer unterschied.«

Weil sich das Institut mitten im Umzug befand, war es schwierig, die Grabbeigaben in Augenschein zu nehmen. Sie befanden sich in Kisten, und es würde den ganzen Tag dauern, überhaupt irgendetwas zu finden, meinte Vitaly düster. Doch trotz des trüben Lichts stießen wir schließlich auf ein viel versprechendes Tablett. Ich war davon ausgegangen, dass der Anblick der Artefakte irgendwelche starken Gefühle in mir auslösen würde, doch tatsächlich waren sie auf den ersten Blick nichts Besonderes. Der Bronzespiegel war blind und wollte uns unsere Gesichter nicht zeigen, auch wenn Vitaly beteuerte, dass er, wenn man ihn polierte, ein ausgezeichnetes Spiegelbild liefern würde. Die beiden goldenen Ohrringe waren

wunderschön und in einem Stil gehalten, der in Ethno-Schmuck-
läden beliebt ist. Es juckte mich in den Fingern, sie anzulegen, aber
ich wagte nicht, darum zu bitten. Die Speerspitzen und Messerklingen waren so rostig, dass man sie sich unmöglich scharf geschliffen
und glänzend am Gürtel einer Kriegerin vorstellen konnte. Doch die
Pfeilspitzen waren noch vollständig erhalten, jede einzelne ein win-
ziges, rasiermesserscharfes, todbringendes Geschoss, das nur darauf
wartete, mit einem Schaft verbunden pfeifend durch die Luft ge-
schossen zu werden. War es denn nicht möglich, dass sie Bogen und
Pfeile einfach nur für die Jagd benutzt hatten, fragte ich mich? Elena
Fialko hielt das für ausgeschlossen: Das Vorhandensein von Steinschleudern und langen wie kurzen Speeren in fast der Hälfte der
Gräber lässt keinen Zweifel daran zu, dass die Frauen Jägerinnen
und Kriegerinnen waren.

Lyubov Klochko, die wir als nächstes kennen lernten, stimmte
zu. Für sie war es ein Phänomen, welche Freiheit die skythischen
Frauen genossen hatten. Lyubov Klochko ist auf Bekleidung spe-
zialisiert und hat im Hinblick darauf über 300 Gräber skythischer
Frauen analysiert. Sie glaubt, dass es Bestandteil der sozialen Rolle
dieser Frauen war, »Amazone« zu sein, und sie hat eine wirklich
außergewöhnliche Entdeckung gemacht: 23 Prozent dieser skythischen Frauen waren mit nur einem Ohrring beerdigt worden. Da
die Frauen in dieser Gruppe entweder sehr alt, sehr jung oder mit
Waffen versehen waren, ging Lyubov Klochko davon aus, dass der
einzelne Ohrring die Trägerin als Frau kenntlich machte, die weder
ein Kind austrägt noch aufzieht. Die alten Frauen hatten ihre Kinder schon vor langer Zeit ausgetragen, die jungen waren noch Jungfrauen wie vielleicht auch die Kriegerinnen, es sei denn sie waren
aus eigenem Antrieb oder ungewollt kinderlos. Nur sehr wenige
Kriegerinnen trugen zwei Ohrringe – Lyubov Klochko deutete das
so, dass sie zwar Kinder hatten, im Notfall aber kämpfen würden.
Es ist schon erstaunlich, dass Schwule und Lesben heute diese Sitte
– die sexuelle Bereitschaft und Neigung durch einen Ohrring zu
signalisieren – aufgegriffen haben, und das mehr als zweitausend
Jahre später.

Lyubov Klochko hat aus den Stofffragmenten die Bekleidung

der Kriegerinnen rekonstruiert. Die Lederkappe wurde durch einen Holzring auf dem Kopf festgehalten; die Armreifen waren sich ringelnde Schlangen und erinnern an das griechische Symbol für weibliche Kraft oder die *Shakti*; die Hose, ein praktisches Kleidungsstück beim Reiten, bestand aus Wolle, Leinen oder Sackleinwand. Für die Frauen der Sarmaten, die ihren Auftritt in der Geschichte nach den Skythen hatten, konnte sie weniger Beweise finden, doch gibt es ein äußerst interessantes Grab aus dem ersten Jahrhundert v. Chr. Darin liegt eine sarmatische Priesterin, die eine Hose unter ihrem Kleid trug und einen wunderschönen Spiegel besaß, dessen Griff am Ende von einer kleinen Buddhafigur geschmückt wird. Die Bekleidung, die Lyubov Klochko für die skythischen »Amazonen« rekonstruierte, ist der auf griechischen Vasen dargestellten nicht unähnlich, was zu der Vermutung berechtigt, dass einige der dargestellten Szenen direkt aus dem Leben gegriffen sind.

Doch ergab sich eine zusätzliche Komplikation: Wissenschaftler,[8] denen der fließende Übergang zwischen den Geschlechtern in der skythischen und der sarmatischen Gesellschaft aufgefallen war, merkten an, dass einige der Skelette in den »Kriegerinnengräbern« vielleicht doch keine Frauen waren. Handelte es sich eventuell um die »Mannweiber«, die von Herodot beschriebenen Anarieis? Ob kastriert oder durch zahllose Stunden im Sattel beziehungsweise durch Drogen hormonell verändert, wie würden die Schädel und Beckenknochen dieser Männer aussehen? War es denkbar, dass man sie mit denen von Frauen verwechseln konnte? Oder gehörten die Knochen in den Gräbern gar einem dritten, einem Zwischengeschlecht?

In Golyamo Delchevo in Nordostbulgarien gibt es einen Friedhof, in dem Archäologen drei verschiedene Arten von Grabbeigaben gefunden haben: männliche, weibliche und »asexuelle« (oder geschlechtslose). Manche Wissenschaftler sprechen sich seitdem dafür aus, dass es in der europäischen Vorgeschichte ein »drittes, uneindeutiges Schwellengeschlecht« gab.[9] Echter Hermaphrodismus ist selten und kommt bei 1000 Geburten nur ein- oder zweimal vor, doch wir alle kennen Menschen, die dem Rollenbild ihrer

Geschlechtszugehörigkeit nicht gerecht werden – willensstarke, schmalhüftige Mädchen oder sanfte, rundliche Männer – und möglicherweise hormonell eher dem anderen Geschlecht zuneigen.

Es könnte zutreffen, dass einige der Kriegerinnengräber in der Steppe keine Frauengräber sind, sondern Angehöriger eines »dritten, uneindeutigen Schwellengeschlechts«. In diesem Fall könnten die Amazonen genauso gut bartlose Männer wie muskulöse Frauen sein. Bis DNA-Tests zur Feststellung des Geschlechts an Knochenresten in jedem einzelnen Fall möglich sind und für zuverlässige Ergebnisse sorgen, kann diese Möglichkeit nicht mit Gewissheit ausgeschlossen werden.

Doch das Spiel mit dem Geschlechtertausch funktioniert in beide Richtungen. Jeannine Davis-Kimball hat nomadische Gesellschaften überall in Europa und Asien erforscht, von Westrussland bis zum Gebirge von Tienschan in China. Ganz besonders hat sie sich mit dem »Goldmann von Issyk-kul« (der Issyk-kul ist ein Salzsee im Tienschanhochgebirge) und seinen Grabbeigaben beschäftigt, der 1969 von einem Bauern bei Alma-Ata in Kasachstan gefunden wurde. In einem Sarkophag, der aus langen Kiefernstämmen gefertigt war, fand man ein Skelett und außerdem 4000 Goldornamente, darunter einen mit Schneeleoparden verzierten Halsring, die Scheiden für einen Dolch und ein Schwert, einen Peitschengriff und, von allen Beigaben am beeindruckendsten, einen ungewöhnlichen und auffälligen Kopfschmuck mit zwei Paar aufschießenden Federn, Flammen oder Flügeln und vier Pfeilen, der insgesamt die unglaubliche Höhe von 63 Zentimetern erreicht. Jeannine wies darauf hin, dass die Seitenteile des Kopfschmucks mit »Darstellungen von Bergen, Vögeln, sich umwendenden Schneeleoparden, geflügelten Tigern und Bergziegen auf Goldfolie« geschmückt waren und dass sich »an der Spitze ein kleiner goldener Widder« befand. Zu den übrigen Grabbeigaben gehören ein Bronzespiegel und flache Holzteller mit Schneebesen für die Zubereitung von Koumiss, einem Gericht aus fermentierter Stutenmilch. Das Grab wurde für das eines jungen sakischen Fürsten gehalten (die Saken waren als Nomaden eng mit den Skythen verwandt), doch Jeannine stellte die wagemutige These auf, dass es auch das Grab einer Frau sein könnte.

Sie wies darauf hin, dass die russische Archäologin Natalya Polosmak auf dem Ukok-Plateau im Altaigebirge ein Grab mit ähnlichen Beigaben gefunden hat, in dem jedoch eine hochrangige *Frau*, die möglicherweise eine Priesterin war, lag. Sie hatte ebenfalls einen Bronzespiegel, einen Koumiss-Schneebesen und einen hohen Kopfschmuck sowie Tätowierungen, die im Stil den Verzierungen auf dem Goldputz des Mannes vom Issyk-kul entsprachen. Natalya Polosmak war in der Lage gewesen, die Tätowierungen zu untersuchen, weil der Körper der Prinzessin zweitausend Jahre im Eis konserviert und die Haut intakt geblieben war. Professor Orazak Ismagulov vom Kasachischen Archäologischen Institut, der das Skelett des Saken untersucht hatte, gestand Jeannine Davis-Kimball zu, dass die Knochenfunde zu einer sehr kleinen Person gehörten, die tatsächlich eine Frau gewesen sein *könnte*. Im Grab fanden sich außerdem drei Ohrringe mit Perlen, die normalerweise keine Grabbeigaben für Männer sind. Jeannine Davis-Kimball war der Auffassung, dass die im Grab gefundenen Knochen, der Löffel und der Spiegel in Verbindung zu den »Priesterinnengräbern« in Pokrovka standen. Schließlich wies sie noch darauf hin, dass einige der weiblichen Mumien aus der Wüste des Tarimbeckens in der chinesischen Provinz Sinkiang (Ostturkestan) ebenfalls hohe konische Hüte trugen.

Jenseits der Frage, ob Jeannine Davis-Kimball Recht hat oder nicht, ob der Goldmann von Issyk-kul eine Goldfrau ist oder ein Häuptling, war nun klar, dass man das Skelett nicht *von vornherein* als männlich deklarieren kann. Die Griechen mochten eine Gesellschaft mit festgeschriebenen und streng eingehaltenen Geschlechterrollen geschaffen haben, doch die nomadischen Skythen und Sauromaten waren pragmatischer. Wollte ein Mann Seher sein, zog er Frauenkleider an und verletzte sich, damit er blutete wie eine Frau und so ihre Macht stehlen konnte. War eine Frau kräftig und schnell oder wurde der Stamm von Feinden bedroht, dann ergriff sie Bogen und Pfeile, Speer oder Wurfspieß und ihre Steinschleuder und beteiligte sich am Kampf.

Klar war nun jedoch auch, dass die Frauengräber mit Waffenbeigaben in der Ukraine und in Russland zwar Kriegerinnen gehörten, die erforderlichenfalls mit Bogen und Pfeilen sowie mit anderen Waffen umzugehen wussten, dass diese Frauen aber nicht unbedingt zu Pferde kämpften – ja, Elena Fialko zufolge taten sie genau das so gut wie nie. Von wenigen Ausnahmen abgesehen verwendeten sie außerdem kaum Schwerter oder andere für den Nahkampf geeignete Waffen. Aus diesem Grund hat man in den Frauengräbern nur selten Rüstungen und bisher keinen einzigen Helm gefunden. Alle Kriegerinnengräber befanden sich neben denen von Männern, was beweist, dass sie keiner ausschließlichen Frauengesellschaft angehörten. Es ist gut möglich, dass griechische Kolonisten solchen Frauen begegnet sind, entweder bei Gefechten, in denen sie neben ihren Männern kämpften, oder wenn sie durch die Straßen griechischer Vorposten wie Pantikapeion (heute Kertsch) oder Chersonesos (beim heutigen Sewastopol) an der Schwarzmeerküste stolzierten. Mit ihren Hosen und Lederkappen sahen diese Kriegerinnen auffallend anders aus als die Frauen daheim. Da sie in einer Gesellschaft lebten, in der das Überleben von der Anpassungsfähigkeit abhing, waren sie sicherlich körperlich fit und gewohnt, Autorität auszuüben. Vielleicht haben diese Frauen zur Entstehung des Amazonenmythos beigetragen, doch die abschließende Erklärung für das Gesamtphänomen liefern sie meiner Meinung nach nicht. Sie waren frei und unabhängig, wie dies für Nomadenfrauen typisch ist, aber sie waren nicht die Amazonen »in goldenen Panzern und mit silbernen Schwertern, die Männer lieben und Knaben schlachten«, über die Hellanikos von Lesbos schrieb.

Um die übrigen Elemente aufzuspüren, die zu unserer Vorstellung von den Amazonen gehören, müssen wir an anderer Stelle suchen. Wir müssen zurückgehen in die Bronzezeit, in der sie vermutlich gelebt haben, und nach Themiskyra, in ihre sagenhafte Stadt. Um dorthin zu gelangen, müssen wir den verwirrenden Fäden einer in Griechenland den Frauen vorbehaltenen Mysterientradition bis hin zur Göttin Artemis folgen, die vor allen anderen die Göttin der Amazonen war.

3

Artemis, hell und dunkel

Wenn die sauromatischen Kämpferinnen nicht die wahren Amazonen waren, wer *waren* die Amazonen dann? »Es gibt keinen Beweis dafür, dass die Amazonen, wie sie in der griechischen Literatur beschrieben werden, je wirklich existierten. Kein einziger griechischer Autor behauptet, je eine Amazone kennen gelernt zu haben«, resümiert die Altphilologin Sue Blundell.[1] Mir war klar, dass sie rein *theoretisch* Recht hatte – die Amazonengeschichten sind immer Erzählungen aus zweiter Hand oder Berichte von Ereignissen, die sich vor langer Zeit im Dunklen Zeitalter des Trojanischen Krieges und der Arbeiten des Herakles ereigneten. Doch ich konnte ihre vernünftige Sichtweise nicht als abschließendes Wort zu diesem Thema akzeptieren. Ich hatte den Eindruck, dass wir die separatistischen Kriegerinnen zu sehr aus dem Blickwinkel unserer Zeit betrachten. Wir wollen nicht akzeptieren, dass es im Dunklen Zeitalter Geschlechtsanomalien gegeben haben könnte, die einen magischen oder religiösen Zweck erfüllten und die für uns heute einfach unvorstellbar sind.

Ich entschloss mich, nach den einzelnen Elementen des Amazonenmythos zu suchen – nach Separatismus, sexueller Promiskuität, dem Kämpfen und Männertöten, der körperlichen Gewandtheit – und hoffte, dass sie mich zum Ursprung des Archetypus führen würden. Immer wieder werden die Amazonen als Anhängerinnen von Artemis bezeichnet – das war ein eindeutiger Anhaltspunkt. Das Problem war nur, dieser Göttin konnte kein einzelner, in sich geschlossener Archetypus zugeordnet werden – sie verfügte an verschiedenen Orten in Griechenland und Kleinasien wenigstens über zwei, wenn nicht noch über weitere Ausdrucksformen. Da war die jungenhafte Jägerin Artemis mit ihrem Bogen, ihren Pfeilen und ihren wilden Tieren, die wir bereits kennengelernt haben. Dann gab es die Große Mutter Artemis, eine frühere und primitivere, der Kybele ähnliche Göttin, die im ephesischen Artemistempel mit ekstatischen Riten verehrt wurde. Kompliziert war die Fragestellung deshalb, weil eine Verbindung der Amazonen zu *beiden* Artemisversionen bestand. Möglicherweise war diese Tatsache ein wichtiger Hinweis auf den Ursprung der Amazonen: Unter der burschikosen Aggressivität der Amazonen verbarg sich vielleicht eine Schicht, die sie mit den orgiastischen Sitten in Verbindung brachte, die mit der älteren Ausdrucksform der Göttin assoziiert wurden.

Es schien, als würde sich der nächste Abschnitt meiner Suche weniger geographisch als psychologisch gestalten. Ich musste einen Weg finden, die Voreingenommenheit meiner Zeit und Kultur zu durchbrechen, um zu der knabenhaften Artemis vorzustoßen und zu ihren tieferen Schichten zu gelangen, die sehr wohl unangenehme Begleiterscheinungen wie Kastration und Menschenopfer zu Tage fördern konnten. Mit einem Wort, ich musste die verleugneten Seiten der Amazonen zum Vorschein bringen. Vielleicht würde ich dazu meine eigene Idealisierung opfern müssen – das unschuldige Bild von den beiden jungen Frauen auf dem Rücken ihrer Pferde.

DIE JUNGENHAFTE ARTEMIS

Ich stehe im Museum von Istanbul und starre sie an. Sie erwidert meinen Blick nicht. Sie lehnt lässig an einer Säule; ihr Gesichtsausdruck ist leidenschaftslos und von kühler Schönheit. Ihr Haar ist nachlässig im Nacken zu einem Knoten geschlungen. Ihr Chiton, der unter den straffen, festen Brüsten gegürtet ist, fällt in sanften Falten bis zu den Knien und lässt die Umrisse ihrer kräftigen Oberschenkel erahnen. Um ihren Oberarm windet sich ein Schlangenarmband, das Symbol der in ihr ruhenden weiblichen Energie. Ihre Füße sind kräftig und mit schweren Sandalen bekleidet, ihre Arme stark, doch nicht zu muskulös. Sie ist ein Jungenmädchen, eine

Mannfrau, und ihr Körper wirkt einladend. Doch wer würde es wagen, ihn zu berühren? Er gehört ihr allein, und man erkennt sofort, dass sie niemandem Zugang zu seinem Geheimnis gewähren wird.

Diese Artemisstatue stammt von der Insel Lesbos, aus einer der Städte, deren Gründung den Amazonen zugeschrieben wird. Auf ihrem Gesicht liegt der kühl-lesbische Blick, den auch die Sängerin kd lang hat, deren Erotik durch die pikante Mischung aus Knaben- und Mädchenhaftigkeit und durch die Aura der Jungfräulichkeit, des *noli me tangere*, unterstrichen wird. Hier erkennen wir Xena, die königliche Kriegerin, in ihrem Push-up-Kampf-Korsett: eine reizvolle und zugleich tödliche Macht, mit der immer ein sardonisches Lächeln einer zu gehen scheint, das vermittelt: »Ich weiß, dass du mich attraktiv findest, aber ich habe Wichtigeres zu tun.«

Im klassischen Griechenland hatte man viel Freude an der archetypischen Artemis, und auch in unserer Gesellschaft ist sie noch äußerst populär. Das Aussehen des knabenhaften Mädchens ist das, was die meisten weiblichen Jugendlichen anstreben – Sporty Spice von den Spice Girls trifft den Ton haargenau. Die jungenhafte Artemis verkörpert die nur allzu kurze Phase, in der Mädchen weder Kinder noch Frauen, sondern »Jungfrauen« sind und allen Glanz, die Couragiertheit und Integrität der Jungfräulichkeit in sich vereinen. Artemis ist ein ideales Abbild dieser Qualitäten. Normalerweise sieht man sie mit ihrer Mädchenschar jagen und ein jungfräuliches Leben abseits der Männer führen.

Die berühmteste Artemissage handelt von Aktaion, dem jungen Mann, der in die Privatsphäre der Göttin eindringt, sie beim Baden im Fluss beobachtet und den sie zur Strafe in einen Hirsch verwandelt, den seine eigenen Hunde zerreißen. In einer anderen Geschichte wird Kallisto, eine von Artemis' Nymphen, von Zeus verführt und geschwängert. Weil Artemis von ihren Anhängern absolute Keuschheit verlangt, verwandelt sie Kallisto in einen Bären und hätte sie zu Tode gehetzt, wäre ihr nicht Zeus zu Hilfe gekommen. Er verwandelt Kallisto in das Sternbild des Großen Bären.

Artemis ist wild und ungezähmt, hat Anteil am schonungslosen Wesen wilder Tiere und der Natur. Sie kann von gebärenden Frauen angerufen werden, weil Tiere ihren Nachwuchs ohne große Schmerzen oder Schwierigkeiten zur Welt bringen. Doch selbst weigert sie sich kategorisch, die weibliche Rolle zu erfüllen: Sie wird niemals Ehefrau oder Mutter werden. Tatsächlich hat sie durchaus eigene Vorstellungen von ihrer Jungfräulichkeit, und sie steht nicht zwangsläufig für sexuelle Inaktivität. Artemis wird sich niemals in Besitz nehmen, kontrollieren oder heiraten lassen, Liebhaber jedoch nimmt sie sich nach eigenem Belieben. Sie gehört keinem Mann; sie selbst, nicht die Männer, stellt die Keuschheitsbedingungen.

Sie hat eine helle und eine dunkle Seite. Die helle steht in Beziehung zu Jungfräulichkeit, Reinheit, den Übergangsriten für Mädchen, dem Schutz der Jungen und Schwachen und zu ihrem strahlenden Bruder Apollon. Die dunkle Seite ist gekoppelt an Kybele und die alte Göttin und führt in die schamanische Unterwelt der Orgien, des Zerreißens und der Menschenopfer. Ihre menschlichen Schwestern, die Amazonen, teilen mit ihr diese Doppelgesichtigkeit, und indem ich sie bei Artemis genauer untersuche, hoffe ich, dem Ursprung der Amazonen näher zu kommen.

DIE HELLE SEITE DER ARTEMIS

Die Jungfräulichkeit der Amazonen äußerte sich insofern, als sie keinem Mann gehören wollten. Sie nahmen sich einmal im Jahr Sexualpartner, um schwanger zu werden und vielleicht auch um des Vergnügens Willen, doch banden sie sich niemals auf Dauer an einen einzelnen Mann. Für die meisten Griechinnen war Jungfräulichkeit im Erwachsenenalter undenkbar, denn sie wurden unmittelbar im Anschluss an die Pubertät verheiratet. Die Gesellschaft sorgte dafür, dass sie ihr Leben lang in eine Ehe eingebunden blieben, denn ledige oder unabhängige Frauen, es sei denn, es handelte sich um Prostituierte, waren dieser Kultur vollkommen fremd. Von Priesterinnen konnte kurz- oder langfristige Enthaltsamkeit verlangt werden, doch waren sie meist noch sehr jung oder über das Alter des Gebärens hinaus, sodass ihre Sexualität nicht ernstlich zur Debatte stand.

Jungfräulichkeit wurde als Phase betrachtet, die auf dem Weg zur Reife durchlaufen werden musste. Allerdings handelte es sich um eine wichtige Phase, die für Mädchen und Jungen gleichermaßen durch Übergangsriten betont wurde. Pausanias berichtet, dass attische Mädchen in Brauron oder Munichia, bevor sie eine Ehe eingingen, Artemis geweiht werden mussten. Die Initiationszeremonien, die sie durchliefen, kommen uns heute äußerst merkwürdig vor und mögen selbst für die Athener des fünften Jahrhunderts v. Chr. nicht vollkommen verständlich gewesen sein. Man hält sie für sehr alt und führt sie zurück auf eine Zeit, in der schamanische Tänze und Rituale Mensch und Tier enger miteinander verbanden und es einem Mädchen noch nicht so schwer fiel, sich in einen »kleinen Bären« zu verwandeln.

Der Artemisschrein in Brauron in Attika (siehe Karte 2) befindet sich an einer wunderschönen Stelle in der Nähe eines natürlichen Hafens und, während der Eisenzeit, am Rande von dichten Wäldern und Quellen. Und dennoch besitzt der Ort, wie Vincent Scully zeigt, einen merkwürdigen doppelten Aspekt: Blickt man vom Tempel nach Süden, dann ist die Landschaft rauh und zerklüftet, nach Norden hin jedoch gibt sie sich lieblich und weich. Somit könnte man den Ort Brauron als Spiegelbild der gegensätzlichen weiblichen Lebenserfahrungen interpretieren: einerseits Schönheit und Harmonie, andererseits der Einfluss einer gewaltigen, primitiven Erdenergie, insbesondere während der Geburt, die den weiblichen Körper mit Gewalt aufreißt und der die Frau sich vollkommen ausliefern muss.

Die kleinen Mädchen kamen im Alter zwischen fünf und zehn Jahren, also lange vor der Pubertät, zur Initiation nach Brauron. Man kleidete sie in kurze, krokusgelbe Chitone, die an das Fell eines Bären erinnerten, und verlangte von ihnen, dass sie so taten, als seien sie aufrecht gehende junge Bärinnen (*arktoi*). So wanderten sie durch die idyllische Landschaft auf den Tempel zu, von dem Skully sagt, dass er »eine Art Megaron (ein Schrein) ist, der sich in eine wilde Nische zwischen die Felsen zwängt«. Wenn sie zu dem »höhlenartigen Ort« mit seinem Brandopferaltar gelangten, dann bewegten sie sich zwischen Felsen hindurch, die so wirkten, als wollten sie

»das Megaron erdrücken und in ihrem Rachen zermahlen«.[2] Anders ausgedrückt, der kleine, zwischen die Felsen geschobene Schrein wirkte wie das Innere eines weiblichen Körpers, und sein Ausgang ähnelte einem engen Geburtskanal. In ihrem Initiationsritual wurden die kleinen Mädchen als Frauen »wiedergeboren« und damit auf das Leben als Frau vorbereitet. In diesem Sinne opferten sich die Mädchen – auf dem Altar der Ehe und Mutterschaft.

Bekannt ist außerdem, dass die Mädchen für Artemis tanzten, spinnen lernten, Wettläufe veranstalteten und gemeinsam in einem Schlafsaal untergebracht waren. Man kann sich also gut vorstellen, dass manche attische Matrone Brauron als Idylle erinnerte, in der sie getrennt von Eltern und Brüdern mit Mädchen ihres Alters tanzen und spielen durfte. Tatsächlich jedoch wurden sie symbolisch ihrer kindlichen Wildheit (ihres Bären-Wesens) entkleidet, gezähmt und domestiziert für ein gesellschaftlich nützliches Leben als erwachsene Frauen. Möglicherweise empfinden wir diese Vorstellung als deprimierend, doch in Wahrheit signalisiert sie ein viel tiefgreifenderes Verständnis für die Opfer, die die Mutterrolle einer Frau abverlangt, als heute, wo viele Mutterschaft als »Recht« postulieren. Und außerdem starben im klassischen Griechenland natürlich zahlreiche Frauen im Kindbett oder an den Komplikationen, die sich daraus ergaben. Die kurze Phase der Abgeschiedenheit in Brauron gab den Mädchen wenigstens die Gelegenheit, ein ganz anderes Leben kennenzulernen, bevor sie den Zwängen der Reproduktion unterlagen. Für manches Mädchen mochte dies eine heilige und religiöse Erfahrung sein. Für andere bot sich hier Spaß und Aufregung. Die Eltern hingegen hatten die Hoffnung, dass die Mädchen, die Artemis ihre Kindheit »opferten«, von der Göttin beschützt würden, wenn sie selbst einmal Kinder bekämen. Die Rituale in Brauron kennzeichneten den Tod des kindlichen Selbst und die Geburt der erwachsenen Athenerin, die für ein Leben in Abgeschiedenheit und Selbstaufopferung bestimmt war.

Die Initiation in das Erwachsenenleben war eine der ersten Erfahrungen, die ein attisches Mädchen mit der religiösen Funktion von Frauen machte. Da die meisten Frauen heute in christlichen, moslemischen oder jüdischen Gesellschaften aufwachsen, in denen die Priester Männer sind, wissen wir nur wenig über diese Dinge. In Athen jedoch war das Jahr gekennzeichnet durch religiöse Feste, in denen Frauen eine wichtige Rolle spielten oder die ihnen allein vorbehalten waren. Die Feste in Thesmophoria und Haloa waren die beiden wichtigsten Frauenmysterien. In ihrem Verlauf wurde das Bewusstsein der Frauen für ihre sexuelle Energie und ihre generative Macht geweckt und gefeiert. Die Rituale enthielten sowohl Phasen des Fastens und der Erhabenheit als auch solche, in denen ausgelassen und fröhlich gefeiert und getrunken wurde – man betrachtete beides für ein religiöses Fest als angemessen. Hier, abgeschieden von ihren Männern, wurde die Kraft der Frauen offensichtlich, und deshalb sind diese Mysterien so entscheidend für unsere Suche nach den Ursprüngen des Amazonenmythos.

DIE FRAUENMYSTERIEN

Die Thesmophorien wurden zu Ehren Demeters, der Göttin des Getreides und der Fruchtbarkeit, abgehalten. Frauen bot dieses Fest die Gelegenheit, mehrere Tage am Stück und ohne Männer und Kinder von Hause abwesend zu sein. Das Fest in Syrakus dauerte zum Beispiel zehn Tage. Kinder, Jungfrauen und Männer waren von der Teilnahme ausgeschlossen. Der Ritus stand ausschließlich reifen, sexuell erfahrenen Frauen offen. Die Männer hatten die Kosten zu tragen.

Das Fest beginnt damit, dass die Frauen sich den Hügel hinauf auf den Weg zum Thesmophorion machen. Sie bringen Nahrungsmittel, Kultgegenstände und Schweine als Opfer mit. In der Luft liegt ein Hauch von Erwartung ob des Opfers, das in der Nacht vollzogen wird. Auf dem Hügel befindet sich eine tiefe Grube, »der Abgrund von Demeter und Persephone«, in die die Frauen die quiekenden Ferkel werfen, während andere Frauen, die sogenannten »Hinterlegerinnen«, hinabsteigen und die Überreste des Opfers aus dem vergangenen Jahr einsammeln. Die »Hinterlegerinnen« haben sich drei Tage lang sexuell enthalten, um für ihre Aufgabe rein zu sein. Sie achten darauf, ordentlich Lärm zu machen, während sie in der Grube sind, um die dort eventuell lebenden Schlangen zu vertreiben. Sie bringen das Eingesammelte nach oben und legen es auf den Altar. Alle anwesenden Frauen beteiligen sich nun daran, diese Überreste mit der Getreidesaat, die sie aussäen wollen, zu vermischen, um so eine gute Ernte zu bewirken. Ein Augenzeuge erwähnt, »es werden unaussprechlich heilige Dinge aus Getreideteig verfertigt und hinaufgetragen, Bilder von Schlangen und männlichen Gliedern; sie nehmen auch Fichtenzweige ...«[3]

Die Grube beziehungsweise der Abgrund symbolisiert die Unterwelt, in der sich Tod, Auflösung, Empfängnis und Wiedergeburt ereignen, und dieser Abschnitt des Rituals nimmt Bezug auf die Vergewaltigung Persephones, die von Hades in die Unterwelt entführt wurde, und auf ihre Mutter Demeter, die ausziehen und sie suchen musste.

Am zweiten Tag der attischen Version des Festes sitzen die Frauen auf einem Bett aus Weidenzweigen, die den Geschlechtstrieb hemmen sollen, auf der Erde und fasten. Sie betrauern den Verlust der Persephone.

Am dritten Tag bringen sie ihre Opfer dar und halten ein Festmahl, bei dem sie zu Ehren von Kalligeneia, der Göttin der schönen Geburt, Fleisch in großen Mengen essen. Die Frauen reden im derben Ton miteinander, teilen sich in Gruppen auf und beleidigen sich wechselseitig. Kuchen in Form von Phalli werden verteilt, und einer Quelle ist zu entnehmen, dass die Frauen das Abbild einer weiblichen Vulva anbeten. Das Vorbild für diese Handlungsweise ist Baubo, die alte Amme, die im Mythos die trauernde Demeter zum Lachen bringt, indem sie ihre Röcke hebt und ihr Geschlecht zeigt. Hier ist der Akt als Witz gemeint, doch vermutlich geht er zurück auf einen sehr alten, äußerst ernst gemeinten Ritus, in dem die Göttin sich in dem Augenblick mit all ihrer Macht offenbart, in dem die Priesterin ihre Vulva zeigte. Der vom Anthropologen zum Schamanen mutierte Carlos Castaneda erzählt, dass sich seine Lehrerin während seiner Ausbildung vor ihm entblößte und ihn eine Zeit lang auf ihre intimsten Körperteile starren ließ.[4] Für ihn handelte es sich um eine abstoßende Erfahrung, die er keineswegs als sexuell erregend empfand.

Die Frauen kauen Granatapfelkerne, deren roter Saft mit Tod, Menstruation und Geburt assoziiert wird. Zwar geht es während der Thesmophorien recht derb zu, doch handelt es sich um eine heilige Derbheit, und alle anwesenden Frauen müssen für die Dauer des Festes sexuell enthaltsam leben. Schauerliches wird von Männern berichtet, die Frauen bei ihren heiligen Handlungen bespitzelt haben: König Battos wurde kastriert, Aristomenes von Messenia von einer Frau mit einem Tranchiermesser überfallen und gefangen genommen. Herodot sagt, die Thesmophorien seien von den Danaïden[5] aus Ägypten zu den Hellenen gebracht worden – das ist eine der zahlreichen Verbindungen mit Ägypten, denen wir auf der Spur der Amazonen noch begegnen werden.

Im Winter treffen sich die Frauen erneut in Eleusis, um dort, als Bestandteil der Haloa-Mysterien, ein nächtliches Fest zu feiern, auf dem sie sich angesichts von Teig- oder Holzphalli erneut unflätig äußern.

Walter Burkert stellt fest: »So bleibt als Kern die Auflösung der Familie, die Trennung der Geschlechter, die Konstituierung des Frauenbundes; einmal im Jahr zumindest demonstrieren die Frauen ihre Eigenständigkeit, ihre Verantwortung und Bedeutung für die Fruchtbarkeit von Gemeinde und Ackerland.«[6]

Ein wichtiger Bestandteil des Amazonenmythos, nämlich dass es Frauen waren, die ohne Männer lebten, könnte seinen Ursprung in der Neugier der Männer auf die religiösen Riten der Frauen haben und in ihrer Eifersucht auf die Freude und Befriedigung, die Frauen aus ihnen bezogen. Männer spüren, dass Frauen in ihren Zusammenkünften kleinmütigen Ärgernissen keinen Raum geben und eine Macht entwickeln, an der sie keinen Anteil haben. Es handelt sich um eine »hexenartige« Macht, wie wir sie heute bezeichnen würden, die auf eine unheimliche und indirekte Art funktioniert. Unsere christliche Gesellschaft dämonisiert diese Art Macht und hat Frauen einer primären spirituellen Ausdrucksform beraubt. Doch im archaischen und klassischen Griechenland hielten Frauen noch daran fest; sie waren in der Welt des Religiösen keine Randerscheinung. Tatsächlich standen sie sogar im *Mittelpunkt* der Eleusinischen Mysterien, die auf dem Mythos von Demeter und ihrer Tochter Persephone basierten, deren Wiedervereinigung als zentrales symbolisches Ereignis für beiderlei Geschlecht betrachtet wurde. Diodor glaubte, dass die Eleusinischen Mysterien ihren Ursprung in Kreta haben. Und wenn wir die Geschichte Kretas bis in die Bronzezeit zurückverfolgen, dann sehen wir, dass Frauen dort im religiösen Leben nicht nur gleichgestellt waren, sondern vermutlich eine zentrale Rolle gespielt haben. Sie verfügten nicht nur über religiöse Macht, es wurde auch eine Athletik in ihnen gefördert, die an die knabenhaften Erotik der jungen Artemis erinnert. Im Herzen dieser Kultur standen die Stierwettkämpfe, an denen junge Männer und junge Frauen gleichermaßen teilnahmen.

DIE STIERSPRINGER VON KRETA, CA. 1600 V. CHR.

Es ist später Nachmittag. Die Luft kühlt sich langsam ab. In der staubigen Arena vor dem Stiertempel besprengen Männer den Boden mit Wasser, um die Erde zu befeuchten und für die Spiele vorzubereiten. Das Publikum sammelt sich, dämpft seine Aufregung und seine Stimmen, um sich von den Platzwärtern oder, noch schlimmer, von der alten Priesterin, deren Adleraugen die Zeremonie überwachen, keine Ermahnungen einzuhandeln.

In den kühlen äußeren Räumen des Tempels bereiten sich die Jugendlichen vor, ölen ihre Körper ein, machen Streckübungen, helfen einander beim Feststecken der Haare, damit sie ihnen nicht im kritischen Augenblick, wenn sie gerade über den Stier springen, in die Augen fallen. In einer Ecke üben ein Junge und ein Mädchen, beide etwa vierzehn Jahre alt, Sprünge, Purzelbäume, Fallen und Fangen.

Als die Sonne untergeht, stößt der Oberpriester ins Horn, und die vier Jungen aus den vier Vierteln lassen ihre Schwirrhölzer kreisen. Die Luft ist erfüllt von Brummen, Schwirren, Dröhnen. Das Publikum wird still, und die großen hölzernen

Pforten öffnen sich knarrend. Es entsteht eine lange Pause, als die Schwirrhölzer langsam verstummen. Dann bricht stampfend der Stier in die Arena. Die Zuschauer halten den Atem an: Der Stier ist groß und wütend, und aus seinen Nüstern steigt heißer Dampf auf.

Der erste Springer ist ein hochgewachsener, schlanker Knabe, dessen lange Locken von einem azurblauen Stirnband gebändigt werden. Seine Partnerin ist ein kräftiges, braunhäutiges Mädchen mit breiten Schultern und weit auseinanderstehenden, kleinen Brüsten. Beide sind bis auf einen kleinen Lendenschurz nackt. Während der Junge um den Stier herumläuft und auf seine Chance wartet und das Mädchen ihren Stachelstock fester umklammert und sich geduckt bereit hält, feuern ihre Freunde sie wild an.

Und urplötzlich ist der Augenblick da: Das Mädchen lenkt den Stier mit ihrem Stock ab, und der Junge stürzt vor, setzt in einem Sprung über den Rücken des Stiers und landet in der feuchten Erde, wo ihm das Mädchen bereits wieder auf die Beine hilft; gemeinsam wenden sie sich um und laufen davon, wobei sie triumphierend ein Rad nach dem anderen schlagen. Ihre Freunde und Familienmitglieder schreien und weinen vor Freude.

Die Dinge gehen nicht immer so gut aus. Im Verlauf des Abends wird ein Junge aufgespießt, als er nach seinem Sprung stolpert. Die Platzwärter müssen ihn aus der Arena tragen, während seine Partnerin mit ihrem Stachelstock den Stier ablenkt. Eine Springerin (Mädchen dürfen ebenso springen wie Jungen, auch wenn es nur die stärksten von ihnen tun) versucht das Unmögliche (was immer wieder jemand versucht): den Stier bei den Hörnern zu packen und der Länge nach zu überspringen. Sie bekommt die Hörner nicht im richtigen Winkel zu fassen, und der zornige Stier wirft sie zu Boden. Ihr Rückgrat ist gebrochen. Wäre sie erfolgreich gewesen, hätte man sie ein Jahr lang als Inkarnation der Göttin gefeiert. Man muss mit zwei oder drei Todesfällen in den ersten Tagen der Stierwettkämpfe rechnen, aber das Publikum zeigt sich nicht besonders beunruhigt – es betrachtet einen solchen Tod als ruhmreich.

Am Ende des heiligen Monats der Stierwettkämpfe werden die Meister gewählt, ein Junge und ein Mädchen. Am Abend ihrer feierlichen Weihe werden sie zunächst zur rituellen Waschung und Einkleidung geführt und dann zum Eingang des Labyrinths. Bei ihrer Ankunft bricht die Nacht bereits herein. Sie wissen, was sie zu tun haben. Die Oberpriesterin gibt dem Mädchen ein Knäuel mit goldenem Faden, das sich in einem Tontopf befindet. Das Mädchen zieht das Ende des Fadens heraus und reicht es dem Jungen, der den Faden an seinem Gürtel befestigt und das Labyrinth betritt. Seine Aufgabe ist es, sich in absoluter Dunkelheit bis in den Raum in der Mitte vorzutasten, sich dem zu stellen, was er dort vorfindet, und dann zurückzukehren. Viele der jungen Meister sind nie zurückgekehrt. Tatsächlich ist der Raum in der Mitte des Labyrinths leer. Der Junge muss sich dort lediglich seiner eigenen Angst stellen, doch davon weiß er nichts. Jungen und Mädchen glauben, dass sie in der entsetzlichen Dunkelheit des Labyrinths einem monströsen Minotauros begegnen werden.

Die vorangegangene Schilderung des Lebens in Knossos um etwa 1600 v. Chr. muss sich nicht exakt so abgespielt haben, auch wenn sie auf den in Knossos gemachten Funden basiert. Aber sie soll ein Bild davon vermitteln, was Religion auf Kreta bedeutete. In *The Myth of the Goddess*, dem faszinierenden und ausgezeichnet recherchierten Buch von Jules Cashford und Ann Baring, erfahren wir, dass Kreta von 2000 bis 1200 v. Chr. eine zivilisierte, die Göttin verehrende Kultur hatte, die Schönheit schuf und zu schätzen wusste und in Harmonie mit der Natur lebte. Es gab keinen Kriegerkult, und die Mehrzahl der Figurinen, die in Knossos, dem Standort des Labyrinths, gefunden wurden, stellt Frauen, entweder Göttinnen oder Priesterinnen, mit nackten Brüsten und hoch aufgetürmtem Haarschmuck dar, um deren Arme sich Schlangen winden. Der Schilderungen des Buches über das Leben im minoischen Kreta sind lebendig, doch sparen sie Anstößiges häufig aus und idealisieren zu stark. Die Autoren vernachlässigen die außerordentlich *erotische* Kraft der Statuetten, die Tatsache, dass die Brüste der Göttinnen freiliegen – nicht, um Kinder zu säugen, sondern um zu zeigen, dass sie von *Shakti* erfüllt sind. Bei der bekanntesten der kleinen Figuren wird der Körper der Göttin von drei Schlangen umschlungen. Eine der Schlangen liegt wie ein Kragen im Nacken der Göttin, wobei sich der Schwanz in ihrer linken Hand und der Kopf in ihrer rechten befindet. Die beiden anderen bilden einen Knoten im Schoß der Göttin, formen von dort ausgehend eine Art Gürtel, winden sich den Rücken hinauf, wobei die eine mit ihrem Kopf den Abschluss des Kopfschmucks bildet und die andere ihren Schwanz um das rechte Ohr der Göttin kringelt. Die in dieser Figur verkörperte pulsierende Energie ist nicht weich oder mütterlich – sie ist von der Art, wie man sie auch bei der tanzenden indischen Parvati antrifft. Dass die umgürtete Taille und die vorgeschobenen Brüste an die Figur der Cyberspace-Heldin Lara Croft erinnern, ist kein Zufall, denn Lara Croft symbolisiert diese Energie auf zeitgenössische Art.

Das Genie Kretas bestand nicht nur in dem Wissen, wie diese elementare weibliche Energie geweckt und zum Ausdruck gebracht werden konnte. Die Kreter wussten sie auch in einem religiösen Sinn einzusetzen, sodass sie weder zu Dekadenz und Korruption führte noch Kriege und Aggressionen schürte. Die kretische Kultur war nicht matriarchalisch, und Frauen verfügten in der Öffentlichkeit nicht über viel Macht, aber in religiöser Hinsicht war das Verständnis für die Rolle der Frau sehr tief.

Die heiligen Stierwettkämpfe, wie immer sie auch im einzelnen abgelaufen sein mögen, müssen ein unglaublich aufregendes Spektakel gewesen sein, in dem sich Gefahr, körperliche Ästhetik, Geschicklichkeit, Grausamkeit, Erotik und religiöse Erfahrung miteinander verbanden. Es war der reinste Nervenkitzel, den Jungen und Mädchen dabei zuzusehen, wie sie sich mit den Stieren maßen. Noch entscheidender jedoch war die immense sexuelle Aufladung des Publikums, die mit dem Ende der Wettkämpfe ihren Höhepunkt erreichte. Der Geruch von menschlichem Schweiß und tierischen Exkrementen, von Blut und Erde, die Polarität von Mensch und Tier, die Gefahren, die entweder gemeistert wurden oder denen die Jugendlichen erlagen, das von Hörnern verletzte Fleisch, die Schönheit der geölten jungen Körper ... die Kreter wussten, wie man die entstehende Energie am besten in die Wettkämpfe, das Initiationsritual des Labyrinths und der heiligen Hochzeit leitete. Nebenprodukt dieses Wissens war die Architektur mit den einzigartigen Wandgemälden aus springenden Delphinen, Jugendlichen beiderlei Geschlechts und Lilien sowie die zugleich zerbrechlich und kraftvoll wirkenden kretischen Tonfiguren.

Im Hinblick auf unsere Suche nach den Amazonen ist die Feststellung wichtig, dass Mädchen gemeinsam mit den Jungen zu Stierspringern ausgebildet wurden. Kretische Wandgemälde beweisen dies, denn auf ihnen sind Mädchen in der Arena dargestellt, allerdings betätigen sie sich dort häufiger als Fänger und Helfer denn als Stierspringer. Der für diesen »Sport« erforderliche schlanke, leichte, bewegliche Körper wurde bei Mädchen und Jungen, bei Männern und Frauen gleichermaßen bewundert. Die vielleicht beeindruckendste Darstellung eines solchen weiblichen Körpers ist die von Arthur Evans, dem Entdecker von Knossos, so bezeichnete »Unsere Liebe Frau des Sports«[7]. Sie wirkt sehr schlank und geschmeidig, steht mit erhobenen Armen da wie jemand, dem gerade eine göttliche Offenbarung zuteil wird oder eines von den Mädchen, das als Fängerin fungiert – möglicherweise wurde dies mit Absicht im Unklaren gelassen. Sie trägt einen Panzer, der ihre Taille einschnürt, ihre festen und auffälligen Brüste vorschiebt und sich in einem Schurz aus Metall fortsetzt, der normalerweise mit Männern und dem Schutz ihrer Genitalien in Verbindung gebracht wird. Durch dieses Kleidungsstück wirkt die Figur zwitterhaft, wofür Evans eine interessante Erklärung anbietet. Er war der Auffassung, dass die Mädchen, die an den Stierwettkämpfen teilnahmen, eine Art rituelle Geschlechtsumwandlung vollzogen, vielleicht weil es sich ursprünglich um einen ausschließlich männlichen Sport handelte. Das Anlegen des stilisierten Schurzes könnte Bestandteil des Rituals gewesen sein mit dem Ziel, die Mädchen mit der notwendigen Kraft für das gefährliche Stierspringen zu erfüllen. Die

Vereinigung von weiblicher Schönheit und Sexualität mit männlicher Kraft ist typisch für Amazonen. Im weiteren Verlauf dieser Untersuchung werden wir wieder und wieder auf dieses Element stoßen.

Wenn man sich die vielen barbusigen Figuren der Göttin oder ihrer Priesterinnen vor Augen führt, dann fällt auf, dass in Kreta Brüste nicht in erster Linie als Nahrungsquelle von Säuglingen, sondern als Zierde und Zeichen der Macht betrachtet wurden. Die Brüste der Schlangengöttinnen drängen sich in den Vordergrund, sind erfüllt von Kraft, und ihre meist erigierten Brustwarzen signalisieren Erregung. Die gleiche Art Brüste findet sich an indischen Parvati- und anderen *Shakti*-Statuen – sie verkörpern die Macht des Gottes, seine Gegenwart; sie *sind* die Macht des Gottes. Hier ist kein Platz für kleinliche Geschlechtszuordnungen; tatsächlich lässt sich überhaupt nicht sagen, welchen Geschlechts diese Urgewalt ist. In Wahrheit gehört sie weder dem einen noch dem anderen, sondern entspringt der göttlichen Quelle beider. Unsere gegenwärtige christliche oder nachchristliche Gesellschaft sieht das anders: Für sie ist die *Shakti*-Schlange eine gefährliche Kraft, die an die Kette gelegt oder besiegt werden musste. Vernichten konnte man sie jedoch nicht, denn sie ist es, die für den Fortbestand der Welt sorgt.

Die Macht der Amazonen befindet sich in ihren Brüsten. Obwohl es heißt, dass ihnen bereits in der Kindheit die rechte Brust kauterisiert wurde, sind die Amazonen in der Kunst immer mit zwei in der Regel festen, spitzen Brüsten dargestellt. Die Brüste signalisieren sowohl Sexualität als auch Kraft und übermitteln damit die gleiche Botschaft wie Evans' »Unsere Liebe Frau des Sports«. Die jungen kretischen Stierspringerinnen sind von ähnlicher Körpergestalt wie die Amazonen, jedoch sind ihre Brüste wie bei durchtrainierten jungen Athletinnen weniger stark ausgebildet. Hiervon einmal abgesehen entsprechen sie dem Archetypen der jungenhaften Artemis, und das ist auch der Grund, warum Kreta als ein Ursprung des Amazonenmythos berücksichtigt werden sollte. Ab Mitte des dritten Jahrtausends v. Chr., wenn nicht schon früher, bestanden lebhafte Handelsbeziehungen zwischen Kreta und Anatolien, Ägypten und Griechenland. Viele der mit den

Amazonen in Verbindung gebrachten Orte stehen in enger Beziehung zu Kreta, insbesondere Ephesos.

Nachdem um 1200 v. Chr. die Dorer in Kreta eingedrungen waren, verfiel die einst glänzende Kultur. Und doch blitzt auch danach noch dann und wann die alte Kraft auf – etwa in Werken wie der kleinen Göttin auf ihrem Pferd, das aus spätminoischer Zeit stammt. Oder ist sie gar keine Göttin? Könnte es sich vielleicht um die Darstellung einer Amazone handeln?

DIE ARTEMIS VON EPHESOS

»Groß ist die Diana der Epheser!« schrien die Einwohner von Ephesos und stürmten einmütig das Theater, in dem Paulus und seine Gefährten die neue Religion, das Christentum, predigten. Insbesondere der Silberschmied Demetrius, der kleine silberne Modelle des Dianatempels herstellte, war wütend darüber, dass sein Geschäft schlechter ging, seitdem dieser Paulus predigte: »Was von Händen gemacht ist, das sind keine Götter.«[8] Diana ist die römische Entsprechung der Artemis, der Göttin der Amazonen, und die Epheser müssen gute Geschäfte gemacht haben mit den Leuten, die aus der ganzen antiken Welt herbeiströmten, um ihr zu huldigen. Das war ein gefährlicher Augenblick für Paulus und die Apostel, doch dem scharfsinnigen Stadtverwalter gelang es, die Menschenmenge zu besänftigen, sodass die Christen davon kamen, ohne Schaden zu nehmen.

Die Aufstände waren vergebens: Die neue Religion feierte in der westlichen Welt Triumphe, und die letzten kümmerlichen Überreste der Göttinnenverehrung in Ephesos wurden fortgespült. Es heißt, dass der Apostel Johannes Jesu Mutter Maria nach seiner Kreuzigung hierher brachte. In Ephesos gibt es eine kleine, der Muttergottes geweihte Kirche, die zum Ziel von Pilgern wurde und geschickt all die Emotionen absorbierte, die in alten Zeiten der Großen Göttin galten. Mit der zunehmenden Bedeutung des Christentums verfiel der Diana-/Artemiskult, doch in ihrer Blütezeit war die Stadt Ephesos eine der großen aus dem Dunklen

Zeitalter hervorgegangenen Tempelkulturen, die vielen Menschen Trost und Inspiration gewesen sein muss.

Die ersten ionischen Griechen siedelten sich dort im achten Jahrhundert v. Chr. an. Pindar behauptet, die Amazonen hätten das Heiligtum der Artemis in Ephesos während des Kriegszugs gegen die Athener begründet. Pausanias bestreitet dies, und Tacitus sagt vermittelnd, es seien die Amazonen, die den Tempel zum ersten Mal als Artemisheiligtum verwendet hätten. Homer und Hesiod, die die Amazonen als erste erwähnen, bringen sie mit diesem Landstrich in Verbindung, und es gibt viele weitere Orte an der türkischen Ägäisküste, von denen es heißt, sie seien Gründungen der Amazonen: Smyrna (Izmir), Kyme (Namurt Limani), Myrina auf Lemnos, Priene, Pitane, die Insel Samothrake und die Stadt Mytilene auf Lesbos. Die östliche Ägäis ist ohne Zweifel eng mit den Amazonen verbunden. Herodot schreibt:

> die Lykier sind in alten Zeiten aus Kreta eingewandert. ... Ihre Sitten sind teils kretisch, teils karisch. Einen merkwürdigen Brauch haben sie jedoch, der sich sonst nirgends auf der Welt findet. Sie erhalten ihren Familiennamen nach ihrer Mutter, nicht nach ihrem Vater. Wenn man einen Lykier nach seiner Herkunft fragt, so nennt er den Namen seiner Mutter und zählt deren weibliche Vorfahren auf. Und wenn eine Frau aus dem Bürgerstande mit einem Sklaven Kinder hat, gelten sie als Freigeborene. Umgekehrt, wenn ein Bürger, und sei er noch so hochstehend, ein Weib aus der Fremde oder ein Kebsweib hat, sind seine Kinder unfrei.[9]

Im Zusammenhang mit den Sexualpraktiken der Amazonen ist dies äußerst interessant und verweist auf eine vorpatriarchalische Einstellung zur Sexualität, die an die Sitten der Tuareg in Nordafrika (siehe sechstes Kapitel) erinnert.

Mina Zografou[10] ist überzeugt, dass Ephesos und seine Umgebung das Heimatland der Amazonen waren. Doch sie macht auch klar, dass die Bezeichnung »Amazonen« ursprünglich nicht einer auf Frauen beschränkten Gemeinschaft galt, sondern ethnisch zu verstehen ist. Zografou vertritt die Auffassung, dass die ethnischen Amazonen wahrscheinlich die Überreste eines vorindoeuropäischen Volkes aus Kreta und der Ägäis waren, die jedenfalls solange dort blieben, bis die mykenischen Griechen in das Gebiet einwanderten. Herakles und Bellerophon könnte man folglich als Helden einer ethnischen Säuberung (meine Wortwahl) betrachten, die die Königreiche Lykien und Troja von unerwünschten »Elementen«, nämlich von Amazonen und Stämmen fremden Ursprungs, säuberten. Aus unserer eigenen Zeit wissen wir nur zu genau, wie vernichtend ethnisch begründeter Hass sein kann. Das Argument ist daher wohl kaum gänzlich von der Hand zu weisen.

Florence Bennett,[11] die Anfang des vergangenen Jahrhunderts schrieb, spricht sich ebenfalls für die türkische Ägäisküste (das alte Mysien, Karien und Lydien) als Heimatland der Amazonen aus und behauptet, in diesem Gebiet sei die Abbildung von Amazonen auf Münzen verbreitet gewesen, etwas, was für andere Landstriche nicht gilt. Die Amazonen waren also möglicherweise Männer oder Frauen der eingeborenen Bevölkerungen, die noch immer an einer frauengesteuerten Gesellschaft festhielten, deren religiöses Zentrum Ephesos war. Die ephesischen Priesterinnen des Artemistempels haben den Berichten der Reisenden, die von dort nach Athen zurückkehrten, bestimmt farbige Details geliefert.

DER ARTEMISTEMPEL

Stünde der große Artemistempel, der um 550 v. Chr. errichtet wurde, noch, ließe sich rekonstruieren, wie die damaligen Priesterinnen gelebt haben. Doch unglücklicherweise wurde der Tempel 356 v. Chr. von einem verrückten Egoisten niedergebrannt, der seinem Namen Unsterblichkeit verleihen wollte (was auch der Grund ist, warum ich ihn hier *nicht* nenne). Doch immerhin förderten Ausgrabungen Anfang letzten Jahrhunderts fast 3000 Votivgaben aus Elfenbein oder Edelmetallen und einige Reliefbruchstücke zu Tage.

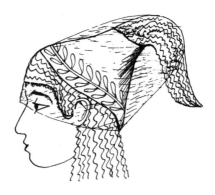

Die in einem solchen Reliefbruchstück abgebildete und hier als Zeichnung wiedergegebene Frau trägt eine spitz zulaufende Mütze mit einem Loch in der Spitze, durch das sie ihren Pferdeschwanz gezogen hat. W. R. Lethaby weist darauf hin, dass derartige Haartrachten auch in der minoischen Kunst üblich waren und bestätigt damit die zwischen Kreta und den Amazonen bestehende Verbindung. Außerdem ist die spitz zulaufende Kappe ein typischer Bestandteil der Kleidung der auf Vasen abgebildeten Amazonen, also eine weitere Verbindung.[12]

Im heiligen Bezirk der Artemis in Ephesos stand eine Statue der Göttin. Plinius gibt an, dass sie sehr alt war, und Vitruv, dass sie aus Zedernholz bestand. Die Apostelgeschichte in der Bibel besagt, dass die Statue vom Himmel fiel, und von Xenophon wissen wir außerdem von einer später aufgestellten vergoldeten Kopie. Lethaby meint, es handelte sich um eine »hohe, einfache Figur zwischen zwei Tieren«, die in einem vermutlich zum Himmel hin offenen Heiligtum stand – diese Beschreibung hört sich für mich glaubwürdig an.

Als die Epheser den Tempel im Jahr 334 v. Chr. wieder aufbauten, wurde er zu einem der sieben Weltwunder. In ihm diente eine Kaste von Eunuchenpriestern, die als *Essenes* (was Königsbienen bedeutet) bezeichnet wurden, und ein Hohepriester, der *Megabyxos*.

Im Tempel arbeiteten auch jungfräuliche Priesterinnen, doch allgemein war Frauen der Zutritt zum Heiligtum inzwischen verboten. Daraus ersieht man, bis zu welchem Grad die Priester den Artemiskult zu diesem Zeitpunkt bereits an sich gerissen hatten. Die berühmte Artemisstatue mit ihren zahllosen herabhängenden Brüsten dominierte das Heiligtum. Manche Forscher behaupten, es handle sich nicht um Brüste, sondern um Stierhoden, Eier oder Früchte wie etwa Datteln oder sogar um die Hoden von Männern, die sich selbst zu Ehren der Göttin kastriert hatten. Meiner Meinung nach ist die Mehrdeutigkeit der »Brüste« gewollt – wie es einer Muttergöttin, der Männer ihre Männlichkeit opfern, zusteht, sind sie all diese Dinge zugleich.

Obwohl im dritten Jahrhundert v. Chr. der Ruhm des Heiligtums bereits verblasste, gab es Robert von Ranke-Graves zufolge noch eine Überlieferung, in der von bewaffneten Priesterinnen in Ephesos und anderen Städten Kleinasiens die Rede war. Er bezieht sich dabei auf die Hymne »Auf Artemis« von Kallimachos, in dem von einem Schildtanz und einem Rundtanz mit klirrenden Köchern die Rede ist, auf dessen Bedeutung ich im fünften Kapitel noch eingehen werde. Für mich war dies der wichtigste Hinweis bei der Suche nach einer Verbindung zwischen den Amazonen aus der griechischen Sagenwelt und den Priesterinnen der Großen Mutter Artemis in Ephesos.

Wäre es uns möglich, in die alte Zeit zurückzukehren, in der eine Priesterin (und kein Priester) die Macht innehatte, was würden wir finden? Unter Einbeziehung aller Hinweise aus Kreta und anderen relevanten Orten ergibt sich folgendes Bild:

... Er war ohnehin nicht wirklich er selbst an diesem Tag, der vor Hitze flimmerte und von fremden durchdringenden Gerüchen erfüllt war, und in der Menschenmasse, die eigens um des Festes willen angereist waren. Es war alles so fremd hier, so ganz anders als im zivilisierten Athen, selbst während der Austragung der panhellenischen Festspiele. Er fühlte sich in Hochstimmung, leichtfüßig, erregt, wie in Erwartung eines einzigartigen Ereignisses. Was für ein Glück, dass sie hier ausgerechnet jetzt, während der Spiele zu Ehren der Artemis, angelegt hatten, um sich mit Proviant zu versorgen und einen Teil ihrer leicht verderblichen Waren einzutauschen.

Und nun schlängelten sie sich durch die Menge im Innenhof des Tempels, vorbei an jungen Männern mit glattem Kinn und langem, geöltem und zu Knoten geschlungenem Haar, die nach den Düften der Mädchen rochen und sie aus mit Kohle umränderten Augen anblitzten, und vorbei an schwitzenden Matronen mit kreischenden Kleinkindern, die gekommen waren, um den Segen der Göttin zu erbitten.

Es fing alles recht ruhig an. Kleine Mädchen in kurzen gelben Chitonen führten einen Kreistanz auf, erhoben ihre piepsenden Stimmen zu Ehren der Göttin, kamen gelegentlich aus dem Rhythmus und blickten dann zur Terrasse oberhalb der Tempelstufen, um herauszufinden, ob die zuständige Priesterin es bemerkt hatte. Danach kam der Kranichtanz der Jungen, von dem jemand sagte, es handle sich um einen alten Brauch aus Kreta aus der Zeit, als die Göttin dort im Labyrinth lebte und jedes Jahr ein Junge hineingeschickt wurde, um für sie ein Monster zu töten.

Dann war das Klirren und Klingeln von Metall zu hören, und eine Horde bewaffneter Frauen stürmte wie aufgescheuchte Vögel wild kreischend in den Hof. Sie waren genauso wie Männer gekleidet. Auf dem Kopf hatten sie federbuschverzierte Helme, am Leib trugen sie kurze Chitone und in den Händen Schilde, Schwerter und Äxte. Sie bildeten einen Kreis und führten ihren Kriegstanz auf. Ihre Bewegungen und ihr Stampfen waren genau abgestimmt, sodass sich ihre Köpfe genau gleichzeitig bewegten und die Federbüsche auf ihren Helmen rhythmisch auf und ab wippten. Er war fasziniert und konnte es kaum fassen, dass die Krieger vor ihm tatsächlich Frauen waren, doch wenn sie ihre Stimmen erhoben, war jeder Zweifel unmöglich. Mit ihren Füßen hämmerten sie den Rhythmus in den Boden, wirbelten Staub auf und schlugen wie Korybanten an ihre Schilde. Er spürte, wie die Erregung mehr und mehr von ihm Besitz ergriff. Ein paar der Mädchen sahen wirklich hübsch aus, hatten ausdrucksstarke dunkle Augen, zarte Fesseln und kecke Brüste, die hinter ihren Schilden zum Vorschein kamen, wenn sie in die Luft sprangen. Ihre Wildheit kam ihm äußerst merkwürdig vor, erregte ihn aber zugleich.

»Sind das Kriegerinnen oder Priesterinnen?« fragte er seinen Freund. »Beides, nehme ich an«, lautete die Antwort. Plötzlich brach ein Heulen und Klagen an, das ihn an die verlorenen Seelen im Hades erinnerte, und in die Arena stürmte eine Gruppe langhaariger, bis auf ihre Schürze nackter Männer, die Trommeln und Zimbeln bei sich hatten. Die Kriegerinnen öffneten den Kreis, die Männer sprangen in ihre Mitte und spielten einen wilden, zwingenden Rhythmus. Die Massen fingen an, sich im Gleichtakt mit ihnen zu bewegen und zu stampfen. Er vermutete, dass sich schon bald etwas Erstaunliches ereignen würde. Er stellte sich auf die Zehenspitzen, um besser zu sehen, doch oben im Tempel war noch alles beim Alten. Die präsidierende Priesterin stand ebenso unbeweglich da wie zuvor, in der einen Hand den Bogen und in der anderen eine brennende Fackel.

Die Derwische trommelten, ihre Brüder schlugen die Zimbeln aneinander, heulten und klagten, die Frauen sprangen und stampften, und er hatte das Gefühl, ihm flöge die Schädeldecke fort. Nach und nach fiel ihm auf, dass ein oder zwei Männer aus der Masse sich vorgeschoben und den Trommlern im Zentrum angeschlossen hatten. Dort wandten und zuckten und jammerten sie nun mit ihnen, und ihre Körper ruckten nun gleichfalls im Rhythmus der Trommeln. Ihm kam der Gedanke, dass er sich ihnen gleichfalls anschließen sollte und dass er dann vielleicht Erleichterung von den in seiner Brust angestauten merkwürdigen Gefühlen und der Benommenheit in seinem Kopf verspüren würde.

Dann geschah es: Unruhe machte sich auf der Terrasse über ihnen breit, die gazeartigen Vorhänge wurden beiseite gezogen und gaben den Blick auf die Göttin frei. Ihr glockenförmiger Rock war mit Opfergaben behängt, ihre vollen Brüste glänzten, ihr hoher Kopfschmuck glitzerte im Sonnenlicht, als sie ihren Kopf sehr langsam von Seite zu Seite bewegte, um all die Menschen im Hof in den Blick zu nehmen.

Ein tiefes Seufzen entrang sich der Menge. Das Schlagen der Trommeln ging weiter, doch er hörte es nicht mehr. Er konnte sie nur ansehen, ihre wunderschönen, in der Geste der Segnung aufgehobenen Arme, und er wollte zu ihr gehen, ihr auf irgendeine Weise dienen ... er drängte sich vor, vorbei an den Kriegerinnen in die Mitte des Hofes. Er war umgeben von Männern und Knaben, die sich schwitzend und mit geschlossenen Augen im Rhythmus der Trommeln wiegten. Einer von ihnen hatte ein Messer, mit dem er auf seinen Rücken und seine Seiten einstach, sodass Blut floss. Es war in Ordnung. Es schien das zu sein, was die Göttin erwartete. Er stampfte mit den Füßen und drehte sich auf der Stelle im Kreis. Seine Begeisterung sprudelte aus seiner Brust in seine Glieder. Mit den Augen suchte er nach etwas, irgendetwas, egal was, womit er sich schneiden und den Druck in seinem Körper mildern konnte ...

Eine Hand landete auf seiner Schulter und zerrte ihn aus der Mitte zurück an den Rand. Sein Freund schlug ihm mit der flachen Hand auf die Wangen, irgendjemand schüttete ihm Wasser über den Kopf. »Solon, was würde deine Mutter sagen, wenn ich dich ohne deine Eier zurück nach Hause brächte? Hast du überhaupt eine Ahnung, *was* sie mit ihren Messern im Begriff waren, sich anzutun?« Er wehrte sich, doch er spürte, wie sein Körper in den Staub sank und dort von den starken Armen seiner Schiffskameraden festgehalten wurde. Als ihm das Wasser über das Gesicht lief, er die Augen öffnete und sich auf die ihn umgebenden Gesichter konzentrierte, von denen einige einen amüsierten, andere einen besorgten Ausdruck hatten, verließ ihn langsam die Ekstase. Dennoch fand er gar nicht so schlimm, was zu tun er im Begriff gewesen war. Wenn *sie* es wollte, dann sollte sie es bekommen, erkannten die anderen das denn nicht? »Ihr versteht das einfach nicht«, sagte er noch, bevor er in die Dunkelheit Ihrer allzeit offenen Arme fiel.

In diesem Kapitel hat uns unser Weg von der beschützenden Jungfrau Artemis und ihren kleinen tanzenden »Bären« zu den athletischen Stierspringerinnen Kretas und den Kriegstänze aufführenden Akolythen der älteren ephesischen Artemis geführt. In allem findet sich ein amazonisches Element: in Brauron die Jungfräulichkeit, in Kreta die die Geschlechtszugehörigkeit verschleiernde Kleidung und in Ephesos die Zurschaustellung kriegerischer Kraft durch Priesterkriegerinnen. In Ephesos stehen wir direkt an der Grenze zu jener »dunklen« Seite der Artemis und der Amazonen. Bisher gab es nichts *wirklich* Unangenehmes, was sich mit ihnen assoziieren ließ. Doch im nächsten Kapitel müssen wir die Grenze überschreiten und uns dem Schlimmsten stellen, was Geschichte bieten kann.

4

Das Medusengesicht der Göttin

Es ließ sich nicht mehr umgehen: Ich musste meine romantische Vorstellung von den beiden Frauen, die ihre Pferde im Morgengrauen grasen lassen, aufgeben. Je mehr ich über die unterschiedlichen Gesichter der Artemis im antiken Griechenland und seinen Randgebieten herausfand, desto häufiger stieß ich auf eine Artemis und ihre Priesterinnen, die auch die hingebungsvollsten Verehrer der Göttin erbleichen lassen vor den von Opferblut triefenden Gesichtern. Pausanias, der im ersten Jahrhundert n. Chr. schreibt, schildert ein jährliches Massenschlachten, das der Artemis von Patra gewidmet ist. Ein Altar wird errichtet und von einem Kreis frisch geschlagener Baumstämme umgeben. Eine Zufahrt wird eigens mit Erde aufgeschüttet. Die jungfräuliche Priesterin nähert sich in einem von einem Hirsch gezogenen Wagen. Und dann:

> Sie werfen nämlich lebend die essbaren Vögel und gleicherweise alle Opfertiere auf den Altar und dazu Wildschweine und Hirsche und Rehe, manche auch Junge von Wölfen und Bären und manche sogar die ausgewachsenen Tiere; auf den Altar legen sie auch die Frucht der Obstbäume. Dann legen sie Feuer an das Holz. Dabei habe ich wohl auch einen Bären oder ein anderes Tier gesehen, die teils bei dem ersten Aufflammen des Feuers nach draußen drängten und teils auch wirklich mit Gewalt ausbrachen; diese bringen diejenigen, die sie hineingeworfen haben, wieder auf den Scheiterhaufen zurück. Noch niemand soll von den Tieren verletzt worden sein.[1]

Jane Harrison meint dazu: »Auch in der nach unseren Begriffen noch gar nicht so zivilisierten Zeit des Pausanias empfand man den Gottesdienst, den die jungfräuliche Jägerin verlangte, als entsetzlich und blutrünstig.« Doch das eben geschilderte Tieropfer war bereits der Ersatz für Menschenopfer. In *Iphigenie bei den Taurern*, einer Tragödie von Euripides, bleibt Iphigenie der Opfertod, den ihr Vater Agamemnon ihr bestimmt hat, nur deshalb erspart, weil Artemis sie noch rechtzeitig durch ein Reh ersetzt. Agamemnon benötigt den richtigen Wind, der seine Schiffe nach Troja trägt, und glaubt, dass Iphigenies ritueller Tod die Götter veranlassen würde, ihm seinen Wunsch zu erfüllen. Doch Iphigenie steht in den Diensten der Artemis, und die Göttin rettet sie für das Versprechen, als jungfräuliche Priesterin bei den wilden Taurern jenseits des Schwarzen Meers zu dienen, in einem Landstrich, den wir heute als die Krim kennen. Dort, im Dienst der Artemis Tauropolos, muss Iphigenie den Vorsitz über die Zeremonien führen, in denen jeder Fremdling, den es in die Gegend verschlägt, und jeder Seemann, der an ihren Ufern strandet, der Göttin geopfert wird. In seinem Schauspiel schweigt sich Euripides über die Vorgehensweisen bei der Hinrichtung aus, doch Herodot steuert die Einzelheiten gerne bei:

> Bei der Opferhandlung wird nach Verrichtung der Weihegebräuche das Opfer durch einen Keulenschlag getötet. Dann wird, wie der eine Bericht sagt, der Leib vom Felsen ins Meer hinabgestoßen – das Heiligtum liegt auf einem steilen Felsen – und der Kopf auf einen Pfahl gesteckt. Der andere Bericht lautet den Kopf betreffend übereinstimmend, aber der Leib wird danach nicht vom Felsen gestoßen, sondern in der Erde bestattet.[2]

Orestes, der Bruder der Iphigenie, kommt nach Tauris, um die Statue der Göttin aus ihrem Tempel zu stehlen. Sobald sich Bruder und Schwester erkennen, vollenden sie das Vorhaben gemeinsam und kehren mit der Statue nach Griechenland zurück. Dieses Abbild der Göttin war vermutlich aus geschwärztem Holz oder aus einem Meteoriten gefertigt. Dies würde die Überlieferung bestätigen, dass die Figur »vom Himmel gefallen« war. Möglicherweise bestand sie aber auch aus Obsidian, jenem Vulkangestein, aus dem in der Jungsteinzeit Klingen und Schmuck hergestellt wurden.

In Halai, zehn Kilometer nördlich von Brauron, wurde ein Heiligtum der Taurischen Artemis ausgegraben. Dies ist wohl der Tempel, den zu bauen Athene Orestes in der Schlussszene von Euripides' Tragödie anweist. Und Athene verlangt weiter, dass dort eine besondere Zeremonie abgehalten werden soll:

> »Und stifte diesen Brauch: Begeht man als Ersatz
> Für deinen Opfertod das Fest, so ritz' der Stahl
> Der Priesterin blutig nur den Nacken eines Manns,
> Damit der Göttin heil'ges Recht gewahret bleib'.«

Das Theaterstück bezeichnet den Zeitpunkt, zu dem Menschenopfer durch weniger drastische symbolische Handlungen ersetzt wurden. Robert von Ranke-Graves spekuliert, dass das Bild in Brauron oder Halai möglicherweise ein altes Opfermesser aus Obsidian – ein Vulkangestein, das von der Insel Melos stammte – war, mit dem den Opfern die Kehlen durchgeschnitten wurden.

Einer anderen Überlieferung zufolge gelangte die Statue nach Sparta und in den Tempel der Artemis Orthia (der »Aufrechten«), wo sie entsetzliches Unglück über die Gläubigen brachte, bis ein Orakelspruch verkündete, dass Artemis durch Menschenblut versöhnt werden könne. Nun brachte man der Artemis jährlich Menschenopfer dar, bis König Lykurgos die Sitte verbot und stattdessen einen Wettkampf einführte, bei dem man Jungen vor dem Abbild der Göttin auspeitschte, um herauszufinden, wer von ihnen den meisten Schlägen standhalten würde. Ursprünglich handelte es sich hierbei vermutlich um ein Initiationsritual für Knaben zum Krieger. Andere Forscher vermuten jedoch, dass es sich um ein Fruchtbarkeitsritual handelte. Was auch immer zutreffen mag, später verkam der Ritus jedenfalls zu einem ekelhaften Publikumssport, bei dem die Jungen manchmal totgepeitscht wurden.

Die Artemis Tauropolos und die Artemis Orthia bringen den

grausamen Aspekt der Göttin zum Ausdruck, in dessen Namen das Blut und das Opfer junger Männer gefordert wurde. Dass die Priesterinnen einer derart blutrünstigen Artemis in zivilisierten Zeiten als Amazonen »erinnert« wurden, ist vorstellbar, gleichgültig, ob sie nun mit dem Opfermesser oder der Geißel bewaffnet waren. Auf jeden Fall schenkten diese Kulte den schrecklichen Geschichten über blutrünstige Praktiken in einer primitiven Vergangenheit oder an den barbarischen Rändern der griechischen Welt Glaubwürdigkeit.

DIE ANDERE KRIEGSGÖTTIN

Überraschenderweise ist die kühle Athene ebenfalls eine Göttin, die mit den Amazonen in Verbindung gebracht wird. Doch während Artemis eindeutig eine Göttin für Frauen ist, so gehört Athene, obwohl Jungfrau, den Männern. »Papas Lieblingstochter« wäre eine zutreffende Bezeichnung für sie, und es heißt, Athene sei voll bewaffnet aus Zeus' Kopf gesprungen. Sie war die Schutzgöttin Athens, und ihr war einer der schönsten Tempel der Welt, der Parthenon, geweiht. Normalerweise wird sie würdevoller dargestellt als Artemis. Sie trägt ein langes, wallendes Gewand, das bis zum Boden fällt, einen Brustpanzer und einen Helm mit Federbusch. In der einen Hand hält sie ihren Schild, auf dem der Kopf der Medusa mit dem Schlangenhaar abgebildet ist, und auf der Schulter sitzt manchmal eine Eule. Sie war die Helferin des Odysseus, als dieser sich auf dem Rückweg von Troja verirrte, unterstützte Orestes in Aischylos' Theaterstück gegen seine Mutter und ergriff immer gerne Partei für Männer gegen Frauen – sogar gegen die Götter.

Doch der Schein trügt, Athene ist nicht das, was man auf den ersten Blick zu sehen meint. Es gibt viele Abweichungen vom Original, die in ganz verschiedene Richtungen weisen, manche von ihnen direkt auf die ekstatischen und schamanistischen Praktiken, die das Abbild auf ihrem Schild nahelegt. Der am häufigsten erzählte Urmythos besagt, dass sie die Tochter des Zeus und der Titanin Metis ist. Metis hatte versucht, sich Zeus' Annäherungsver-

111

suchen zu entziehen, indem sie ihre Gestalt änderte, doch am Ende bekommt Zeus sie doch zu fassen und schwängert sie. Ein Orakel hatte geweissagt, dass das Kind ein Mädchen sein würde, dass jedoch Metis im Fall einer zweiten Schwangerschaft einen Jungen gebären würde, der Zeus entmachten würde, so wie er zuvor Kronos entmachtet hatte. Um diesem Schicksal zu entgehen, verschluckt Zeus Metis. Als er später am Ufer des Tritonsees spazierengeht, entwickelt er schreckliche Kopfschmerzen und heult vor Pein, bis Hermes ihm mit dem Schmied Hephaistos zu Hilfe kommt. Der Schmied öffnet Zeus' Schädel, und heraus springt die vollständig bewaffnete Athene.

Athene wurde also von einem Mann geboren. Sie ist eine stark maskuline Frau, doch anders als Artemis ergreift sie Partei für die Männer, nicht selten gegen die Frauen. Interessant ist die Frage, wie die männerliebende Athene zu dem Bild der von Männern gefürchteten Medusa auf ihrem Schild kommt. Wie konnte sie die sexuelle *Shakti*-Energie stehlen, um sie hinfort gegen das Weibliche einzusetzen? Platon meint, Athenes Ursprung liege in Libyen, und sie sei eine Abwandlung der ägyptischen Göttin Neith. Herodot sagt uns, dass die jungfräulichen Priesterinnen der Neith jedes Jahr einen bewaffneten Kampf um die Position der Hohepriesterin austrugen,[3] was ihnen ein ausgesprochen kriegerisches Flair verleiht.

Neith oder Nete war eine ägyptische Kriegsgöttin, deren Name »Die Grauenerregende«[4] bedeutet oder, wie Barbara Walker meint, »Ich bin von selbst gekommen«. Sie war eine Göttin, die sich selbst erschaffen hatte, eine mit Bogen, Pfeilen und Spinnrocken ausgerüstete Jungfrau. Ihr Symbol war der Schild und zwei gekreuzte Bogen. Die Amazonenhaftigkeit dieser Göttin ist unübersehbar.

Unter dem Namen Anath wurde sie im alten Ägypten und in der Levante verehrt, wo sie einen besonders blutrünstigen Ruf besaß. Sie war eine Kriegsgöttin, die durch das Blut von Männern und nicht durch ihren Samen befruchtet wurde. Zum Anlass von Männeropfern, sei es in der Schlacht oder in einem rituellen Blutbad, wurde ihr Abbild mit roter Schminke oder mit Henna gefärbt. In

Ras Shamra im nördlichen Syrien entdeckte Keilschriftplatten bezeugen:

> Gnadenlos schlägt sie zu und weidet sich daran; Anath macht sie nieder und starrt; ihre Leber frohlockt vor Frohsinn ... denn sie taucht mit den Knien in das Blut der Soldaten, mit ihren Lenden in das Blut der Krieger, bis sie genug hat vom Schlachten im Haus und davon, sich ihren Weg zwischen den Tischen zu bahnen.[5]

Diese Göttin Neith scheint mehr Ähnlichkeit mit der furchterregenden Medusa als mit der kühlen Athene zu haben, und Robert von Ranke-Graves wartet mit einer schlauen Theorie darüber auf, wie die beiden miteinander in Verbindung stehen. Er meint, Athenes Brustpanzer, ihr *aigis*, sei ursprünglich der Keuschheitschiton oder eine entsprechende Schürze der libyschen Mädchen gewesen. Vermutlich handelte es sich bei diesen Mädchen um Priesterinnen der Neith. Die Schürze bedeckte den Unterleib der Mädchen und könnte daher als Symbol der weiblichen Genitalien aufgefasst werden, insbesondere dann, wenn sie mit der Abbildung eines Hauptes mit Schlangenhaar und aufgerissenem Mund geschmückt war, die nichts anderes als die *Shakti*, die weibliche Sexualkraft, symbolisiert. Athene *abstrahiert* diese Energie, indem sie sie von ihrem Körper auf einen Schild überträgt, und macht es auf diese Weise für Männer gefahrlos, sie anzusehen. Sie zähmt diese primitive, angsteinflößende »weibliche« Kraft und verwandelt sie in ein statisches, erstarrtes Bild, das beherrschbar und reflektierbar ist.

Ein weiterer Anhaltspunkt macht den Zusammenhang zwischen der Göttin Athene und den Amazonen wahrscheinlich: Die libyschen Amazonen sollen lange vor ihren nördlicheren Schwestern gelebt haben, und zwar auf einer Insel in den Sümpfen des Tritonsees, der bereits als der Geburtsort der Göttin Athene genannt wurde. Diodor beschreibt die Gesellschaft der libyschen Amazonen als eine, in der die Rollen komplett vertauscht waren: Frauen wurden als Kriegerinnen ausgebildet, während Männer sich um die Kinder und die Hausarbeit kümmerten.[6] Daher könnte Athenes

Ursprung in Libyen eine Verbindung herstellen sowohl zu den Amazonen als auch zur Medusa beziehungsweise den Gorgonen. Es ist *denkbar*, dass die libyschen Amazonen Priesterinnen oder Anhängerinnen von Neith/Anath/Athene in ihrer primitiven, blutrünstigen Ausprägung waren, bevor die Göttin für den klassischen griechischen Geschmack von ihrem Blutrausch befreit wurde.

Auf jeden Fall liegt die Vermutung nahe, dass die Männer liebende Stadtgöttin Athene ihre Macht von der schlangenhaarigen Medusa mit der rohen, verschlingenden weiblichen Sexualität hat, der kein Mann direkt ins Auge sehen darf. Vom psychoanalytischen Standpunkt aus betrachtet trifft es zu, dass nur wenige Männer sich der unzivilisierten Seite des Weiblichen zu stellen vermögen: Die Yoni oder Vulva darf nicht direkt angesehen werden, weil sie das Tor zum Zentrum des Universums, zum Herz der Wirklichkeit symbolisiert, den Ort, von dem wir kommen und zu dem wir schließlich zurückkehren werden. Diese Schrecken erregende Route muss verschleiert werden, bevor der Blick auf sie gerichtet werden darf.

Athene und Medusa ergänzen einander: Medusa stellt die Verbindung zu der die Männer ängstigenden Macht der Amazonen her, während Athene eine zivilisierte und gezähmte Version dieser Macht verkörpert, die sich in den Dienst der Menschheit stellt. Wir können davon ausgehen, dass Jungen in den Initiationsriten der Bronzezeit auf irgendeine Art und Weise mit der Medusa konfrontiert wurden, und, wenn sie sie überlebten, als erwachsene Männer eine Mischung aus respektvoller Furcht und Selbstvertrauen Frauen und dem weiblichen Prinzip gegenüber entwickelten. Im klassischen Griechenland versuchten Männer diese Furcht zu bezähmen durch das ins Erhabene gesteigerte starre Abbild der Medusa auf dem Schild der männerfreundlichen Athene. Zugleich setzten sie Frauen damit herab und schmälerten ihre Rolle als Priesterinnen. Diese Entwicklung könnte dazu beigetragen haben, dass die dunkle Seite der *Shakti* auf die Amazonen und ihre Herrin Artemis übertragen wurde.

ARTEMIS UND KYBELE, DIE DUNKLE SEITE

Wenn ich von der »dunklen Seite« der Artemis spreche, dann meine ich damit nicht zwangsläufig ihre schlechte oder böse, sondern vielmehr jene, die Bezug nimmt auf die ekstatischen Kulte, die für Menschen des 21. Jahrhunderts so rätselhaft und fremd sind. Die Amazonen wurden natürlich mit beiden, der hellen wie der dunklen Seite der Göttin assoziiert, wobei die dunkle Seite für gewöhnlich, aber nicht immer für den Namen Kybele steht.

Kybele herrschte als Muttergöttin in Phrygien, einem Landstrich, der sich im westlichen Anatolien bis an die Ägäisküste erstreckt und um 800 v. Chr. als Phrygisches Reich unter dem legendären König Midas einen kulturellen Höhepunkt erlebte. Doch der Kult der großen Mutter Kybele war im westlichen Kleinasien schon lange vor dieser Zeit präsent. Die Hohepriester der Kybele kastrierten sich selbst im Verlauf von orgiastischen Riten und wurden als Stellvertreter des Attis betrachtet, ähnlich wie christliche Priester als Repräsentanten Christi gelten. Es gibt zahlreiche Variationen des Mythos, doch immer geht es darum, dass Kybele sich in den schönen Attis verliebt und dass er im Verlauf der Geschichte entweder kastriert und/oder getötet wird. In der faszinierenden Version von Diodor ist Kybele die Tochter eines Königs, die nach ihrer Geburt ausgesetzt wurde – ein Schicksal, das viele ungewollte Töchter mit ihr teilten. Sie wird von Panthern und anderen wilden Tieren gesäugt und dann von der Frau eines Schäfers aufgenommen. Sie verliebt sich in den wunderschönen Attis, doch als sie schwanger wird, findet der König heraus, dass sie seine Tochter ist. Er lässt sowohl die Ziehmutter, die Kybele das Leben rettete, wie auch ihren Geliebten Attis töten. Wahnsinnig vor Schmerz flieht Kybele in die Wildnis und trauert. Es kommt in Phrygien zu einer Dürre, und die Menschen beten um Abhilfe. Hilfe wird jedoch nur gewährt, wenn Kybele als Göttin Anerkennung findet und Attis ein ordentliches Begräbnis erhält.

In dieser Version des Mythos hallen andere Mythen nach – das von wilden Tieren gesäugte Kind erinnert an Artemis und die umherirrende Schwangere an Demeter, die nach ihrer verlorenen

Tochter Persephone sucht. Der Vater, der seine Tochter ablehnt, hat Ähnlichkeit mit einem patriarchalischen Eindringling, der die matrilineare Erbfolge bekämpft.

Wie der Kult der Kybele in Anatolien im Einzelnen beschaffen war, lässt sich schwer sagen, denn es wurde nur wenig darüber geschrieben. Doch im zweiten Jahrhundert v. Chr. erwähnt Nikander von Kolophon »die Höhlen der Rhea Lobrine ... den Ort des Attis-Mysteriums«. Rhea stammte aus Kreta und war ein anderer Name für Kybele. Alte Anmerkungen dieses Verses erläutern, dass es sich bei den Höhlen der Rhea Lobrine um heilige unterirdische Orte handelt, an denen die Anbeter der Rhea und des Attis, die sich zuvor entmannt hatten, ihre abgeschnittenen Genitalien ablegten.[7]

Dies ist ein Kult von äußerster Fremdheit für uns. Welche Kraft konnte einen Mann dazu veranlassen, sich selbst zu kastrieren? Vielleicht bieten die heutigen Fetischisten und Sadomasochisten, die durch Schmerz extreme sinnliche Lust suchen, Anhaltspunkte. Es ist vorstellbar, dass die durch lang anhaltendes Tanzen in einem gleichförmigen Rhythmus ausgelöste Trance das veränderte Bewusstsein schaffte, in dem die Kybele-Jünger Schmerz entweder nicht mehr spürten oder sich in einen Zustand von Ekstase steigerten, in dem jegliche Sinneswahrnehmung, wie schmerzhaft sie auch sein mochte, Lustgefühle hervorrief. Die durch Selbstverstümmelung ausgelösten Gefühle müssen sehr stark gewesen sein, vielleicht eine gesteigerte Version der Lustgefühle, die Frauen haben können – mit anderen Worten, der sich selbst verstümmelnde Mann erfährt die *Shakti*. Sich zu kastrieren hieß, *wie die Göttin zu werden*, mit ihr zu empfinden, statt sie nur zu begehren. Die Priester der Kybele, die man später *Galli* nannte, hatten lange Haare und trugen Frauenkleidung. Sie erinnern an die Anarieis, die skythischen Schamanen, die gleichfalls Frauenkleider trugen und dem Männlichen abschworen, um »weibliche« spirituelle Macht zu erlangen.

Falls die Amazonen ursprünglich Priesterinnen der Kybele waren, vielleicht in einer früheren Version des Kults, dann hätten sie sehr wohl in den Ruf kommen können, Kult-Jünger zu verstümmeln oder zu töten, auch wenn diese sich tatsächlich selbst entmannten. Weil Uneingeweihte nie persönlich an solchen Zeremonien teilgenommen haben, sind im Laufe der Geschichte alle nur denkbaren Versionen über die Mysterien des Kults entstanden. Als die Invasion der Indoeuropäer begann oder als Priester den Priesterinnen die Macht entrissen, griffen die Frauen dieser Kulte möglicherweise zu den Waffen, um ihre Lebensweise oder die Mysterien ihrer Heiligtümer zu verteidigen. Vielleicht hatten einige von ihnen Erfolg und waren deshalb im allgemeinen Strom der Geschichte isoliert.

In der Kunst wird Kybele normalerweise mit ihrem Mond, ihren Zimbeln, ihrem hohen Hut und ihren Musikanten dargestellt. Oft hat sie ihre Löwen bei sich, und gelegentlich wird sie von tanzenden Jüngern, den Korybanten, begleitet. Ihre Anhänger tanzten sich in Ekstase (auf den Tanz selbst gehe ich im sechsten Kapitel näher ein), und es kann sein, dass auch die sexuelle Vereinigung eine Rolle spielte, wobei es unter dem Einfluss der Ekstase möglicherweise zu promiskuitiven Paarungen kam. Das passt zu den angeblich einmal jährlich stattfindenden promiskuitiven Paarungen der Amazonen. An dieser Stelle muss definiert werden, was mit Promiskuität gemeint ist, da wir dieses Sexualverhalten heutzutage als unwürdig ablehnen. Vermutlich hat man einen Sexualakt, der »unter dem Einfluss der Göttin« vollzogen wurde, als heiligen und respektvollen Akt empfunden. Ohne Besitzergreifung, ohne Streben nach persönlichem Vorteil, aber vielleicht nach Empfängnis eines »göttlichen Kindes«. Da den Eltern eines solchen Kindes persönliche Beziehungen fehlten, wurden beide möglicherweise als göttlich betrachtet.

Die Einbeziehung der Etymologie des Namens Kybele führt uns in eine interessante Richtung. Barbara Walker stellt fest, dass die Variationen »Kubaba, Kuba, Kube mit dem Stein der Kaaba in Mekka in Verbindung gebracht wurden, einem ›Kubus‹, Würfel meteoritischen Ursprungs, der das Symbol der Göttin trug und einst als das Alte Weib bezeichnet worden war.«[8] Esther Harding entwickelt dieses Thema weiter:

Dieser schwarze Stein trug ein Zeichen, das als Abdruck der Aphrodite bezeichnet wurde ... eine ovale Vertiefung, die die ›Yoni‹ beziehungsweise die weiblichen Genitalien symbolisierte. Es ist das Zeichen der Artemis, der Göttin der ungezügelten körperlichen Liebe, und zeigt eindeutig, dass der schwarze Stein in Mekka ursprünglich der Großen Mutter gehörte.

Der Stein wird von einem schwarzen Tuch bedeckt, das als »Hemd der Kaaba« bezeichnet wird, und ihm wird von Männern gedient, die die ursprünglichen Priesterinnen ersetzt haben. Diese männlichen Diener werden »Beni Shaybah« genannt, was »Söhne der Alten Frau« heißt. Die Alte Frau ist ein sehr allgemeiner Titel für den Mond, sodass die Männer, die heute dem Schwarzen Stein dienen, die direkten Nachkommen der alten Frau sind, die in alten Zeiten diese Pflichten erfüllte.[9]

Die Amazonen stehen in direkter Verbindung zum schwarzen Stein. Unmittelbar vor der Küste des heutigen Giresun am türkischen Schwarzen Meer liegt eine Insel, die mit den Amazonen wie auch mit Jason und den Argonauten in Verbindung gebracht wird. Auf dieser Insel befinden sich die Ruinen eines alten Tempels – vermutlich stammt er aus byzantinischer Zeit, ist aber auf dem Fundament eines älteren Gebäudes errichtet. Über diese Insel schrieb Apollonios von Rhodos in seiner *Argonautika*. Jason und die Argonauten hatten auf ihrem Weg nach Kolchis hier Halt gemacht, um in diesem Heiligtum der Amazonen, dessen Altarbild ein aufrechter schwarzer Stein war, zu beten und zu opfern.

Ich wollte auf die Insel, doch es war ein stürmischer Tag, an dem kleine Jungen am Strand »Vor den riesigen Wellen weglaufen« spielten, und alle Schiffe lagen fest vertäut im Hafen. Ich trank Limonade und blickte traurig zu der Insel hinüber, auf der der schwarze Stein der Amazonen gesehen worden war. Ich wusste, dass er sich nicht mehr dort befand, doch ich hätte gerne meinen Fuß auf die Insel gesetzt, um festzustellen, ob es nicht vielleicht weitere, weniger fassbare Anzeichen für die Pferde opfernden Frauen oder die ominösen »räuberischen Vögel«, die laut Apollonios die Insel in »großer Zahl« heimgesucht hatten, gab.

Stattdessen erkletterte ich den steilen Hügel der alten Festung und blickte hinunter auf die von den Wellen umspülte Insel. Die Wolken waren noch immer dunkel und hingen schwer am Himmel, doch die Sonne hatte sich einen Weg gebahnt, sodass die ganze Szene durch ein übernatürlich helles Licht erleuchtet wurde. Die Farben der Dächer, der Bäume, des Meeres und des Himmels waren von merkwürdiger Intensität, als wäre ich soeben durch eine Falltür in eine andere Welt gelangt. Ich war tagelang in der Gegend umhergefahren und hatte nach Spuren der Amazonen gesucht, doch außer ein paar beeindruckenden Festungen von unbekannten Baumeistern und den bereits erwähnten rätselhaften Figuren, auf die ich im nächsten Kapitel zu sprechen komme, nichts Beweiskräftiges gefunden. Ich war frustriert, doch zwei Tage später sah ich den schwarzen Stein.

Es handelte sich um einen großen vulkanischen Obsidian, der etwa 30 Zentimeter hoch, an der Basis 25 Zentimeter breit war und nach oben spitz zulief. Er befand sich in einer Vitrine im Museum von Istanbul und glitzerte böse in dem künstlichen Licht. An allen Seiten waren Splitter abgeschlagen, ansonsten jedoch war der Stein unbearbeitet und wunderbar roh. Ich hielt mich endlos bei ihm auf, erforschte ihn von allen Seiten und fragte mich, ob er wohl der »Stein der Amazonen« war. Es gab keine informative Beschriftung, also nahm ich an, dass niemand genau wusste, was er zu bedeuten hatte. Er wirkte elementar, schwer und zugleich glamourös. Seine Facetten schimmerten und blitzten, als ich ihn umkreiste. Ich hätte ihn gerne berührt.

Das war das Material, aus dem in Çatal Hüyük in Anatolien im sechsten Jahrtausend v. Chr. einige der weltweit ersten Spiegel hergestellt worden waren, und man kann sich leicht vorstellen, dass es einmal Götzenbilder der Göttin aus Obsidian gegeben hatte, die im Halbdunkel des Heiligtums große Ehrfurcht bei den Betrachtern auslösten. Vielleicht war der Stein geschickt bearbeitet und stellte eine Figur oder ein Gesicht dar, oder er war unangetastet geblieben, um die natürlichste und chtonischste Göttlichkeit zu verkörpern.

Möglicherweise hatte man ihn aufgehängt, damit er sich drehte, Lichtreflexe erzeugte und lebendig wirkte. Gut möglich, dass man ihn für äußerst wertvoll hielt und dass er deshalb bewacht werden musste, vor allem, wenn Banden marodierender Mutterverächter in der Gegend waren. Schließlich war beispielsweise Orestes auf die Krim zum Artemistempel gekommen, um ein solches Bildnis zu stehlen. Es ist vorstellbar, dass jene, die das Bildnis bewachten, bewaffnete Priesterinnen waren, Amazonen, »Mondfrauen«, für die dieser »Stein vom Mond« heilig war.

Für mich stellte der schwarze Stein die Verbindung zu etwas sehr Altem und Nichtmenschlichem dar, etwas Abstraktem, Entsetzlichem und dennoch für unser Leben absolut Unverzichtbarem. Wir machen uns vor, dass es diese Wirklichkeitsebene nicht gibt, aber sie ist da; und die Mondfrauen der Bronzezeit wussten es und schätzten sie höher als alles andere. Ich habe einen Obsidiansplitter aus Çatal Hüyük vor mir auf meinem Schreibtisch, und ich muss ihn nur in die Hände nehmen und seine scharfen Kanten befühlen, um die Verbindung zu dieser kalten, alten, abstrakten Vergangenheit zu spüren.

DIONYSOS, DER FRAUENGOTT

Alt sind zweifellos auch Bünde von »rasenden« Frauen, Mänaden, Thyiaden, auch wenn direkte Dokumente erst aus späterer Zeit vorliegen. Sie brechen aus aus der Enge des Frauengemachs und ziehen »zum Berg« …
Durch die Kruste der verfeinerten Stadtkultur bricht ein Urquell vitaler Energie. Geduckt und verschreckt vom normalen Alltag kann der Mensch sich entfalten und befreien von allem Drückenden. Die Raserei wird zur Gottesoffenbarung, Sinnzentrum im Kontrast zu einer mehr und mehr rationalen, entgötterten Welt.[10]

Frauen fällt es leichter, sich chthonischen Energien zu überlassen, zu toben, »sich vom Gott nehmen zu lassen«, als Männern. Das kann man auf jeder Party beobachten, wo Frauen und Mädchen als erste aufstehen, um zu tanzen, während Männer sich befangen am Rande des Geschehens herumdrücken. Männer empfinden sich eher als Einzelwesen, während Frauen sich aneinander und an die Natur gebunden fühlen. Deshalb kann die Priesterin sich tatsächlich in die Göttin verwandeln, die Gegenwart der Göttin in sich spüren, während der Priester damit zufrieden sein muss, als Blitzableiter oder als Brücke für die göttliche Kraft zu fungieren. Es sei denn, der Priester überschreitet die Trennungslinie zwischen den Geschlechtern und wird zu einem »weiblichen Mann« wie die *Galli* oder die skythischen Anarieis.

Der Gott Dionysos ist eine Art »weiblicher Mann«. Er wurde als »gehörntes Kind gekrönt mit Schlangen« geboren. Zunächst bekamen die Titanen ihn in ihre Gewalt, zerrissen und kochten ihn in einem großen Kessel. Ein Granatapfelbaum spross aus dem Boden, auf den sein Blut floss. Von seiner Großmutter Rhea (der kretischen Großen Mutter) wird er wieder zum Leben erweckt und als Mädchen in den Frauenquartieren aufgezogen.

Dionysos wird zerstückelt und verliert seine Form, dann wird er auf andere Weise wieder zusammengesetzt (genau dies erlebt ein Schamane bei seiner Initiation), und danach wird er als Mädchen aufgezogen, ja er wird zum Mädchen und kann folglich den Gott in seinem eigenen Körper spüren. Dieser Umstand macht ihn zum Erlösergott.

Walter F. Otto[11] schlägt einen kretischen Ursprung für den Namen Dionysos und für zentrale Aspekte seines Kults vor. Walter Burkert macht geltend, dass die griechische Tradition Dionysos eng mit Phrygien und Lydien und außerdem mit Kybele, der phrygischen Göttermutter, in Verbindung bringt. Es existiert folglich eine enge Verbindung zwischen Dionysos und den mit Amazonen assoziierten Gebieten der ägäischen Inseln und der türkischen Ägäisküste. Dionysos ist auch auf mythologischer Ebene mit den Amazonen verbunden: Er kämpft mit der libyschen Amazonenkönigin, um König Ammon den Thron zurückzugeben, den die Titanen ihm genommen hatten.[12] Da sich ihm bei seiner Rückkehr die Amazonen entgegenstellten, treibt er sie bis nach Ephesos, wo sich einige von ihnen in das Heiligtum der Artemis retten, während andere nach Samos fliehen.[13] Nach dieser Überlieferung scheint er ihr Feind zu sein. Doch in Anbetracht ihres Pferdekults könnten sie als seine »stutenköpfigen Mänaden«, die nach alten Riten einen Opferknaben in Stücke rissen und roh verspeisten, betrachtet werden. Hinweise auf die Anhängerinnen des Pferdekults sind in den Mythen weit verbreitet.

Das Zerreißen von Menschen während dionysischer Riten hat es tatsächlich gegeben, und Euripides' Theaterstück *Die Bakchen* gedenkt dieser Opfer. Wenn Sie jemals eine über die Stränge schlagende Gruppe betrunkener Frauen gesehen haben, dann werden Sie solche rituellen Exzesse durchaus für möglich halten.

Anfang der achtziger Jahre hatte ich bei der Verabschiedung unseres Chefs die Gelegenheit, Frauen in ungezügelter Raserei zu erleben. Es waren zahlreiche lebhafte junge Frauen anwesend, und in dieser wilden Nacht, in der Alkohol nichts kostete, war die Atmosphäre von einer leichtsinnigen Stimmung erfüllt. Alles war möglich. Da war ein junger Mann. Er war blond, sah gut aus, war talentiert und frech. Er hatte einmal eine Sekretärin mit Paketklebeband an ihren Stuhl gefesselt, und heute wollte sie Rache an ihm nehmen. Sie hatte eine ganze Schwesternschaft um sich geschart, eine Schwesternschaft, die durch monatelange Zusammenarbeit, gemeinsames Ausgehen und Trinken eng zusammengewachsen war.

Wir verfolgten ihn, fingen ihn ein und nahmen ihm seine Kleider bis auf seine Unterhose ab – es gab durchaus einige unter uns, die ihm auch die am liebsten ausgezogen hätten. Dann bugsierten wir ihn auf einen Stuhl und klebten ihn mit Klebeband daran fest. Und dann ... nun, was sollten wir noch mit ihm tun? Wir standen um ihn herum, bogen uns vor Lachen und spürten schaudernd, dass es noch mehr gab, was wir mit ihm hätten anstellen können, Dinge, die wir nicht tun durften. Der gefährliche Augenblick verstrich, wir brachen kichernd zusammen und ließen ihn gehen. Er nahm uns die Sache nicht übel – genoss es vielleicht sogar, glaube ich.

Doch nun kochte unser Blut, wir suchten nach einem neuen Opfer und fanden es: einen noch hübscheren jungen Mann. Als ungefähr zehn betrunkene Frauen auf ihn zu schwankten, wurde er nicht nur blass, sondern sah aus, als ob er gleich in Ohnmacht fallen oder sich übergeben würde. Er hatte keine Möglichkeit zur Flucht. Er wich zurück, protestierte. Als eine der Älteren konnte ich erkennen, dass seine Proteste ernst gemeint waren, und fing an, mir Sorgen zu machen. Drei kräftige Mädchen packten ihn und zerrten ihm das Hemd vom Leib. Mir wurde übel. Was taten wir da? Was hatte von uns Besitz ergriffen? »He, Mädels«, sagte ich im besten Klassensprechertonfall, »lasst ihn in Ruhe.« Sie gehorchten, und nach und nach beruhigten wir uns wieder. Natürlich hätten wir keinem der jungen Männer körperlich irgendetwas zu Leide getan. Doch der Wunsch, sie zu verfolgen, zu überwältigen und unserem Willen zu unterwerfen, war sehr stark gewesen.

Dionysos hatte uns in seiner Gewalt gehabt. Oder, wie wir es damals ausgedrückt hätten, wir waren vom Alkohol getrieben. Dionysos ist der Gott des Weines, des Rausches und des Verlustes individuellen Bewusstseins. Die Geschichte seines Kults steht in Verbindung mit der Verbreitung des Weinbaus. Es waren nicht die Griechen, die den Weinbau erfanden; Wein wurde erstmals in Tonkrügen aus Kreta nach Griechenland importiert. Doch es heißt, die Trauben wuchsen wild an der Südküste des Schwarzen Meers und damit also mitten in einem der Amazonengebiete.

Dionysos ist ein Zwitterwesen, das nach eigenem Ermessen in beide Geschlechterrollen schlüpfen kann, ohne deshalb seine Zeugungskraft oder seine Gebärfähigkeit einzubüßen. Auch die Amazonen sind wie Dionysos Wesen im Grenzbereich: Sie sind Frauen mit der Macht von Frauen, doch sie bringen diese Macht auf männliche Weise zum Ausdruck. Pferde könnten hier einer der Schlüssel sein: Amazonen werden, wie bereits erwähnt, häufig mit Pferden in Verbindung gebracht – Lysippe, Melanippe, Hippolyte, sie alle tragen das Wort *hippos*, Pferd, in ihrem Namen.

Robert von Ranke-Graves sagt, dass »Demeter in Phigalia als die pferdeköpfige Schutzherrin des vorhellenischen Pferdekultes abgebildet wurde« – Pferde waren dem Mond heilig, weil die Abdrücke ihrer Hufe mondförmig sind. Er meint, der Mythos von Demeter und Poseidon, in dem sich die Göttin in eine Stute verwandelt und dem Gott entflieht, dokumentiere die hellenische Invasion Arkadiens. »Die frühen Hellenen ... scheinen offenbar die Zentren des Pferdekults in ihre Gewalt gebracht zu haben. Dort erzwangen ihre Kriegerkönige die Heirat mit den örtlichen Priesterinnen und erhielten damit das Anrecht auf das Land; nebenbei unterdrückten sie damit auch die wilden Stutenorgien.«[14] Hiernach könnten die Amazonen die ortsansässigen Priesterinnen eines Pferdekults gewesen sein oder ihre Nachfahren, während die berittenen indoeuropäischen Krieger die Eindringlinge sind, die das Alte abschafften.

Es gibt noch eine andere Sichtweise. Lysias sagt, die Amazonen seien die ersten gewesen, die Pferde bestiegen und geritten hätten. Apollonios spricht von den Pferdeherden, die sie zum Teil als Opfertiere hielten. Wenn sie zu der ersten oder einer frühen Welle eines Pferde züchtenden Volkes gehörten, das aus den Steppen über die Südküste des Schwarzen Meers kam, dann waren sie nomadische oder halbnomadische Frauen (wie jene, deren Gräber man in der Ukraine gefunden hat; siehe zweites Kapitel), die gut mit Pferden umzugehen verstanden und Riten vollzogen, in denen sie Pferde opferten. Unter den indoeuropäischen Völkern werden Pferdeopfer gelegentlich mit der heiligen Hochzeit assoziiert – entweder der König oder die Königin beteiligte sich an einem symbolischen oder ritualisierten Geschlechtsakt mit einem Pferd, wobei das Tier für die Macht des Landes steht. Die Königin hätte sich ursprünglich mit einem jungen Mann gepaart, der dann erschlagen wurde, um mit seinem Blut den Boden zu befruchten. Das Pferd war ein späterer, humanerer Ersatz.

Welcher Interpretation man auch den Vorzug gibt, offenbar sind die männertötenden Amazonen Ausdruck eines Konflikts unserer Evolution, als nämlich Männer den bisher allmächtigen Göttinnen und ihren Priesterinnen die Macht streitig machten. Zu diesem Zeitpunkt fand die Praxis des Menschenopfers langsam ein Ende. Sie lebte jedoch, verbunden mit einer Mischung aus Abscheu und Faszination, in der Erinnerung fort. Die Frauen, denen der Vollzug dieser Opfer oblag, verkörperten eine tödliche, abscheuliche, aber auch unglaublich betörende Macht. Diese Kombination aus rücksichtsloser Grausamkeit und Glanz ist eine besonders amazonenhafte Qualität.

In den Beschreibungen der Praktiken von Artemis und ihren zahlreichen Inkarnationen, den Frauenmysterien Griechenlands, den Kulten von Kybele und Dionysos, sind zahlreiche Attribute der Amazonen hervorgetreten: Stärke und Athletik verbunden mit erotischer Schönheit (Kreta); Aktivitäten, denen getrennt von Männern nachgegangen wird; bewaffnete Kriegstänze; das Töten von Männern im Zusammenhang mit Menschenopfern. Die meisten dieser Beschreibungen habe ich Berichten aus dem sechsten bis ersten Jahrhundert v. Chr. entnommen. Doch die Blütezeit der echten Amazonen lag weiter zurück: in der Bronzezeit, vor dem Trojanischen Krieg um 1200 v. Chr. Ich musste also einen Weg zurück in diese Zeit finden, und hierzu, beschloss ich, wollte ich mehr über Themiskyra, die legendäre Stadt der Amazonen, herausfinden.

5

Die hethitische Sphinx

Die Amazonen im Altertum waren Töchter des Ares, welche an dem Flusse Thermodon wohnten; sie allein unter den um sie her Wohnenden waren mit Eisen bewaffnet, sie stiegen unter allen zuerst auf Pferde, auf denen sie, wegen der Unerfahrenheit ihrer Gegner, unvermutet die Fliehenden einholten, die Verfolger hinter sich ließen; ...[1]

So schrieb Lysias gegen Ende des fünften Jahrhunderts v. Chr. Diodor schmückte seine Schilderungen vierhundert Jahre später reichhaltiger aus:

Am Flusse Thermodon wohnte ein Volk, welches durch Frauen beherrscht war. Die Weiber betheiligten sich dort an den Dingen des Krieges ganz ebenso wie die Männer. Eine aus diesen Frauen, welche königliche Gewalt besaß, soll durch Muth und Stärke alle Andern übertroffen und ein Heer von Weibern gesammelt haben, welches sie in den Waffen übte und siegreich gegen einige Nachbarvölker kämpfen ließ ... da das Glück ihr günstig war, so wurde sie mit hohem Stolz erfüllt und nannte sich selber eine Tochter des Ares ... Überhaupt sei diese Königin wie an Feldherrntüchtigkeit, so an Einsicht ausgezeichnet gewesen und habe auch eine große Stadt gegründet an den Mündungen des Thermodon-Flusses, mit Namen Themiskyra, und daselbst eine weit berühmte Königsburg gebaut ...
Die Jungfrauen nämlich habe sie von zartester Jugend an durch die Jagd abgehärtet und täglich in den Werken des Krieges geübt und auch große Opfer eingeführt für Ares und

die Artemis, welche Tauropolos heißt. Ihr Heer führte sie dann über den Tanais und besiegte der Reihe nach alle Völker bis nach Thrakien hin.[2]

Der Türkeiführer teilt dem Leser mit, dass der Fluss Thermodon heute Terme Çay heißt und dass sich dort, wo einst die Amazonenstadt Themiskyra stand, heute etwa 24 Kilometer östlich von Samsun der kleine Ort Terme befindet. Die türkische Schwarzmeerküste ist hier üppig, grün und wunderschön, das Wetter eher feucht und mit milden Temperaturen gesegnet, die an einen englischen Sommer erinnern. In der Landwirtschaft dominieren Tee und Haselnüsse. Doch in Terme haben bisher keine Ausgrabungen stattgefunden, und daher gibt es für den Amazonenforscher nichts zu sehen außer den glitzernden Wellen des launischen Schwarzen Meers.

Außer ... Ich saß im Büro von Mustafa Akkaya, dem Museumsdirektor von Samsun, trank ein Glas des üblicherweise süßen schwarzen Tees, litt unter der Hitze und war frustriert, als er plötzlich seine Hand in der Schreibtischschublade verschwinden ließ und eine Aktenmappe zum Vorschein brachte. Bis zu diesem Augenblick war er, ganz der türkischen Art entsprechend, freundlich und informativ gewesen, hatte mich in seinem Museum herumgeführt, auf dessen Ausstellungsstücke er mit Recht stolz war, und hatte diese unvermutet aufgetauchte englische Dame höflich behandelt. In der Aktenmappe befand sich die Arbeit eines Briten namens Keith Rowbottom, der eine Zeitlang in Samsun gearbeitet hatte. Er war ebenfalls vom Amazonenfieber befallen und außerdem Künstler, und er hatte mit Herrn Akkaya Pläne für ein Amazonenfestival oder eine Konferenz gemacht, Pläne, die leider nie realisiert worden waren.

Es war unheimlich, seine Vorschläge zu lesen: Er war bei seinen Nachforschungen fast genau dem gleichen Weg gefolgt wie ich, doch natürlich hatte er die Dinge aus männlicher Perspektive betrachtet. Seine vollendeten und recht erotischen Kunstwerke zeigten, dass er sich, wie Robert von Ranke-Graves, ein wenig in die Große Göttin verliebt hatte, wie dies bei Männern leicht vorkommt. Interessant wurden seine Aufzeichnungen jedoch, als er die Gründe nannte, warum Ausgrabungen in der Gegend vorgenommen werden sollten: Es wurde erzählt, schrieb er, dass die Leute Münzen mit Bienen[3] fanden, ein alter Fischer hatte eine Stadt unter Wasser gesehen, und ein Schüler behauptete, dass sich in seinem Garten ein Königinnengrab befand. Keith war von Samsun nach Izmir (das alte Smyrna und ebenfalls eine Stätte der Amazonen) gezogen, und Mustafa Akkaya hatte ihn aus den Augen verloren. Ich konnte mir also den Inhalt der Aktenmappe nicht bestätigen lassen. Als erfahrene Autorin von Büchern und Fernsehsendungen nahm ich jedoch an, dass er einen Teil seines Beweismaterials »aufgebauscht« hatte, um mögliche Geldgeber anzulocken. Und doch ...

Mustafa Akkaya, ein sensibler und kultivierter Mann, mit dem ich mich auf Französisch unterhalten musste, war ebenfalls ein wenig vom »Amazonenfieber« befallen, obwohl es in seinem Fall verständlich war, da er sich mehr Ausgrabungen in seinem Zuständigkeitsbereich wünschte. Er nahm mich auf einen Rundgang zu den archäologischen Stätten in der Gegend mit. Samsun ist das alte Amisos, eine griechische Kolonie, die im sechsten Jahrhundert v. Chr. von Siedlern aus Milet, das an der türkischen Ägäisküste unweit von Ephesos mit seiner Verbindung zu den Amazonen liegt, gegründet wurde. Wir kletterten unmittelbar vor der Stadt zusammen mit seiner sportlichen vierzehnjährigen Tochter, die ihr Englisch verbessern wollte, auf einen Hügel. Vergnügt, munter und unbezähmbar sah sie in ihrem T-Shirt, ihrer Jogginghose und ihren Turnschuhen aus, unendlich weit entfernt von den muslimischen Frauen in ihren gerade geschnittenen Kitteln und mit ihren Kopftüchern, die in Samsun noch immer überwiegen. Mustafa Akkayas Tochter war klug und sprachtalentiert, also nahm ich an, dass ihr Leben einmal mehr meinem als dem ihrer Mutter ähneln würde. Sie würde an der Universität studieren, reisen und einen Beruf haben. Vielleicht würde sie auch noch Platz für einen Ehemann und Kinder finden, vielleicht aber auch nicht, auf jeden Fall aber würde sie finanziell unabhängig von einem Mann und ihm ebenbürtig sein.

Unter den Fundstücken von Amisos ist ein reicher Grabschatz

aus dem ersten Jahrhundert v. Chr., also der hellenistischen Periode. Darunter befindet sich eine vorzügliche Krone aus goldenen Blättern und Seepferdchen, die von grimmig dreinblickenden, ihre Schwerter schwingenden Nymphen mit Helmen geritten werden. An den Armen dieser Nymphen befinden sich goldene Schlangenarmbänder, die an die Schlangen um die Arme von Artemis erinnern, die auf dem Schild der Athene zu sehen sind und die die kretischen Göttinnen mit einem so sorglosen Sinn für Macht und Kontrolle in ihren Händen halten. Suggestive Bilder, doch nichts, was eindeutig auf Amazonen hinweist – nicht einmal eine griechische Vase, auf der beleidigt dreinschauende Amazonen und Greifen einander anstarren, wie wir sie in Museen auf der anderen Seite des Schwarzen Meers zu Gesicht bekommen hatten. Doch die »echten« Amazonen, die etwa zu Zeiten des Trojanischen Krieges verschwanden, gab es natürlich längst nicht mehr, als der Schatzfund von Amisos zur Grabbeigabe wurde.

Mit Mustafa Akkaya besuchte ich die natürliche Festung von Tekkekoy, die 14 Kilometer östlich von Samsun liegt und erst von altsteinzeitlichen Jägern und Sammlern, später von Phrygiern genutzt worden war. Außerdem besahen wir uns die Zitadelle und die Felsengräber von Asarkale im Kizilirmaktal, die aus dem dritten Jahrhundert v. Chr. stammen. Schließlich fuhren wir noch zu einer geheimnisvoll über der Landschaft schwebenden Festung, die wahrscheinlich von den Hethitern aus riesigen Steinquadern zusammengesetzt worden war und sich ebenfalls in der Nähe von Samsun bei Dündartepe befand. Für jemanden, der wie ich aus dem dicht besiedelten England kommt, schien das Land leer und still. Und doch vermittelte es mir ein Gefühl der Immanenz, als ob die alten Völker sich in unmittelbarer Nähe hinter einer dicken Glasscheibe aufhielten – etwas, das mir auch schon an anderen Orten mit einer reichen Vorgeschichte wie etwa in Symi oder Kreta oder Teilen von Irland aufgefallen war.

Unmittelbar hinter der schmalen Küste erhebt sich das Pontische Gebirge. Mit dem Flugzeug kann man das Hindernis leicht überwinden, doch in früheren Zeiten stellte es eine natürliche Barriere dar, die den Küstenbereich zu einem geheimnisvollen und unzugänglichen Land machte. Amazonenbegeisterte hatten in verschiedenen Internet-Sites die Behauptung aufgestellt, dass die oben genannten Orte Amazonenfestungen seien, doch hierfür gibt es keinerlei Beweise. Allerdings existiert an der türkischen Schwarzmeerküste ein Ort, an dem Ausgrabungen stattfinden und der *vielleicht* Hinweise für Amazonenfreunde liefert: Der Hügel Ikiztepe in der Nähe des heutigen Bafra an der Küste.

DIE OFFENBARUNGSIDOLE

Die kleinen »Idole« kamen mir mit ihren flachen, unschuldigen Gesichtern, ihren runden Augen und Mündern, ihren angesichts einer Offenbarung erhobenen Armen sofort vertraut vor. Es bestand kein Zweifel daran, dass sie weiblich waren, denn sie hatten kleine, keck vorstehende Brüste und eine kleine Vertiefung im Schritt, die so aussah, als sei sie mit dem Daumen eingedrückt worden. Sie erinnerten mich an Figurinen der Cucuteni-Göttinnen, die ich im Museum in Chisinau, der Hauptstadt der Republik Moldawien, gesehen hatte, und ich fragte mich, ob es wohl irgendeine Verbindung mit diesem Land auf der anderen Seite des Schwarzen Meers gab.

Erst in der vorangegangenen Woche hatten wir in Moldawien das Archäologische Museum besucht, das zum ersten Mal seit Jahren geöffnet hatte. Chisinau, mit seinen belaubten Boulevards und seinen Wohnblocks im französischen Stil hatte einen verwegenen Charme. Der Eintritt für das Museum kostete fünfzehn Pfennig, und wir waren, als wir durch die schattigen Räume wanderten, ganz allein. Die Begegnung mit den Tripolje-Cucuteni-Kulturen war überwältigend. Es war, als hätten wir die Bekanntschaft mit einem Menschen gemacht, der uns mit seinem Charme und seiner Lebhaftigkeit umwirft und sofort zu einem Freund fürs Leben wird. Große Gefäße standen unbewacht da, einen Meter hoch und verziert mit Kreuzen, Schlangen, Wirbeln und Spiralen. Ich konnte der Versuchung nicht widerstehen und musste sie berühren, während wir die Lebendigkeit und Sinnlichkeit ihrer Bildersprache bestaunten. Es waren kleine Altäre mit Beinen ausgestellt, die in ihrer

Form Häusern glichen, tätowierte und mit einem Kreuzmuster versehene weibliche Figurinen, eine Frau mit einem riesigen Gesäß, eine vogelgesichtige Göttin und ein Mann mit einem flachen, flehenden Gesicht, das er wie zur Sonne aufgehoben hatte. Hier war eine Kultur, die Zeit hatte und sich in ausreichender Sicherheit wähnte, um schöne Dinge herzustellen. Ihre Blütezeit war im vierten und dritten Jahrtausend v. Chr. im heutigen Moldawien, in Rumänien und in der Ukraine.

Als ich nach Hause kam, eilte ich in die Londoner Bibliothek, um in den Ausgrabungsberichten von Ikiztepe nachzulesen, und freute mich darüber, dass die Funde meine Vermutung bestätigten. Den Archäologen war eine Gruppe von Figuren gemeinsamen Stils aufgefallen: »Alle haben flache Körper, die Gesichter sind flach und rund oder schräg oval. Mund und Augen sind durch runde Löcher angedeutet. Die Nase ist scharf abgesetzt und ragt aus dem Gesicht heraus. Die Ohren sind halbmondförmig und haben drei oder mehr Löcher für Ohrringe oder ähnliches ... Die Figuren sind in Anatolien anscheinend fremd, auf dem Balkan jedoch kommen sie häufiger vor.«[4] Mit »Balkan« waren insbesondere Rumänien und Moldawien gemeint. Die Hinweise des Museums bestätigen, dass die Einwohner von Ikiztepe nicht aus dem Nahen Osten oder aus dem Mittelmeerraum stammten, sondern gleichen Ursprungs waren wie die Südrussen, Kaukasier, Bulgaren und Rumänen der frühen Bronzezeit.

Aus diesen Zusammenhängen ließ sich schlussfolgern, dass die Siedlung in Ikiztepe in der frühen Bronzezeit und vielleicht auch schon davor Verbindungen nicht nur nach Zentralanatolien hatte, sondern auch zu den Ländern im Westen und jenseits des Schwarzen Meers, und dass die Menschen dort eindeutig die Große Göttin verehrten.

Sehen Sie sich die kleinen Idole mit ihren erhobenen Armen an! Ist dies nicht die typische Geste angesichts einer Offenbarung, die man auch bei zahllosen kretischen Figurinen sieht? In dieser Geste zeigt sich, dass die Priesterin sich in die Göttin verwandelte und ihre Macht auf sie übertragen wurde. Frauen, die eine solche Offenbarung erlebt haben, wissen, wie es sich anfühlt, wenn diese

Macht von ihnen Besitz ergreift. Sicherlich gab es in dieser Kultur Frauenkasten, die sich mit dieser Macht auskannten. Doch natürlich kann man nicht davon ausgehen, dass religiöse Macht automatisch Status oder Macht in der materiellen Welt bedeutet.

So waren also einige der Bewohner des Ortes als Siedler über das Meer nach Ikiztepe gekommen und gehörten einer anderen Rasse an als die Menschen jenseits des Pontischen Gebirges. Das allein war schon interessant. Doch noch interessanter war es für mich herauszufinden, dass jenes Ikiztepe der Bronzezeit an der Mündung des Flusses Kizilirmak an der Schwarzmeerküste vermutlich mit einem Ort namens Zalpa identisch ist, der in frühen hethitischen Keilschrifttafeln eine wichtige Rolle spielte. Obwohl normalerweise Themiskyra im heutigen Terme lokalisiert wird, gibt es doch nichts, das diese Lokalisierung ausreichend belegt. Die Gelehrten stimmen außerdem darin überein, dass sich die Amazonenstadt, wenn es sie wirklich gegeben hat, an einer beliebigen Stelle zwischen den heutigen Städten Sinop und Trabzon befinden könnte und dann immer noch der Beschreibung durch die klassischen Autoren entspräche. Ich fragte mich schon sehr früh, ob nicht Zalpa beziehungsweise Ikiztepe das alte Themiskyra waren, und begab mich damit zugegebenermaßen in die Schusslinie. Doch bevor wir in die esoterischen Kontroversen der Hethiterforschung eintauchen, müssen wir die Hethiter selbst besser kennen lernen.

DIE HETHITER UND DIE HATTIER

Bei meinem ersten Besuch im Archäologischen Museum von Istanbul begegnete mir eine hethitische Sphinx. Groß wie ein Mensch und unförmig kauerte sie sich in eine düstere Ecke. Sie strahlte ebenso viel Lebendigkeit und Präsenz aus wie ein Katze. Erst dachte ich, sie sei schlecht. Doch dann erkannte ich, dass es nur der fremde Geruch war, der ihr entströmte, der Geruch einer Zivilisation, über die ich nichts wusste. Sie hielt mich lange Zeit in ihrem Bann; ihre leeren Augen blickten in die meinen. Doch was wollte sie mir mitteilen? Was sind mir die Hethiter? In der frühen Phase meiner Nachforschungen über die Amazonen kam mir nicht einmal im Traum in den Sinn, dass die Hethiter eine Schlüsselrolle bei der Identifizierung der Kriegerinnen spielen könnten.

Und damit also nun auf zu einem neuen Rätsel – vielleicht war es ja das, was die Sphinx mir mitteilen wollte ...

Die Hethiter treten in Anatolien gegen Ende des dritten Jahrtausends v. Chr. auf den Plan und besiedeln »das Land der Hatti«, des vor ihnen in Kleinasien beheimateten Volkes. Ob sie nun in einer einzigen großen Welle oder in zahlreichen kleineren von Westen nach Osten über den Bosporus kamen, jedenfalls waren sie Indoeuropäer, und ihre Sprache ist gleichfalls indoeuropäischen Ursprungs. Wenn man die Hethiter studiert, stößt man auf Listen von Königen mit vielsilbigen Namen wie Hattušili und Muršili, Geschichten von Schlachten und Intrigen, auf endloses kleinliches gelehrtes Zanken über Details, doch als Volk erwachen sie nicht so leicht zum Leben wie die Griechen oder Kreter – die Hethiter sind ebenso rätselhaft wie die Sphinx im Museum von Istanbul. Ihre Macht wuchs von 1900 v. Chr. an, und sie beherrschten schließlich fast ganz Kleinasien, bevor ihr Großreich um 1200 v. Chr. im »Seevölkersturm« zusammenbrach. Im Süden jedoch überlebten neuhethitische Kleinkönigreiche noch mehrere Jahrhunderte lang. Ich meinte, die Hethiter könnten bei meiner Suche nach den Quellen des Amazonenmythos wichtig sein, weil der Aufstieg und Fall ihres Reiches fast mit der »Zeit der Amazonen« übereinstimmt.

Auch die Hattier sind für unsere Geschichte wichtig. Möglicherweise waren sie gleichfalls Indoeuropäer einer früheren Wanderungsbewegung oder aber ein ortsansässiger Volksstamm. Jedenfalls scheinen sie mir ein vollkommen anderes Volk zu sein als die Hethiter. Den besten Eindruck kann man sich verschaffen, wenn man sich mit den im zentralanatolischen Alaça Hüyük gefundenen Grabbeigaben frühbronzezeitlicher Fürstengräber beschäftigt, die einer vorhethitischen Periode zuzuordnen sind. Unter ihnen finden sich fein gearbeitete Statuetten von Hirschen und Stieren, die als Standartenaufsätze benutzt wurden; andere Standartenaufsätze stellen Tiergruppen dar, die in einer ringförmigen Bronzegirlande gefasst sind, oder die Sonne in Form einer durchbrochenen Metallscheibe; stilisierte weibliche Figuren aus Bronze und Silber; goldene Zwillingsgöttinnen, die sich bei den Händen halten; Diademe, verzierte Schildbuckel, Mantelfibeln ... Alles in allem sind die hattischen Grabbeigaben von einer Schönheit, die fast an jene der Funde in Kreta heranreicht. Jedenfalls zeigen sie, dass die hier beerdigten Fürsten reich, ihre Kunsthandwerker begabt und die Fürsten selbst davon überzeugt waren, all diese Zeichen königlicher Würde in der nächsten Welt zu benötigen.

Doch die wunderschönen Fundstücke sagen uns nichts über Geschlechterrollen – mit Ausnahme einer aus Silber und Gold gefertigten Statuette einer Frau, die in Hasanoglan gefunden wurde: Sie ist nackt bis auf die goldenen Riemen, die sich auf ihrer Brust kreuzen, ihre Augen sind geschlossen, und ihre Hände liegen oberhalb des Solarplexus, sie trägt goldene Fußringe, und ihre kleinen, hoch platzierten Brüste lassen auf Jugend oder Jungfräulichkeit schließen. Ihre offensichtliche Demut macht deutlich, dass sie keine Göttin ist. Vielleicht stellt die Figur eine junge Priesterin dar, die sich auf ihre Initiation vorbereitet, oder den Glücksbringer einer reichen jungen Frau, vielleicht einer Prinzessin, deren Hochzeit bevorsteht und die darum betet, dass ihr Leib bald gesegnet sein möge. Oder handelt es sich um eine Kriegerpriesterin, dargestellt in dem Augenblick, in dem sie sich der Göttin weiht? Ich möchte mich mit der Interpretation nicht zu weit vorwagen, doch als ich die Figur zum ersten Mal sah, fühlte ich mich an eine Kriegerin oder Athletin erinnert, und ich fand, dass die Figur Jugend und Kraft betonte und nicht Fruchtbarkeit und Weiblichkeit.

Jedenfalls schreiben verschiedene Kommentatoren über Spannungen in der Beziehung zwischen den ansässigen Volksstämmen der frauengesteuerten Hattier und den Neuankömmlingen der patriarchalischen Hethiter, die sich nicht leicht auflösen ließen. Die oberste Gottheit während der frühen hethitischen Zeit war die Sonnengöttin Arinna. J. G. Macqueen stellt fest, dass »sie die oberste Gottheit des hethitischen Pantheons ist: Selbst der Wettergott, die ranghöchste männliche Gottheit, ist ihr untergeordnet.«[5] Sie ist nicht nur die Sonnengöttin, sondern auch eine große Muttergöttin, und Macqueen weist darauf hin, dass im hattischen Mythos der Sonnengott zwar der nominelle Kopf der himmlischen Versammlung ist, an erster Stelle scheint es jedoch immer eine Göttin zu sein, die die Dinge in Bewegung setzt: »Sie ist eine der typischen Muttergöttinnen des östlichen Mittelmeerraums und Westasiens, und da sie die Mutter aller Dinge ist, kann sie folglich auch nur die Königin aller Dinge sein. Eine männliche Gottheit ist ihr Sohn oder nimmt als ihr Ehemann eine untergeordnete Stellung ein.« Macqueen meint, dass die indoeuropäischen Hethiter bei ihrer Ankunft sogleich ihren »verwegenen« Wettergott mit der mächtigen hattischen Muttergöttin verheirateten.

Die Position der Königin bei den Hethitern war ungewöhnlich, denn sie regierte nach dem Tod ihres Ehemannes weiter. Erst wenn auch sie tot war, durfte sich die Ehefrau des neuen Königs »Königin« nennen. Macqueen schließt daraus, dass es eine Zeit gegeben haben muss (bei den Hattiern?), in der die Königin selbst herrschte. Das mag zutreffen, aber ebenso könnte dies auf eine Zeit hindeuten, in der die Königin die »Königsmacherin« war. In heiligen Hochzeitsriten ersetzten Königin oder Priesterin die Göttin des Landes, und der König musste sich mit ihr paaren, um das Recht auf die Herrschaft und im eigentlichen Sinne auch die Kraft zum Regieren zu erlangen.

Macqueen beschäftigt sich außerdem mit der Etymologie der Begriffe »Tabarnas« und »Tawanannas«, den hethitischen Titeln für König und Königin, um zu beweisen, dass Tabarnas »Ehemann der Königin« bedeutet: »Er verdankt seine Position allein der Tatsache, dass er der ›Mann‹ oder der ›Ehemann‹ der Königin ist. Die Vormachtstellung der Großen Göttin in der Mythologie ist nur eine Spiegelung der ursprünglichen irdischen Situation.« »Tawanannas« andererseits bedeutet »Mutter des Gottes« und ist ein linguistisches Relikt des frühesten indoeuropäischen Eindringens in den kleinasiatischen Raum, das zu Beginn des zweiten Jahrtausends v. Chr. stattfand. Macqueen geht davon aus, dass *ihr* Titel erheblich älter ist als *seiner*.

DIE KÖNIGIN VON KANISCH UND
IHRE SECHZIG KINDER

Um 1900 v. Chr. hatten gut organisierte assyrische Kaufleute einen eigenen Stadtteil namens Karum für sich vor der zentralanatolischen Stadt Kanisch (heute Kültepe) errichtet. Eine der wichtigsten assyrischen Handelsrouten führte von Assyrien über Kanisch, Alaça Hüyük und Hattuscha an die Schwarzmeerküste (siehe Karte 4). Zu den Handelswaren der Assyrer gehörten Ziegenhaarfilz, Tuche, Ornamente und Duftstoffe aus Assyrien und Exportgüter aus Silber und Gold. Die assyrischen Kaufleute brachten die Schriftkultur Südmesopotamiens zu den Hethitern und hinterließen Aufzeichnungen in großen Mengen: in Umschlägen aus Ton versiegelte und gebrannte Keilschrifttafeln. Kanisch war die alte Hauptstadt der Hattier oder Althethiter, und es gibt eine faszinierende Geschichte über eine Königin von Kanisch, in der auch ein Ort namens Zalpuwa (Zalpa) an der Küste vorkommt. Im Folgenden eine wortgetreue Übersetzung des Texts:

Die Königin von Kanisch gebar im Laufe eines einzigen Jahres dreißig Söhne. Da sprach sie folgendermaßen: »Was für ein schlechtes Omen habe ich da geboren!?« Sie füllte Kästen mit Lehm, setzte dann ihre Söhne hinein und beförderte sie zum Fluß. Und der Fluß brachte sie zum Meer ins Land Zalpuwa. Die [Götter] aber nahmen die Kinder aus dem Meere und zogen sie groß.

Wie nun die Jahre inzwischen vergingen, da gebar die [Königin] abermals, und zwar dreißig Töchter. Diese zog sie selber auf. Die Söhne machten sich auf den Weg zurück nach Nescha [die Kurzform für Kanisch]. Sie treiben die Esel, und als sie nach dem Orte Tamar[mara] gelangten, sprachen sie: »Habt ihr diese Halle geheizt und bespringen sich die Esel?« Folgendermaßen sprachen die Männer der Stadt: »Wohin wir gelangt sind, bespringen sich die Esel.« Folgendermaßen sprachen die Söhne: »Wohin wir gelangt sind, da gebiert [eine] Frau [nur einmal im Jahr ein] Kind, uns aber hat sie auf einmal geboren.« Folgendermaßen sprachen die Männer der Stadt: »Einmal hat uns[ere] Königin von Kanisch dreißig Töchter auf einmal geboren, aber die Söhne sind verschwunden.«

... Wie sie nun nach Nescha gingen, ... und ihre Mutter erkannte sie nicht wieder. Und sie gab ihre Töchter an ihre Söhne. Die ersten Söhne erkannten ihre Schwestern nicht. Der letzte aber [sprach:»Nicht] wollen wir uns unsere Schwestern nehmen! Nicht sollt ihr einen solchen Frevel begehen!«[6]

Der Grundriss der Geschichte ist klar. Eine Königin gebiert dreißig Knaben, die sie in einem Fluss aussetzt. Die meisten Gelehrten halten den Fluss für den Halys, den heutigen Kizilirmak. In diesem Fall könnte der Ort an der Mündung des Flusses das hier Zalpuwa genannte Ikiztepe sein. Volker Haas[7] fühlt sich durch die Geschichte an den Mythos von den Danaïden erinnert, in dem die fünfzig amazonenhaften Töchter ihre Ehemänner ermorden, und Harry Hoffner[8] sieht gleichfalls einen stark amazonenhaften Widerhall in einer Frau, die ihre männlichen Nachkommen beiseite schafft, die weiblichen jedoch behält.

Meiner Meinung nach macht solches Verhalten nur Sinn, wenn es im Umfeld eines Tempels der Göttin geschieht, in dem die Priesterinnen die weiblichen Kinder behalten, um sie als Nachfolgerinnen aufzuziehen, und die männlichen fortgeben oder sogar töten. Während natürlich eine Frau allein in einem Jahr keine dreißig Kinder zur Welt bringen kann, ist eine Gruppe von fünfundzwanzig bis vierzig Frauen sehr wohl dazu in der Lage. Es wären nicht alles Jungen (oder Mädchen), aber durch einen Zufall, den man möglicherweise als schlechtes Omen interpretiert hätte, könnten fast alle in einem Jahr geborenen Kinder männlich sein. Und es ist leicht vorstellbar, dass einer der Jungen, der aus dem Tempel fortgegeben wurde, um anderenorts aufgezogen zu werden, aufwachsen, seiner Schwester begegnen, mit ihr geschlechtlich verkehren und sie sogar heiraten könnte, wenn sie den Tempeldienst zuvor aufgegeben hat. In der alten hattischen Gesellschaft empfand man dies vielleicht nicht als Problem, doch für die indoeuropäischen Hethiter waren solche Verbindungen tabu. Haas spekuliert, dass im vorhethitischen Anatolien Ehen zwischen Bruder und Schwester möglicherweise akzeptiert wurden, nicht aber von den Hethitern, die in der Geschichte vom jüngsten Bruder repräsentiert werden, der die Ehe mit seiner Schwester als Frevel empfand.

Wenn die »Königin« in dieser Geschichte außerdem die Hohepriesterin eines Göttinnentempels in Kanisch ist, in dem heilige Prostitution Bestandteil des Gottesdienstes war, dann fügt sich alles wie von selbst. Doch wie wahrscheinlich ist es, dass es einen solchen Tempel gab? Wir wissen, Institutionen dieser Art gab es in Mesopotamien und in Assyrien – Ischtar hatte Tempel in Nuzi, Ninive und Karkemisch. Außerdem ist es sehr wahrscheinlich, dass die assyrischen Händler, die in Kanisch mehrere hundert Jahre lang lebten, ihre religiösen Sitten mitbrachten, wenn heilige Prostitution in Anatolien nicht ohnehin bereits vor Beginn der assyrischen Einflussnahme existierte. Wie hätte dieser Brauch in der Praxis wohl ausgesehen? Herodot zeichnet ein lebhaftes Bild davon, wie ein solcher Tempel während seiner Zeit in Babylon funktionierte – und überzieht seine Schilderung mit einem züchtigen patriarchalischen Lackanstrich:

> Die häßlichste Sitte der Babylonier dagegen ist folgende. Jede Babylonierin muß sich einmal in ihrem Leben in den Tempel der Aphrodite begeben, dort niedersitzen und sich einem Manne aus der Fremde preisgeben. Viele Frauen, die sich nicht unter die Menge mischen wollen, weil sie reich und hochmütig sind, fahren in einem verdeckten Wagen zum Tempel; zahlreiche Dienerschaft begleitet sie. Die meisten Frauen dagegen machen es folgendermaßen. Sie sitzen in dem Heiligtum der Aphrodite und haben eine aus Stricken geflochtene Binde ums Haupt. Es sind viele zu gleicher Zeit da; die einen kommen, die anderen gehen. Geradlinige Gassen nach jeder Richtung ziehen sich durch die harrenden Frauen, und die fremden Männer schreiten hindurch und wählen sich eine aus. Hat sich eine Frau hier einmal niedergelassen, so darf sie nicht eher nach Hause zurückkehren, als

bis einer der Fremden ihr Geld in den Schoß geworfen und sich draußen außerhalb des Heiligtums mit ihr vereinigt hat. Wenn er ihr das Geld zuwirft, braucht er nur die Worte zu sprechen: »Ich rufe dich zum Dienste der Göttin Mylitta. Aphrodite heißt nämlich bei den Assyriern Mylitta. Die Größe des Geldstücks ist beliebig. Sie weist es nicht zurück, weil sie es nicht darf; denn es ist heiliges Geld. Dem ersten, der es ihr zuwirft, folgt sie; keinen verwirft sie. Ist es vorüber, so geht sie nach Hause und ist der Pflicht gegen die Göttin ledig. Wenn du ihr nachher noch so viel bietest, du kannst sie nicht noch einmal gewinnen. Die Schönen und Wohlgewachsenen sind sehr schnell befreit; die Häßlichen müssen lange Zeit warten und gelangen nicht dazu, dem Brauch zu genügen. Drei, vier Jahre müssen manche im Tempel weilen.«[9]

An zwei Dinge müssen wir bei der Lektüre dieses Abschnitts denken: Erstens schreibt Herodot aus der Perspektive des patriarchalischen Griechen, für den Frauen entweder Ehefrauen oder Huren sind; und zweitens ist denkbar, dass die Sitte seit ihrer Blütezeit verfallen ist. Wie immer solche Bräuche auch im Einzelnen praktiziert worden sind, wir müssen versuchen, sie zu begreifen, ohne uns von unserer modernen Sichtweise leiten zu lassen.

Mit solchen Tempeln im Nahen Osten, die in der Regel Ischtar geweiht waren (siehe nachfolgendes Kapitel), verband sich die Vorstellung, dass heilige Huren die Macht der Göttin, die *Shakti*, auf eine unpersönliche Weise verkörperten. Damit ist gemeint, dass der Mann, der den Tempel aufsuchte, sich als Gott mit ihr als Göttin vereinigte. Bei richtiger Ausführung könnte der Ritus einen religiösen Widerhall haben, der für uns, die wir die sexuellen Mysterien in der Pornographie profanisieren, nicht einmal im Traum vorstellbar ist. Eine derartige Begegnung des Mannes mit der weiblichen Gottheit und die von der Frau mit Körper und Seele erlebte göttliche Männlichkeit unter völligem Ausschluss von Besitzergreifung des einen durch den anderen stellte für beide Beteiligten eine lebensprägende Erfahrung dar.

Diese Vorstellung hat in hinduistischen und buddhistischen Tantrapraktiken Parallelen. Philip Rawson[10] sagt, Tantra wurde »über eine weibliche Linie von Bevollmächtigten weitergegeben; durch den rituellen Beischlaf mit ihnen wurde die Initiation verbreitet. Manche Gelehrte haben sie mit einer geheimnisvollen alten Sekte namens Vratyas gleichgesetzt.« Mit dieser Art der »weiblichen Übertragung« verlassen die Beteiligten das Kastensystem und machen sich Rawson zufolge zu Außenseitern. Die Praktiken in den Göttinnentempeln könnten, bevor sie verkamen und verfielen, sehr gut eine ähnliche Initiation in die Mysterien der Sexualität angeboten haben.

Lassen Sie uns zur Königin von Kanisch zurückkehren. Hinter dieser Geschichte verbirgt sich die wachsende Angst vor promiskuitiven sexuellen Beziehungen selbst im religiösen Kontext. Vom Standpunkt der Tempelpriesterinnen stellten sie kein Problem dar, aber aus der Perspektive der patriarchalischen Neuankömmlinge: Wie sollten sie wissen, wer die Kinder gezeugt hatte? Im Mythos praktizierten die Amazonen eine promiskuitive Sexualität unter völliger Missachtung der Vaterschaft, die die Griechen so hoch bewerteten, dass sie behaupteten, Frauen trügen nichts zur Empfängnis bei als den Behälter für den Samen des Vaters.[11]

Jedenfalls ruft die Geschichte von der Königin von Kanisch, die aus dem frühen zweiten Jahrtausend v. Chr. stammt, die Erinnerung an eine Stadt wach, in der eine mächtige Königin herrschte. Diese Herrscherin entledigte sich ihrer männlichen Kinder – ein bedeutender Bestandteil des Amazonenmythos. Ihr Verhalten löst in den patriarchalischen Neuankömmlingen Unbehagen aus, die Methoden der Königin beziehungsweise Hohepriesterin gefallen ihnen nicht. Und wenn es tatsächlich eine Gruppe von Frauen gab, die so groß war, dass sie in einem Jahr dreißig Kinder zur Welt bringen konnte, waren diese sonderbaren Frauen mit ihren merkwürdigen Praktiken dann vielleicht der Ursprung der Amazonengeschichten?

DIE ZAUBERWEIBER UND DIE THRONGÖTTIN

Die Welt der hethitischen Gelehrsamkeit ist nicht groß, und ihre Forschungsergebnisse sind im Wesentlichen in deutscher Sprache nachzulesen. Es gibt mehrere hervorragende britische Wissenschaftler (die ich in diesem Buch zitiere), doch die nachdenklicheren Pionierarbeiten finden sich in schwer zugänglichen deutschsprachigen Folianten. Daher war ich außerordentlich dankbar dafür, dass Volkert Haas in einer klaren, anschaulichen Sprache schreibt, die ich mit meinem Schuldeutsch verstehen konnte. Seine Sichtweise setzte mich sofort unter Strom:

> Die Zauberweiber, die zu Beginn der hethitischen Geschichte vom König wegen ihrer gefährlichen Machenschaften und Umtriebe geächtet und vom Hofe verjagt worden waren, gelangten im Laufe der Zeit zu immer höherem Ansehen und Einfluß und stellten schließlich sogar eine eigene Priesterinnenklasse dar. Ihre Beschwörungsrituale, die sie sammelten, selbst verfaßten oder kompilierten, waren am Ende des Textes mit ihren Namen und Herkunftsorten versehen und wurden in den Archiven des Tempels aufbewahrt.[12]

Ich verstand »Zauberweiber« im Sinne von »magische Frauen«; der Begriff »Hexe« schien mir zu viele unglückliche und negative Assoziationen auszulösen. Professor Oliver Gurney bestätigt, dass Frauen in hethitischen Zeiten in der Magie eine führende Rolle spielten, insbesondere bei der Durchführung von sympathetischer Magie.[13] Er übersetzt die für diese Frauen verwendeten Bezeichnungen als »Alte Frauen« oder »Weise Frauen«, weist jedoch darauf hin, dass der hethitische Begriff für sie sinnverwandt mit dem Wort »Hebamme« sein könnte. In seiner Untersuchung magischer hethitischer Texte ist er auf 32 verschiedene Arten »Weiser Frauen« gestoßen und auf sieben weitere mit anderen Berufen – darunter drei »Hebammen«, eine »Heilerin«, eine »Hierodule« (Tempelhure)[14] und zwei »Tempelsängerinnen«. Haas und Gurney stellen beide fest, dass diese »Zauberweiber« häufig negativ bewertet wurden:

Von Hattuschili I. weiß man, dass er den »Alten Frauen« äußerste Missbilligung entgegenbrachte. Es ist vielsagend, dass sie meist entweder aus einer Region namens Arzawa an der südtürkischen Mittelmeerküste oder aus Kizzuwatna kamen, einem hurritischen religiösen Zentrum im Südosten Anatoliens. Wir werden später noch sehen, dass die Hurrier ihren Frauen in der Religion eine äußerst prominente Rolle übertragen hatten.

Als nächstes stieß ich in Haas' Buch auf seine Übersetzung eines sehr alten Textes, der in der Zeit von König Tuthalija IV. im dreizehnten Jahrhundert v. Chr. von einem namhaften Kopisten abgeschrieben worden war. Er könnte sehr wohl aus frühester hethitischer Zeit zu Beginn des zweiten Jahrtausends stammen. In dem Text schien der König ein Gespräch mit einer »Throngöttin« zu führen:

> [Dann] spricht der [König] zur Throngöttin: Komm, laß uns zum Gebirge gehen! Stehe du hinter den Bergen. Zu meinen Leuten sollst du nicht werden, zu meinen Verwandten sollst du nicht werden. Werde aber mein [Freund], mein Genosse. Komm, wir wollen zum Gebirge gehen, und ich, der König, werde dir eine Glasschüssel geben, und wir wollen aus der Glasschüssel essen. Das Gebirge schütze du! Mir, dem König, haben die Götter – Sonnengottheit und Wettergott – das Land überantwortet. Und nun schütze ich, der König, auch mein Land und mein Haus. Du komme nicht in mein Haus! Auch ich komme nicht in dein Haus. Mir, dem König, haben die Götter viele [Lebens-]Jahre überantwortet. Der Jahre Kürze existiert nicht [für mich] – Mir, dem König, hat die Throngöttin die Verwaltung und den Wagen vom Meer her gebracht. Meiner Götter Land öffneten die Götter. Sie ernannten mich zum König und zum Herrscher. Wiederum preise ich den Wettergott, meinen Vater.[15]

Mir stellten sich die Nackenhaare auf. Dieser König hatte offenbar große Ehrfurcht vor der »Throngöttin«, die ihm »die Verwaltung und den Wagen« gegeben hatte. Haas spekuliert, dass der Ort am

Meer, aus dem die Throngöttin diese Dinge mitbrachte, Zalpa am Schwarzen Meer sein könnte. Sollte dies zutreffen, dann würde diese »Throngöttin« dem gleichen Reich weiblicher Macht angehören wie die Königin von Kanisch. Im Text scheinen sich König und Throngöttin die Macht zu teilen. Sie herrscht über die Berge und er über das Land, das Königreich der Sonnengottheit und des Wettergottes. In phrygischen Zeiten, als die Throne der Herrscher sich in den Bergen befanden, lag eine klare Verbindung zwischen Throngöttin und Bergen vor. In sumerischen Texten wird der Begriff »Thron« um das Präfix »Mutter« ergänzt, das mit Berggöttin in Verbindung gebracht wird. Der Kopfschmuck der ägyptischen Göttin Isis besteht unter anderem aus einer Throndarstellung.

Eindeutig musste der König von der Göttin »adoptiert« werden – er benötigte ihre Anerkennung, bevor er das Herrschaftsrecht für sich beanspruchen durfte. Die Zeit, in der dieser Text ursprünglich niedergeschrieben wurde, war eine Zeit des Übergangs: Der König appelliert an die Throngöttin dieses »Königinnenreichs«, damit sie seinen Machtanspruch bestätigt; *ihre* Macht flößt ihm Angst ein und macht ihn ärgerlich, doch benötigt er sie, um herrschen zu können.

Ich saß in der British Library und war hellwach vor Aufregung: All das schien einfach zu gut zu passen, um wahr zu sein. Wenn dies der Beweis für ein unabhängiges »Königinnenreich« war und sich dieses in der Nähe von Zalpa und damit in der Gegend von Themiskyra befand, dann war das Heimatland der Amazonen vielleicht gefunden. Ich machte Jill Hart, die Spezialistin für die hethitische Sprache in Oxford, ausfindig und bat sie um Unterstützung. Wir trafen uns in der Cafeteria des Instituts für Orientalistik hinter dem Ashmolean Museum und machten uns gemeinsam über den relevanten Text her – das heißt Jill Hart studierte den Text, und ich saß da und hörte gebannt und zum ersten Mal, wie jemand diese dreitausend Jahre alten Worte sprach.

Erst erklärte Jill Hart, dass der Text nicht überall dort, wo Haas »Throngöttin« schreibt, auch von einer »Throngöttin« spricht. Manchmal kann das verwendete Sumerogramm (das Hethitische verwendet sowohl Sumerogramme als auch akkadische Worte) ein-

fach nur »Thron« bedeuten, ohne einen Gott oder das Geschlecht
des Gottes zu bezeichnen. Tatsächlich wird das Geschlecht nirgendwo im Text näher angegeben, auch wenn man davon ausgehen
kann, dass die »Sonnengottheit« tatsächlich eine »Sonnengöttin«
ist, weil wir wissen, dass die Hauptsonnengottheit in jener Zeit
eine Göttin war. Diese Erklärungen nahmen mir ein wenig den
Wind aus den Segeln. Doch dann fing Jill Hart an, die Fortsetzung
des Textes, von dem ich in Haas' Buch nur einen Auszug gelesen
hatte, zu übersetzen. Darin ging es um den Wiederaufbau eines
Palastes und das damit in Verbindung stehende lange Leben und
Wohlergehen eines Königs. Der König wandte sich an die Bäume,
die er benötigte, um seinen Palast wieder aufzubauen:

> Der Löwe schlief unter dir, der Panther schlief unter dir, der
> Bär kletterte auf dich hinauf. Nun hat dich der Sturmgott,
> mein Vater, in Sicherheit gebracht. Die Kühe grasten unter
> dir, die Schafe grasten unter dir, doch nun hat der König den
> Thron, meinen Freund, vom Meeresufer gerufen ...
> Wenn der König das Haus betritt, dann ruft die/der Thron
> [gott/göttin] einen Adler und sagt zu dem Adler: Komm her,
> ich sende dich zum Meer. Doch wenn du aufbrichst, sieh in
> den grünen Wald: Wer hält sich dort auf?
> Und er [der Adler] antwortet: Ich sah hin, und die Göttin-
> nen, die teuflischen, alten, weiblichen Gottheiten knieten
> dort. Und der Thron fragt: Was tun sie?
> Er [der Adler] antwortet: Sie hält einen Spinnrocken, und sie
> halten volle Spindeln, und sie spinnen die Jahre des Königs,
> und sie scheinen kein Ende und keine Grenze zu haben.

Der Satz »doch nun hat der König den Thron, meinen Freund, vom
Meeresufer gerufen ...« war wichtig, weil er den »Thron« neuerlich
mit dem Meer in Verbindung brachte, womit Zalpa und das
Schwarze Meer gemeint sein könnten. Der Abschnitt, in dem der
vom Thron ausgesandte Adler über den Wald fliegt und sieht,
dass »die Göttinnen, die teuflischen, alten, weiblichen Gottheiten
dort knien«, ließ tiefen Respekt und Angst vor diesen grimmigen

Göttinnen anklingen. Ich fragte mich, ob dies ein erster Hinweis auf die drei Schicksalsgöttinnen (Klotho, Lachesis und Atropos) sein konnte.

Ich verließ Jill Hart in dem Bewusstsein, dass KUB XXIX. ein sehr alter Text war, in dem ein kränkelnder König, der sich seiner Macht nicht sicher sein konnte, ein Gespräch mit der Throngöttin oder ihrer Priesterin führte, in deren Händen die Gewalt lag, ihm sowohl seine Gesundheit als auch seine Sicherheit zurückzugeben. Damit war noch nicht bewiesen, dass es in der frühen Bronzezeit im hethitischen Einflussgebiet Amazonen gegeben hat. Doch schien mir nun der Beweis erbracht, dass es tatsächlich eine Kaste mächtiger Priesterinnen beziehungsweise »Zauberweiber« gab, die Könige »machen« oder vernichten konnten.

Auf Jill Harts Vorschlag hin schrieb ich an Professor Oliver Gurney, der inzwischen die Achtzig überschritten hat, in England jedoch immer noch die anerkannte Kapazität der Hethitologie ist, um ihn nach seiner Meinung zur Lokalisierung von Zalpa und der Position der Throngöttin zu fragen. Er antwortete postwendend und versorgte mich mit einer Zusammenfassung der wissenschaftlichen Standpunkte zum Thema. Leider waren die Ansichten geteilt: Manche Forscher hielten Ikiztepe und Zalpa für identisch, andere nicht. Insbesondere:

> G. Steiner ... hat darauf hingewiesen, dass es sich nicht um das Zalpa handeln kann, das während der altassyrischen Kolonialisationsperiode (1950 bis 1750 v. Chr.) von Bedeutung und von [dem hethitischen König] Anitta eingenommen wurde, da man dort weder einen Palast noch eine assyrische Handelskolonie gefunden hat. Er meint, das »Meer« sei nicht das Schwarze Meer, sondern der Salzsee [Tuzgölü] auf dem [anatolischen] Plateau. Er hält das Zalpa des Dokuments für Acemhöyük auf der Ostseite des Sees, das von Nimet Özgüç ausgegraben wurde. Wenn er Recht hat, dann können Sie die Geschichte von der Königin von Kanisch nicht verwenden, um die Anwesenheit von Amazonen am Thermodon zu beweisen.

Den archäologischen Berichten der Ausgrabungen im Jahr 1978 in Ikiztepe[16] zufolge gehören die dort gefundenen Tonwaren in die »frühe hethitische« Zeit und sind nahezu identisch mit der Keramik, die in bestimmten Schichten des assyrischen Stadtteils von Kanisch ausgegraben wurde. Mit der »frühen hethitischen« Zeit ist hier das 22. bis 21. Jahrhundert v. Chr., also eine Epoche gemeint, die der assyrischen Kolonialisationsperiode vorausgeht. Folglich muss es Handelsverkehr zwischen Zalpa/Ikiztepe und Kanisch gegeben haben, noch bevor die Assyrer ihre Handelsrouten ins Leben riefen.

Bezüglich der Throngöttinnen setzte sich Gurney mit den Begrifflichkeiten auseinander, doch versuchen wir, ihm zu folgen, denn was er zu sagen hat, ist faszinierend und für die Suche nach dem Ursprung des Amazonenmythos entscheidend:

> F. Starke, der glänzendste Hethitologe der jüngeren Generation, hat KUB XXIX. 1 im Detail untersucht. Halmaschuit (das Wort für »Thron«) wird manchmal (gis) DAG geschrieben und für gewöhnlich als »Thron« wiedergegeben. Starke sagt, diese Übersetzung sei inkorrekt: das Ideogramm bedeute »Sockel, Fuß« einer Statue oder eines anderen Objekts. Außerdem hat man Halmaschuit bisher für ein hattisches Wort gehalten, wobei das Suffix »-it« in dieser Sprache auf einen femininen Genus hindeutet. Starke ist jedoch der Meinung, das Wort sei nicht Hattisch, sondern Hethitisch ... und bezeichne irgendeine Art Symbol der Königswürde, möglicherweise nicht weiblich, aber auch nicht mit Sicherheit eine Statue.

Im Wesentlichen sagte Starke also, das fragliche Wort heiße nicht »Thron« sondern »Sockel« und bezeichne den Unterbau einer Statue. Bisher hatte man das Wort außerdem immer für eines weiblichen Geschlechts aus der alten hattischen Sprache gehalten. Deshalb hatte man es als »Throngöttin« übersetzen können. Doch Starke zufolge war es Hethitisch und nicht weiblich. Soweit Gurney wusste, war Starkes Sichtweise akzeptiert worden. Er wies mich darauf hin, dass ich nur in einem älteren von Haas' Büchern auf »Throngöttin« gestoßen sein könne, und deutete an, Haas' Übersetzung sei inzwischen durch Starkes genauere Bearbeitung überholt. Tatsächlich war das Buch von Haas, das ich gelesen hatte, bereits 1977 veröffentlicht worden. Gurney riet mir, mich mit Starkes Artikel und Haas' neuem Buch zu beschäftigen. Die Sache hatte mir einen gehörigen Dämpfer versetzt, und ich war ein wenig enttäuscht. Noch einmal machte ich mich auf den Weg zu den verführerischen Lehnstühlen in der British Library.

Während ich auf meine Bücher wartete, stellte ich mir Starke als dogmatischen Elfenbeinturmbewohner vor, der es zum Ziel gesetzt hatte, die letzten Spuren sentimentaler Göttinnenverehrung unter Hethitologen zu beseitigen. Und tatsächlich verwarf er die Vorstellung, dass Halmaschuit als vergöttlichter königlicher Thron hattischen Ursprungs und weiblichen Geschlechts begriffen werden könnte, und behauptete stattdessen, dass es sich nie um eine gewöhnliche Gottheit gehandelt habe, sondern um eine »imaginäre Verkörperung und das Symbol einer politischen Idee« – also um die Ideologie hinter dem hethitischen Königtum und seinen Hegemoniebestrebungen in Anatolien im frühen zweiten Jahrtausend v. Chr.[17]

Besorgt und beklommen öffnete ich dann Volkert Haas'[18] dickes neues Buch. Wenn er nicht mehr an Throngöttinnen glaubte, dann gab es nichts mehr, was die Region am Schwarzen Meer in jener Zeit mit der mächtigen Göttin und ihren Priesterinnen in Verbindung brachte. Nervös kämpfte ich mich durch den deutschen Text:

Die Institutionen des Königtums übernahmen die indoeuropäischen Einwanderer von der autochthonen zentralanatolischen Bevölkerung ... Im vorhethitischen Zentralanatolien nahm das Königtum von Zalpa eine dominierende Stellung ein. In der Abhängigkeit von Zalpa scheinen die Königtümer von Hattuscha und Kanisch/Nescha gestanden zu haben: In einem zum Teil althethitisch überlieferten, aus hattischem Milieu hervorgegangenen Palastbauritual in Hattuscha findet ein Wechselgespräch zwischen dem König von

Hattuscha und der hattischen Throngöttin Hanwaschuit
statt. Aus ihm geht hervor, daß der König von Hattuscha
zwar von den obersten Göttern – der Sonnengöttin und
dem Wettergott – legitimiert wurde, daß er aber seine Regierungsgewalt und das Herrschaftsinsignium, die hulukanni-
Zeremonialkutsche, von der Throngöttin »vom Meer her«,
d. h. doch wohl von der Küstenstadt Zalpa, erhalten hat.

Ich wurde von einem Gefühl des Triumphs ergriffen: Dieser gelehrte Wissenschaftler, der sein Leben lang mit dem Studium hethitischer Texte zugebracht hatte, hatte sich klar und deutlich für
die Macht der hattischen Throngöttin ausgesprochen. Tatsächlich
betrachtete er Hanwaschuit sogar als Personifikation des Throns.
Und er konnte noch weitere interessante Mitteilungen machen,
indem er die Geschichte des Königs von Puschhanda erzählte,
der, als er sich Anitta unterwarf, ihm seine Herrschaftsinsignien im
Throngemach übergab. In einer früheren Kopie des Textes heißt es
an einer Stelle sogar »Throngemach« statt »Zalpa«. »Mithin scheint
sich das Throngemach des Herrschers von Kanisch/Nescha nicht
im Palast von Kanisch/Nescha, sondern in der Stadt Zalpa befunden zu haben.« Kanisch/Nescha war ihre Residenz, doch ihr *Krönungsort* war Zalpa.

Daraus ergaben sich zwei wesentliche Schlussfolgerungen. Zum
einen war Zalpa ein besonderer, möglicherweise heiliger Ort, an
dem die Inthronisation von Königen stattfand und die königlichen
Insignien aufbewahrt wurden, möglicherweise von einer Prie-
sterinnenkaste der Throngöttin Hanwaschuit. Zum anderen war der
Geschichte der Königin von Kanisch neuer Glanz verliehen worden: Sie deutet darauf hin, dass in der Gegend von Kanisch/Nescha
und Hattuscha in althethitischer beziehungsweise in hattischer
Zeit die Erbfolge matrilinear geregelt war. Volkert Haas schreibt:

Bevor die Hethiter ihre monarchische Thronfolge, nach der
der Sohn auf den Vater folgt, zu etablieren vermochten,
bestand in Kanisch/Nescha und in Hattuscha ein matrilinear
orientiertes System: In Hattuscha regierte zu Beginn der alt-

hethitischen Zeit unabhängig vom König eine Priesterkönigin, die Tawananna; aus ihrer Sippe entstammte der jeweilige
König, der jedoch nicht mit ihr verheiratet war. Noch Hattuschili I. legitimierte sich durch den Titel »Brudersohn der
Tawananna«.

Offenbar geht Haas davon aus, dass Zalpa ein matriarchalisches
Machtzentrum war, wohin hattische und althethitische Könige
kommen mussten, um sich in ihr Amt einsetzen zu lassen. Die
Übertragung königlicher Macht lag in den Händen der Priesterkönigin Tawananna. Eine so beschaffene Gesellschaft schien mir
ein ideales Vorbild für ein Amazonenkönigreich zu sein. Nach-
rückende patriarchalische Völker hatten angesichts von Geschichten über ein solches Reich mit Sicherheit das Gefühl, dass dort alles
auf den Kopf gestellt war: Eine Königin, nicht ein König, trägt die
Verantwortung; die Insignien königlicher Macht, wie der Thron
und die Zeremonialkutsche, befinden sich im Besitz einer Kaste
von Priesterinnen, die darüber entscheiden, ob dem König die
Macht zugesprochen wird oder nicht.

Unter Einbeziehung all dieser neuen Gesichtspunkte schrieb
mir Professor Gurney: »Ich muss schon sagen, die Verbindung zwischen Zalpa, Halmaschuit als vergöttlichtem Thron und der Throngöttin Hanwaschuit, Thron und Thronraum wirkt äußerst überzeu-
gend.« Doch als der untadelige Gelehrte, der er war, war er nicht
restlos überzeugt. Er erinnerte mich daran, dass bisher niemand
Starkes Interpretation des Begriffs Halmaschuit in Zweifel gezogen
hatte. Doch Jill Harts Nachforschungen, die sie in dieser Angele-
genheit für mich unternahm, widersprachen Gurneys Ansicht: Die
Hethitologengemeinde hatte Starkes Zurückweisung der Deutung
von Halmaschuit als »Thron« nicht akzeptiert, und sie war in keines der Wörterbücher übernommen worden, das nach Starkes
Artikel erschien. »Ich jedenfalls«, bestätigte mir Jill Hart, »bin weiterhin davon überzeugt, dass die ursprüngliche Annahme eines hattischen Wortursprungs wohlbegründet ist und halte ›Thron‹ für die
richtige Übersetzung des Begriffs Halmaschuit.«

Vielleicht lächelt die hethitische Sphinx deshalb so selbstgefällig.

Die Geschlechtszugehörigkeit der Sphinx ist zweideutig, und folglich liebt er/sie Geheimnisse in Sachen Geschlechtszugehörigkeit. Doch bevor wir dieses subtile Schlachtfeld verlassen, wollen wir erst noch eine andere indoeuropäische Kultur betrachten: die keltische Welt zu Beginn der christlichen Ära. Hier stößt man auf suggestive Geschichten über die Rolle von Frauen im Zusammenhang mit der Krönung von Königen. Im walisischen Mabinogi, einer Sammlung von Erzählungen aus dem Pflichtrepertoire eines Bardenlehrlings, kann König Math nur dann seine Macht, ja sogar sein Leben behalten, wenn er seine Füße immer dann, wenn er sich nicht gerade auf einem Kriegszug befindet, in den Schoß einer jungfräulichen Fußhalterin stellt. Der jungfräuliche Schoß ist eindeutig eine Art Thron, der seine Füße davor bewahrt, mit der Erde in Berührung zu kommen, und ihn »erhebt«, als ob er sich auf der Spitze eines Berges befände. »Schoß« ist außerdem eine euphemistische Umschreibung für Vulva oder Vagina und »Füße« für den Penis. Tatsächlich bringt die Sage also zum Ausdruck, dass der König eine fortdauernde sexuelle Beziehung zur Göttin des Landes aufrechterhalten muss; sie ist seine *Shakti*. In Kulturen, die von Muttergöttinnen dominiert werden, tritt ihr Sohn häufig als Kind auf dem Schoß der Mutter in Erscheinung, dem Ort, von dem er gekommen ist. Er ist das magische »Kind der Jungfrau«, das zu einem Helden heranwächst wie der Lleu in der walisischen Sage. Der König ist das »Kind der Jungfrau« in dem Sinne, dass sein Vater als Gott begriffen wird. Die zahlreichen ausdrucksstarken christlichen Bilder, in denen Maria Jesus auf ihrem Schoß hält, sind die neuesten Abwandlungen dieser Symbolik.

Die Vorstellung, dass die Göttin die Macht über die Königswürde hat und das Amt an den rechtmäßigen König übergibt, spielt auch in der irischen Literatur eine Rolle. Die »Oberhoheit des Landes« wird von der Muttergöttin verkörpert, der König muss mit ihrer Vertreterin »heilige Hochzeit« halten und damit zum Gatten seines Reiches werden, um die Macht über das Land zu gewinnen. In England und Irland gibt es den »Krönungsstein«, auf den sich der König zum Abschluss seines Krönungsrituals setzt. Ist er rechtmäßig in sein Amt eingesetzt worden, schreit der Stein zur Bestätigung auf. Der Überlieferung nach wurde der Lia Fál (der Krönungsstein) von den Tuatha Dé Danann, dem Volk der Göttin Danu (die möglicherweise zu dem griechischen Stamm der Danaer in Beziehung stehen), nach Irland gebracht. Einer Sage zufolge, die mir von einem alten Waliser erzählt wurde, stammt der Lia Fál aus »der Höhle am Fuße des Berges«, in dem die Totengöttin Morrígan hauste.

Auf der Basis des vorgestellten Materials lässt sich eine entscheidende Feststellung machen. Hier ist nicht die Rede von einem goldenen Zeitalter des Matriarchats, in dem Frauen alle Macht besaßen und Männer sich ihnen zu unterwerfen hatten. Vielmehr handelt es sich um eine Ära, in der Frauen eine bestimmte magisch-religiöse Rolle spielten, die sie zum Wohle von Männern und Frauen gleichermaßen innehatten. Kaum war ihnen jedoch diese Macht verlorengegangen, interpretierten die patriarchalischen Völker, die ihnen die Macht fortnahmen, die alte Lebensweise als auf den Kopf gestellte Verdrehung der »natürlichen Ordnung«. Der uns überlieferte Amazonenmythos zeigt, wie die zuwandernden patriarchalischen indoeuropäischen Völker die religiöse Vormachtstellung der Frauen empfanden.

War also Zalpa mit Themiskyra, der Hauptstadt der Amazonen, identisch? Eigentlich heißt es immer, die Stadt habe sich am heutigen Terme Çay und nicht am Kizilirmak befunden, doch scheint es keine eindeutigen Beweise für ihre Lage zu geben. Wenn Zalpa der Krönungsort war, den frühhethitische Könige aufsuchen mussten, um die Insignien ihrer Königswürde zu empfangen und sich in ihrem Amt bestätigen zu lassen, dann muss er mit mächtiger weiblicher Magie assoziiert worden sein. Wenn die »Throngöttin« Hanwaschuit eine Priesterin hatte, die selbst Königin war, und wenn ihr eine Kaste von Priesterinnen diente, die zugleich die heiligen Symbole des Königtums bewachten, dann könnte sich der Ort hierdurch den Ruf einer »Amazonenfestung« erworben haben. Diodor spricht von einem von Frauen *dominierten* Ort, wo Mädchen ebenso zum Kämpfen ausgebildet wurden wie Jungen; er behauptet nicht, dass es sich um einen allein von Frauen bewohnten Staat gehandelt habe. All das würde gut auf Zalpa passen, hätten es die Hethiter nicht unterlassen, eine kriegerische Königin zu erwähnen, wie Diodor sie in seiner *Geschichtsbibliothek* schildert. Hätten die Frauen jemals Anlass gehabt, sich zu verteidigen, dann kann es gut sein, dass sie tatsächlich gekämpft hätten. Später, in der Mitte des zweiten Jahrtausends v. Chr., als sich das hethitische Königreich über den überwiegenden Teil Anatoliens erstreckte, ging Zalpa an die wilden Gasgaer verloren, die die Berge in der Nähe der Küste bewohnten. Ob die Bewohner Zalpas getötet wurden oder fliehen konnten, wissen wir nicht. Natürlich besteht die Möglichkeit, dass erst zu diesem Zeitpunkt und aus diesem Anlass Themiskyra an einem anderen Ort an der Küste (denkbar wäre Dündartepe bei Samsun) als Festung gegen die Gasgaer errichtet wurde.

Kompliziert wird das Bild durch die Vermutung, dass die Gasgaer Kimmerier waren, kriegerische Nomaden, die von der anderen Seite des Schwarzen Meers kamen. Ohne Zweifel überfielen die Kimmerier im achten und siebten Jahrhundert v. Chr. große Teile Anatoliens und eben auch das für uns interessante Gebiet. Gut möglich ist jedoch auch, dass sie früher kamen und ihre eigenen Kriegerinnen mitbrachten, die vielleicht selbst die Amazonentradition ins Leben riefen. Tatsächlich hat diese Variation durchaus ihre eigene Logik: Sie stimmt überein mit Iustinus' Versicherung, dass die Amazonen ursprünglich aus Skythien kamen, und mit der Theorie, dass die Hauptwelle der indoeuropäischen Reitervölker über die Südroute entlang der Schwarzmeerküste nach Kleinasien und Griechenland kam und sich so den schwierigen Weg über das gebirgige Griechenland sparte. Sollte eine dieser Gruppen über eine Anführerin und ein paar Kriegerinnen verfügt haben, dann verdient vielleicht sie den Titel Amazonenkönigin. Ich jedoch setze auf die mächtigen Priesterinnen der Throngöttin Hanwaschuit.

KÖNIGIN PUDUHEPAS VERMÄCHTNIS

Glücklicherweise gibt es eine Priesterkönigin, die Zeugnis von ihrer Stärke und Entschlossenheit hinterlassen hat. Diese Frau ist Puduhepa, Tochter eines Priesters und einer Priesterin aus der heiligen Stadt Kizzuwatna im südöstlichen Anatolien und Ehefrau des hethitischen Königs Hattuschili III. Puduhepa schätzte sich selbst und ihre Fruchtbarkeit äußerst positiv ein. In einem Brief an Ramses II. von Ägypten erwähnt sie, dass sie mit Unterstützung ihrer persönlichen Gottheit sowohl männliche als auch weibliche Kinder zur Welt gebracht hatte, was die hethitische Bevölkerung veranlasste, ihre »außergewöhnliche Energie« zu preisen. Sie brachte Ordnung in die chaotische Religion der Hethiter, indem sie ihre hurritische Götterwelt, in der Frauen eine bestimmende Rolle spielten, einführte. Und sie war beteiligt am Bau des Felsenheiligtums Yazilikaya.

Yazilikaya wurde während der Regierungszeit von Puduhepas Sohn Tuthalija IV. im dreizehnten Jahrhundert v. Chr. direkt vor der Stadtmauer Hattuschas errichtet. Nach dem Tod von Hattuschili III. regierte Puduhepa eine Zeitlang als Mitregentin neben ihrem Sohn, was ihre Herkunft aus einer matrilinearen Tradition zu bezeugen scheint. Yazilikaya kann man auch heute noch besichtigen. Hoch über dem heutigen Ort Bogazkale in einer Gruppe steil aufragender Felsen verewigten hethitische Steinmetzen eine Prozession von Göttern, Göttinnen und Fabelwesen, die allesamt an einem rätselhaften Ritual teilnehmen. Männliche und weibliche Gottheiten sind in zwei langen, einander gegenüberliegenden Reihen voneinander getrennt, was ein starkes Gefühl von Polarität vermittelt. Diese Trennung nach Geschlechtern gilt auch für die göttlichen Paare. Teschschup, der Sturmgott, steht mit den Füßen auf den Hälsen zweier Berggötter. Ihm gegenüber steht mit einem hohen Hut seine Gemahlin Hepat auf einem Panther; ihr Sohn Scharruma, ebenfalls auf einem Panther, befindet sich unmittelbar hinter ihr. Am vorderen Ende der Prozession *männlicher* Götter sehen wir Schawuschka, das hurritische Pendant zur akkadischen Ischtar. In der einen Hand hält sie eine Streitaxt. Sie trägt einen hohen, spitz zulaufenden Hut und einen langen Rock, der auf einer Seite bis über die Hüften hochgezogen ist und ihren Unterleib freilegt. Sie ist halb entschleiert und hat Flügel. Ihre Position in der Prozession und ihre Kleidung machen ihr bisexuelles Wesen deutlich. Als Kriegsgöttin hat sie sich ihren Platz unter den Göttern erworben, weil sie bei Hattuschili III., der sie als seine Schutzgöttin empfand, hoch angeschrieben war.

Schawuschka ist entschlossen, schonungslos, bereit für den Krieg – und dennoch ist sie eine sexuelle Frau, fähig zum Geschlechtsakt, bereit, Kinder zu gebären. Sie vereinigt in sich zu gleichen Anteilen männliche und weibliche Kraft. Sie ist androgyn – und doch scheint das Weibliche zu überwiegen. Schawuschka *wirkt* wie die archetypische Amazone. War sie der nächste Anhaltspunkt bei der Suche nach den Ursprüngen des Amazonenmythos? Um mehr über sie und Ischtar herauszufinden, die ebenfalls ein androgynes Erscheinungsbild hatte, musste ich meinen Blick weiter nach Osten wenden auf das »Land zwischen den Flüssen«, wo die Zivilisation ihren Ursprung hat: Mesopotamien.

6

Der Ursprung

Inanna beziehungsweise Ischtar fasst den Entschluss, in die Unterwelt zu gehen. Zunächst will der Wärter sie nicht hineinlassen. Doch sie bearbeitet das Eisentor mit den Fäusten und lässt sich nicht abweisen. Sie tritt ein.

So beginnt eine der erstaunlichsten Geschichten der Mythologie. Sie erzählt weiter, wie entschlossen die Göttin war, in das Reich der Toten hinabzusteigen, und dass sie sieben Tore passieren musste. Ihre Schwester Ereschkigal, die Königin der Unterwelt, hatte Anweisung erteilt, dass Inanna nackt und auf Knien vor ihr zu erscheinen habe, und so verliert Inanna an jedem Tor ein Kleidungs- oder Schmuckstück. Als sie schließlich ins Zentrum der Unterwelt vordringt, ist sie keineswegs entmutigt: Sie zerrt ihre Schwester vom Thron und setzt sich selbst darauf.

Doch die sieben Anunnaki, die Richter im Totenreich, verurteilen sie wegen ihrer Arroganz zum Tode. Sie wird hingerichtet und verwandelt sich in einen stinkenden Kadaver, der an einem Nagel hängt. Ihr Stolz wird restlos gebrochen: Inanna ist ausgelöscht.

In weiser Voraussicht hatte sie ihre Dienerin Ninschubar auf einen solchen Notfall vorbereitet, und diese zieht nun los, um Hilfe bei den anderen Göttern zu suchen. Weder Enlil, Inannas Vater, noch Nanna, die Mondgöttin, wollen helfen. Doch Enki erklärt sich bereit, und er fertigt aus dem Schmutz unter seinen Fingernägeln zwei kleine Trauernde und schickt sie aus, um sich bei Ereschkigal einzuschmeicheln und Inanna mit dem Wasser des Lebens wiederzubeleben. Weil Ereschkigal in tiefer Trauer um ihre Kinder ist, weiß sie das Mitgefühl der Trauernden zu schätzen und fällt auf den Trick herein. Schließlich gelingt es ihnen, Inanna

155

mit dem Wasser des Lebens zu besprengen, und sie kehrt in ihre normale menschliche Gestalt zurück.

Doch die Anunnaki erklären, dass sie nicht ungeschoren davonkommen darf: Sie muss einen Ersatz finden, ein Opfer, das bereit ist, statt ihrer in den Hades zu gehen. Im Gefolge von wilden und brutalen Stellvertretern verlässt sie die Hölle, und der erste Mensch, dem sie begegnet, ist ihre Dienerin Ninschubar. Die Stellvertreter wollen sie sich als Ersatz für Inanna greifen, doch Inanna lässt es nicht zu – schließlich hat Ninschubar ihr das Leben gerettet. Sie suchen überall, und schließlich kommen sie zur Schafherde von Dumuzi, Inannas jungem Ehemann. Statt zu trauern, hat er sich in feine Gewänder gekleidet und amüsiert sich. Inanna ist erfüllt von Wut und Eifersucht und gestattet es den grausamen Stellvertretern, Dumuzi mitzunehmen.

Inanna ist übrigens der sumerische Name der Ischtar (das aus dem Akkadischen, einer semitischen Sprache, stammt). Somit haben wir es also mit einer Variante der Schawuschka zu tun, die wir in Yazilikaya mit ihren Flügeln, ihrer Streitaxt und ihrem konischen Hut gesehen haben. Sie ist eine Göttin mit vielen Aspekten; feministische Schriftstellerinnen haben jedoch meist nur ihre »guten« Seiten hervorgehoben und über ihre kriegerischen hinweggeblickt. Doch für die Sumerer war eine Schlacht der »Tanz der Inanna«, und die oben wiedergegebene Geschichte zeigt sie arrogant, gierig, stolz, unbezähmbar und unendlich grausam. Volkert Haas hat seine Freude daran, ein lebhaftes Bild ihrer Bösartigkeit zu vermitteln:

Ischtar, nach der mesopotamischen Tradition der Stadt Uruk die Tochter des Himmelsgottes Anu, und nach einer anderen, ebenso geläufigen Überlieferung die Tochter der Mondgöttin Sîn, ist die semitische Göttin der Sexualität und der Leidenschaft, des Aufruhrs und des Kampfes; sie ist die Göttin der Wildheit, des Chaos, der Unordnung und der Bedrohung. Ebenso wie die Dämonen ist auch sie ohne Mutter, Ehegemahl und Kinder. »Eine Hure ist sie«, die mit Sterblichen schläft, um sie zu vernichten: Ihrem Geliebten

Dumuzi »bestimmt sie Jahr für Jahr das Weinen«; der Schäfer, den sie verführte, »sitzt jetzt als Vogel mit gebrochenen Schwingen im Walde«; einen Hirten verwandelte sie in einen Wolf, so daß ihn die eigenen Hirtenknaben verjagten ...[1]

Im Laufe der Zeit wurde die Göttin als sumerische Inanna, babylonische und assyrische Ischtar, nordsyrische Astarte und hurritisch-hethitische Schawuschka verehrt. Abbildungen zeigen sie gleichermaßen in Männer- und Frauenkleidern; sie wird für männlich und weiblich gehalten, und eine ihrer Fähigkeiten besteht darin, Männern ihre Männlichkeit und Frauen ihre Weiblichkeit fortzunehmen. Nachfolgend ein hethitischer Ischtar-Fluch:

Dann nimm den Männern Männlichkeit, Zeugungskraft und Gesundheit fort; nimm Waffen: Bogen, Pfeile und Dolche fort und bring sie ins Hatti-Land. Jenen Männern aber lege Spindel und Spiegel der Weiber in die Hände. Bekleide sie auch nach Weiberart und setze ihnen den Kopfputz auf. Und dein Wohlwollen nimm ihnen fort. Den Frauen nimm Mutterschaft, Liebeskraft und Sexualität fort und bring es ins Hatti-Land.[2]

Glücklicherweise versorgt uns Oliver Gurney mit dem magischen Ritual, das einen solchen Fluch unschädlich macht:

Ich gebe dem Patienten einen Spiegel und eine Spindel in die Hand, und er schreitet durch ein »Tor«, und wenn er durch das Tor hindurch ist, nehme ich ihm den Spiegel und die Spindel ab und reiche ihm einen Bogen und sage zu ihm: »Siehe! Ich habe dich vom Frauentum befreit und habe dir deine Männlichkeit zurückgegeben; du hast die Verhaltensweisen der Frauen fortgeworfen und die Verhaltensweisen der Männer aufgenommen.«[3]

Ischtar ist die Herrin der Sexualität, und wie ein Schamane kann sie sich der Attribute des einen wie des anderen Geschlechts bemächtigen. Sie ist die Beschützerin der Huren, ob sie nun als heilige Hierodulen in ihren Tempeln arbeiten oder draußen in den Feldern. Der Abendstern ist der Ischtar heilig und wird von einem Dichter der Antike selbst mit einer Hure verglichen, als er den Himmel zur Prostitution auffordert und das Land für die Huren, die unter ihm arbeiten, beleuchtet. Somit werden die Huren zu Inkarnationen der Göttin und zu den Verführerinnen ihres Bräutigams Dumuzi.

Ischtar/Inanna scheint das Element in Frauen zu verkörpern, das Männer weder kennen noch begreifen noch sich zu eigen machen können, die »Jungfrau«, die zugleich eine Hure ist, den wilden, unzivilisierten, gefährlichen Teil der weiblichen Psyche; den Bereich, der an sich weder gut noch schlecht ist, obgleich er zu beidem werden kann. Jeanne d'Arc könnte man als den »guten« Aspekt der Göttin begreifen; die dionysischen Mänaden, die einen Mann oder ein Tier zerreißen, als den »schlechten«. Die sumerisch-babylonische Lilith, die semitische Anath, Aschtoreth/Astarte als der indoeuropäische zerstörerische Aspekt der Großen Göttin, die Dreiheit der irischen Kriegs- und Todesgöttinnen Morrígan, die keltisch-germanische »Vernichterin« Skadi – alle Kulturen verfügen über eine eigene, zur Göttin erhobene Personifikation des »schlechten« Prinzips, die die übliche Unterordnung unter den Mann, Kinder und die Gesellschaft ablehnt und entweder einem höheren oder einem niedrigeren Gott dient. Thorkild Jacobson[4] schreibt über Inanna:

> In den Epen und Mythen ist Inanna eine hübsche, recht eigensinnige junge Adlige. Wir lernen sie als charmante, etwas schwierige jüngere Schwester kennen, als erwachsene Tochter (die ihren eigenen Vorteil vielleicht eine Idee zu schnell wahrnimmt) und als Sorgenkind der Älteren, weil sie dazu neigt, auf der Basis ihrer Impulse zu handeln, obwohl man ihr schon vorher hätte sagen können, dass das betreffende Ereignis mit einer Katastrophe enden würde ... sie wird niemals als Ehefrau oder helfende Freundin oder als Mutter dargestellt.

Diese Qualität der Unantastbarkeit und Nichtverfügbarkeit kommt in dem Augenblick in den Archetypen der Göttin zum Vorschein, als die Große Göttin in den Augen der Männer langsam ihre universelle Macht verliert. Während in der äußeren Welt Frauen nach und nach ihren Status und ihre Macht einbüßen und die Herrschergewalt der Göttin gleichfalls abnimmt, scheint diese Energie in eine Form zu fließen, in der sie unanfechtbar ist: in die Kriegsgöttin einer von Kriegern dominierten Gesellschaft. In der Gestalt der Kriegsgöttin wird diese Energie in älteren wie in jüngeren Mythen gefeiert. Thorkild Jacobson zitiert einen beunruhigenden Kriegsgesang zu ihren Ehren:

> Wenn ich in vorderster Front stehe,
> Bin ich Führerin aller Länder;
> Wenn ich die Schlacht eröffne,
> Bin ich als Köcher bei der Hand;
> Wenn ich mitten im Schlachtgewimmel stehe,
> Bin ich das Herz der Schlacht,
> Der Arm der Krieger;
> Wenn ich mich gegen Ende der Schlacht rühre,
> Bin ich die böse sich erhebende Flut;
> Wenn ich im Kielwasser der Schlacht folge,
> Bin ich die Frau, (die die Nachzügler antreibt);
> »Beeilt euch! Schließt auf (mit dem Feind)!«

Sumer im vierten Jahrtausend v. Chr. scheint von Athen im fünften Jahrhundert v. Chr. unendlich weit entfernt zu sein. Doch die sumerische Zivilisation im Süden Mesopotamiens blieb in der einen oder anderen Form dreitausend Jahre lang bestehen, und Gleiches gilt für ihre Göttin Inanna, wenn sie auch zu verschiedenen Zeiten und Orten den Namen wechselte. Im frühen Sumer, in dem ihr Archetyp ihren Ursprung hat, besaßen Frauen beträchtlichen Status und erhebliche Macht – in der Oberschicht waren sie den Männern sozial und wirtschaftlich gleichgestellt. In der dynastischen Zeit wurde Frauen noch immer großer Respekt entgegengebracht: Sargons Tochter Enheduanna war Hohepriesterin des Mondgottes in Ur und bekannt als bemerkenswerte Frau und Dichterin zweier großer Inanna gewidmeter Zyklen. Mit der Zunahme des akkadischen Einflusses und der Konsolidierung des städtischen Lebens im Rahmen der zentralisierten akkadischen Autorität, seiner Tempel und männlichen Priesterschaft, verlagerte sich das Machtgleichgewicht langsam zu Gunsten der Männer. Samuel Kramer zitiert aus dem »Reformdokument« eines Königs von 2350 v. Chr., das die Veränderung sichtbar macht: »In früheren Zeiten pflegten die Frauen zwei Ehemänner zu nehmen, doch heute werden die Frauen (die so etwas vorhaben) mit Steinen gesteinigt, auf denen ihre üble Absicht eingeritzt ist.«[5] Das hört sich so an, als ob es Frauen einmal freistand, mit mehreren Männern in ehelicher Gemeinschaft zu leben. Später wurde von Frauen erwartet, dass sie ihrem einen Ehemann treu waren, auch wenn dieser ein oder zwei zusätzliche Konkubinen nehmen durfte. Doch wenigstens der Göttin Inanna gelang es, an ihrer sexuellen Freiheit festzuhalten.

Die Babylonier behielten Ischtar bei, integrierten den wesentlichen Teil der sumerischen Kultur und verbreiteten sie in Assyrien und Kanaan sowie über ihre Handelsrouten bis nach Anatolien. Am äußersten Ende der altassyrischen Handelsroute lag am Schwarzen Meer im Heimatland der Amazonen Themiskyra. Neuigkeiten aus der mesopotamischen beziehungsweise assyrischen Kultur flossen über die Handelswege in die Landschaft zwischen Meer und Pontischem Gebirge und verbreiteten sich dort. Das matrilineare hattische Erbe blieb in irgendeiner Form erhalten. Die Hurriter drängten während der Bronzezeit stetig westwärts, und aus dem vorherigen Kapitel wissen wir, dass eine hurritische Prinzessin das Bild der Kriegsgöttin Schawuschka nach Yazilikaya und Hattuscha in die hethitische Hauptstadt brachte. »Themiskyra«, wo immer es sich genau befindet, stellt also ein Sammelbecken für das Bild und vielleicht die Rituale der Ischtar oder Schawuschka, für Informationen über vorhethitische Matriarchinnen und Königinnen und über die hurritische Priesterinnenreligion dar. Selbstverständlich können all diese Informationen auch an andere Orte Anatoliens gelangt sein und sind es sicherlich auch, aber hier in »Themiskyra« landeten sie quasi in einer Sackgasse und sammelten sich zwischen dem Pontischen Gebirge und dem Schwarzen Meer.

Noch bis Ende des fünften Jahrhunderts wurde das Schwarze Meer im Volksmund als »Amazonenmeer«[6] bezeichnet. Vielleicht konnte sich hier die alte frauengesteuerte Lebensweise länger halten als anderenorts, was erklären würde, warum Geschichten von mächtigen und kriegerischen Frauen ihren Ursprung in diesem von der Welt gewissermaßen abgeschnittenen Küstenstrich hatten. In anderen Gebieten des bronzezeitlichen Kleinasien gab es große Städte, die der Göttin geweiht waren und selbst in patriarchalischer Zeit noch über große Schlagkraft verfügten. Zu diesen Städten zählen Nuzi (Jorgan Tepe) und Ninive in Assyrien, Karkemisch in Südostanatolien am Rande des hethitischen Reiches und Komana im alten Kizzuwatna.

DIE STÄDTE DER GÖTTIN

Die nordassyrische Stadt Ninive war berühmt für ihren Ischtartempel. Ende des achten Jahrhunderts war die Göttin hier noch unter ihrem hurritischen Namen Schawuschka geläufig. Man sprach ihrem Standbild Heilkräfte zu, und es wurde zweimal nach Ägypten geschickt, um dem Pharao Gesundheit zu bringen.[7] Schawuschka wird in der Regel mit Flügeln und Löwen abgebildet. Gelegentlich werden ihre Füße als Löwenpranken dargestellt, mit denen sie auf ihrem heiligen Berg steht, der in anderen Abbildungen auch durch ihren hohen gehörnten Hut symbolisiert wird. Auf Rollsiegeln sieht man hinter ihren Schultern oft lange Gerten, die als Pfeile oder Amtsstäbe und grüne Triebe zu verstehen sind. Flügel und Löwenpranken bezeichnen ihren Ursprung als Göttin der Bergvölker. Auf einem altbabylonischen Hämatitsiegel von etwa 1825 v. Chr. ist neben den Sturmgöttern und Dämonen eine Göttin abgebildet, die von der Taille abwärts einen Schlangenkörper, Flügel, windzerzaustes Haar und Vogelfüße hat. Sie ist Ischtars wilde Seite.

In der hurritischen Stadt Nuzi auf der Westseite des Zagrosgebirges in Nordassyrien stand ein Ischtar-/Schawuschkatempel,

in dem es Löwenskulpturen und Trankopferschalen in Löwen-
gestalt gab. Außerdem wurden zahllose nackte weibliche Figurinen mit hervorgehobenen Sexualmerkmalen und eine kleine androgyne Schawuschkastatue aus Elfenbein gefunden. Sie hält eine
hethitische Streitaxt in der rechten Hand, trägt einen hohen Hut
mit gedrechselten Hörnern, die ihre Göttlichkeit unterstreichen,
einen kurzen Mantel und einen umgedrehten Stiefel.

Kubaba war die Stadtgöttin von Karkemisch an der südöstlichen
Grenze des hethitischen Reiches. Die Gründung der Stadt reicht wenigstens bis in die Mitte des dritten Jahrtausends v. Chr. zurück und
ihre Blütezeit bis weit über die Zeit des neuhethitischen Reiches hinaus. Mitte des zweiten Jahrtausends v. Chr. gelangte Kubaba über
Karkemisch nach Anatolien und lebte in der griechisch-phrygischen
Göttin Kybele fort. In Syrien ähnelten sich Kubaba und Ischtar stark
– Kubaba wurde mit Ischtars Taube assoziiert. Auch Kybele war
ursprünglich zweigeschlechtlich. In Bogazkale existiert eine Kybele-
statue ohne Brüste. Wie ich im ersten Kapitel dargelegt habe, ist
»brustlos« eine der Bedeutungen des Wortes Amazone.

Der viktorianische Gelehrte A. H. Sayce hielt die Amazonen für
die Priesterinnen dieser asiatischen Gottheiten, deren Kult sich
von Karkemisch zugleich mit den hethitischen Armeen ausbreitete. Unter ihrem Namen Ma dienten ihr in Komana im alten Kizzuwatna nicht weniger als 6000 bewaffnete Priesterinnen und Eu-
nuchenpriester. Bestimmte Städte wie etwa Ephesos und Komana
waren dem Dienst der Göttin geweiht, und ein Großteil der Einwohner wurde somit zu bewaffneten Priestern dieser mächtigen
Göttin. Im Allgemeinen handelte es sich um Frauen, wie in der An-
fangszeit in Ephesos, wo sie einer Hohepriesterin gehorchten, die
sich selbst die »Bienenkönigin« nannte. Als Ephesos in griechische
Hände fiel, wurde die Göttin dort mit Artemis gleichgesetzt, und
ein Mann übernahm den Platz der Hohepriesterin. Und so schreibt
A. H. Sayce: »… der Amazonenmythos lässt sich nicht anders erklären, es sei denn durch die Annahme, dass sie die Priesterinnen der
hethitischen Göttin waren.«[8]

Adolf Holm in seinem Werk *The History of Greece* schmückt das
Thema weiter aus: Er meint, die Amazonen könnten eine »poeti-

sche Transformation der Priesterinnen der Göttin Ma in Komana in Pontos sein, deren Kriegstänze Anlass für Geschichten von einem Frauenstamm waren, der kriegerische Übungen abhielt.« Donald Sobol[9] jedoch stellt klar, dass es keinen Beleg für bewaffnete Priesterinnen in den Riten der Ma gibt, ganz zu schweigen von den angeblichen 6000, die Sayce zufolge der Göttin in Komana dienten. Frühe Forscher zeigten sich überzeugt, dass es sich bei dem Relief am Königstor von Bogazkale um eine Frau mit einer Streitaxt handelte. Doch inzwischen ist eindeutig bewiesen, dass hier ein männlicher Kriegsgott abgebildet ist. Die hervorgehobenen Brüste einer Statue sind kein sicherer Hinweis auf die Darstellung einer Göttin, und auch das Fehlen von Brüsten bedeutet nicht zwangsläufig, dass es sich um einen Gott handelt.

DIE KORYBANTEN MIT IHREN ZIMBELN

Es lohnt sich, noch ein wenig bei den »Kriegstänzen« zu verweilen. Kallimachos, der seine Hymne »Auf Artemis« im dritten Jahrhundert v. Chr. verfasste, beschreibt das Spektakel:

Aber es haben dir [Artemis] auch die Amazonen,
    die schlachten-
Trunkenen, an Ephesos' Küste einst ein Standbild errichtet
Unter dem Strunk einer Eiche; und Hippo erbaute den
    Tempel,
Ihn umtanzten sie selber in Waffen, Königin Upis,
Erst mit den Schilden und völlig gerüstet, dann wieder
    im Kreise
Ordneten sie den breiten Chor, und es tönten die hellen
Flöten fein, damit sie den Boden stampften im Gleichtakt –
Denn es wurden noch nicht (ein Werk Athenes, zum
    Unglück
Für die Tiere) die Knochen der Hirsche durchbohrt –
    bis nach Sardes,
Bis zum Bezirk Berekynthien drang das Echo; denn mächtig

Klapperten sie mit den Füßen; darein aber klirrten die
Köcher.[10]

Es ist denkbar, dass er bei der Beschreibung auf Tänze seiner eigenen Zeit zurückgriff, die der ursprünglichen »Amazonentänze«
gedachten oder sie imitierten. Die Personen, die die ursprünglichen
Tänze aufführten, wären wahrscheinlich wie die ekstatischen Tänzer der Muttergöttin Kybele als »Korybanten« bezeichnet worden.
Die kretische Rhea, die Kybele in vielen Aspekten sehr ähnlich
war, hatte ähnliche Tänzer, die aber »Kureten« hießen. Korybanten
und Kureten wurden oft miteinander verwechselt.

In der kretischen Sage heißt es, dass die phrygischen Korybanten der Kybele nach Kreta gerufen wurden, um den neugeborenen
Zeus vor seinem eifersüchtigen Vater zu schützen. Sie erledigten
die Aufgabe, indem sie mit ihren Speeren auf ihre Schilde schlugen,
womit ihr Lärm das Schreien des Kindes übertönte. Dies inspirier-
te die Kureten dazu, lärmende Kriegstänze zu erfinden, die sie zu
Rheas Ehren »phrygische« Tänze nannten. So kam es, dass die
»Söhne der Großen Mutter« bei der Geburt des »Großen Vaters«,
der ihr schließlich alle Macht rauben sollte, anwesend waren. Die
Korybanten waren außerdem über Korybas, den Sohn des Iasion
und der Kybele/Demeter, mit der Einführung der Mysterien von
Samothrake in Phrygien verbunden. Außerdem heißt es, und das
ist für unsere Geschichte wichtig, dass der Schrein und das Heiligtum der Großen Mutter in Samothrake von der Amazonenkönigin
Myrina begründet wurde. Bei der Suche nach der Wahrheit über
die Amazonen könnte sich die Insel Samothrake als ein Schlüssel-
ort erweisen.

DIE GÖTTIN VON SAMOTHRAKE

Als die Amazonenkönigin Myrina und ihre Armee einige der
Ägäisinseln unterwerfen wollten, gerieten sie in einen entsetz-
lichen Sturm. Myrina betete zur Göttermutter um Hilfe, und ihr
Gebet wurde gehört: Sie wurden auf eine menschenleere Insel

verschlagen. Dort hatte Myrina einen Traum, in dem ihr befohlen wurde, die Insel der Göttin zu weihen. Sie errichtete Altäre, brachte Opfer dar und nannte die Insel Samothrake, was »heilige Insel« bedeutet. Später, so erzählt die Sage, fand die Göttermutter an der Insel Wohlgefallen und siedelte darauf ihre Söhne, die sogenannten Korybanten an – wer aber ihre Väter waren, das wurde nur den Geweihten mitgeteilt. Das heilige Gebiet wurde zur »Freistätte« erklärt.[11]

Samothrake ist eine raue Insel in der nördlichen Ägäis zwischen dem griechischen Festland und dem türkischen Kleinasien (siehe Karte 2). Sie ist voller Wälder, Wasserfälle und hoher Berge und wird wegen ihrer fehlenden Strände und der schwierigen Transportsituation nur selten von Touristen aufgesucht. Jedoch verfügt die Insel über eine merkwürdige, unterschwellig kraftvolle Atmosphäre, die auf mich so wirkt, als halte die Insel die Luft an und warte darauf, dass die Mysterien eines Tages hierher zurückkehren.

In der ganzen antiken Welt war Samothrake berühmt für seine Mysterien: eine Abfolge von Initiationsriten, die den Kandidaten Schutz auf See, vor Gefahren und das Freisein von Todesfurcht versprach. Die Menschen kamen aus der ganzen griechischen Welt und Kleinasien und später auch aus Rom, um an den Zeremonien teilzunehmen. Meist handelte es sich um Männer, doch die Inschriften auf Samothrake dokumentieren auch einige Frauen – darunter zwei, die Gebäude für das Heiligtum stifteten. Von Alexanders Mutter Olympia heißt es, dass sie hier initiiert wurde. Das ist faszinierend, denn sie wird außerdem mit dionysischen Riten in Verbindung gebracht, die das Tragen einer sehr großen Schlange beinhalten (siehe erstes Kapitel).

Samothrake wurde mit zwei oder vielleicht mehreren Göttern assoziiert, die unterschiedlich als Kabiren, Dioskuren oder Korybanten bezeichnet wurden, und mit der Großen Mutter, deren Attribute mit jenen der Kybele eng verwandt waren. In welcher Beziehung sie zueinander standen, wissen wir nicht. Die Kabiren könnten, wie die Korybanten, »Söhne der Mutter« gewesen sein. Niemand weiß genau, wie die Riten abliefen, denn die Eingeweihten wurden zum Schweigen verpflichtet. Doch Archäologen und

Altphilologen haben gemeinsam das ausgegraben, was vom Heiligtum noch übrig war, Bruchstücke von Inschriften zusammengesetzt und die Bezugnahmen der klassischen Autoren auf die Insel gesammelt. Daraus konnten sie schließlich ein Puzzle zusammensetzen, das noch nicht ganz zu stimmen scheint, aber dennoch ein paar beeindruckende Einblicke liefert.

Reinheit war von zentraler Bedeutung bei den Riten; die Kandidaten mussten den Priestern die schlimmsten Untaten ihres Lebens »beichten«. Danach wurde eine Art rituelles Bad vollzogen (man hat eine entsprechende Kanalisation freigelegt), bei dem man sich von seinen Sünden reinigte. Danach erhielten die Neophyten eine dunkelrote Schärpe und einen Ring aus magnetisiertem Eisen. Das Eisen kam wohl von einem Magneteisensteinvorkommen auf der Insel, das mit der Macht der Göttin in Verbindung gebracht wurde. Eine Demonstration der magnetischen Wirkung muss einer Person, die nie zuvor damit Berührung hatte, äußerst beeindruckend und magisch vorgekommen sein. Zu irgendeinem Zeitpunkt im Ablauf der Riten könnte ein wilder korybantischer Tanz mit geschlagenen Zimbeln und klagenden Flöten aufgeführt worden sein. Er wäre wohl zugleich furchterregend und ehrfurchtgebietend gewesen, eine Manifestation der Göttin.

Susan Cole erwähnt drei ithyphallische Statuen, die im Schrein gestanden haben sollen. Herodot, ein Eingeweihter der samothrakischen Mysterien, sagt, dass die Statuen und die Mysterien pelasgischen Ursprungs sind – die Pelasger gehörten zu der vorindoeuropäischen Bevölkerung der ägäischen Welt. Er behauptet, als Bestandteil des Rituals werde eine heilige Geschichte über sie erzählt, was laut Cole darauf schließen lässt, dass es in den Mysterien um die Bedeutung sexueller Aktivitäten ging. War vielleicht der Geschlechtsakt mit heiligen Hierodulen Bestandteil der Riten auf Samothrake, oder wurde die heilige Hochzeit nur symbolisch gezeigt? Wir wissen es nicht. Es hört sich so an, als stellten diese Mysterien wie jene von Eleusis eine Art Gleichgewicht zwischen der alten Göttinnenverehrung und der neuen, erst von hellenischen und später von christlichen Priestern vermittelten Art in der Entwicklung der religiösen Praktiken dar.

Tänze von bewaffneten Korybanten werden durch mehrere Autoren mit der Insel in Verbindung gebracht. Nonnos von Panopolis berichtet Mitte des fünften Jahrhunderts n. Chr., dass Kadmos, als er zu seiner Initiation auf die Insel kam, einen Korybantentanz sah, bei dem die Tänzer zum Klang einer Doppelflöte umhersprangen und im Takt mit ihren Speeren auf ihre Ochsenhautschilde schlugen. Strabo konnte keinen großen Unterschied zwischen Kabiren, Korybanten und all den anderen Opferdienern der Göttermutter feststellen und hielt

... sie alle für eine Art gottbegeisterter Leute und Ba'kchker, welche durch Waffentanz unter Lärm und Geräusch von Cymbeln, Trommeln und Waffen, desgleichen unter Flötenspiel und Geschrei bei den feierlichen Opferhandlungen [die Menschen] in Gestalt von [Götter]dienern erschrecken ... so daß man diese Opferfeste und die der Samothracier, die auf Lemnos und mehrere andre gewissermaßen in Gemeinschaft bringt, weil man die Opferdiener für dieselben erklärt.[12]

Wo immer es ein Zentrum weiblicher Macht gab, das die Große Göttin anerkannte und zur Begleitung der ausgelassenen Musik von Korybanten verkörperte und manifestierte wie etwa in Ephesos oder auf Samothrake, stoßen wir auf eine Verbindung zu den Amazonen. Auf Lemnos gab es ebenfalls korybantische Riten zu Ehren der Göttin Bendis, die sich als wilde Jägerin mit zwei Speeren an Menschenopfern erfreut – hier hat die Amazonengeschichte von den Frauen, die ihre Ehemänner ermorden, ihren Ursprung.

Im Mythos heißt es, dass Jason und die Argonauten, unter ihnen Herakles, auf der Suche nach dem goldenen Vlies auf Lemnos Halt machten. Sie wurden von einer Horde bewaffneter Frauen begrüßt, die bereit waren, ihre Insel bis auf den Tod zu verteidigen. Ein Herold wurde an Land geschickt, um zu erklären, dass die Männer auf der »Argo« nichts Böses im Schilde führten. Darauf gewährten ihnen die Frauen Zutritt zu ihrer Insel. Königin Hypsipyle erklärte ihnen, die Frauen seien von ihren Ehemännern so schlecht behandelt worden, dass sie sie mit Waffengewalt vertrieben hätten. Etwa vor einem Jahr hatten sich die lemnischen Männer in einen Sexstreik gegen ihre Frauen begeben mit der Begründung, sie stänken widerwärtig, und sich stattdessen thrakische Sklavenmädchen als Konkubinen geholt. Die Frauen hatten einen Aufstand angezettelt und jeden Mann auf der Insel ermordet bis auf Thoas, den König, dessen Tochter Hypsipyle ihn rettete, indem sie ihn in einem ruderlosen Boot auf dem Meer aussetzte.

Nun luden die Lemnierinnen, die erkannten, dass ihr Stamm aussterben würde, wenn sie keine Möglichkeit fanden, sich zu vermehren, Jason und seine Kameraden in ihre Betten ein, und die Männer nahmen diese Einladung natürlich gerne an. Viele Frauen wurden geschwängert, bevor Herakles in ihre Hauptstadt Myrina (benannt nach der Amazonenkönigin, die sie gründete) kam, um mit seiner Keule an die Türen zu schlagen und die Männer an ihre Aufgabe zu erinnern. Sie reisten ab, machten jedoch auf dem Rückweg noch einmal in Samothrake Halt, um sich in die Mysterien einweihen zu lassen.[13]

Robert von Ranke-Graves meint, die Geschichte dieses Männermassakers habe den patriarchalischen Hellenen gedient, um eine von einer bewaffneten weiblichen Priesterschaft unterstützte gynokratische Gesellschaft zu begreifen, in der Männer keinerlei Macht hatten. Ebenso wäre denkbar, dass die lemnischen Männer in den Krieg gezogen und nicht zurückgekehrt waren. Der grauenerregende Gestank, vermutet von Ranke-Graves, gehe vielleicht darauf zurück, dass die lemnischen Frauen mit Färberwaid arbeiteten, das von ihren thrakischen Nachbarn zur Tätowierung verwendet wurde. Offenbar verbreitete Waid einen nachhaltigen, Übelkeit verursachenden Geruch. Alles in allem jedenfalls scheint die Geschichte eine auf Frauen beschränkte oder von Frauen dominierte Gesellschaft zu dokumentieren. Man weiß jedoch nicht, ob sie nur vorübergehend oder auf Dauer Bestand hatte.

Von Lukian, der im zweiten Jahrhundert n. Chr. schrieb, gibt es noch einen weiteren interessanten Hinweis auf den Ursprung der geheimen Riten von Samothrake:

Attes war seinem Volke nach ein Lyder und lehrte zuerst die
Orgien der Rhea: und was bei denselben die Phrygier, Lyder
und Samothraker verrichten, das haben sie alles von Attes
gelernt. Sobald ihn nämlich Rhea entmannt hatte, hörte er
auf, als Mann zu leben: er bekam ein weibisches Aussehen
und legte Frauenkleider an und zog über die ganze Erde, indem er die Mysterien beging, seine Schicksale erzählte und
Lieder auf Rhea sang.[14]

Die Phrygier, Lydier und Samothraker praktizierten alle die Riten
der Großen Mutter und ihres Sohnes/Gemahls. Kakophone Musik
und wildes Tanzen gehörten für gewöhnlich dazu. Kybele wird
häufig mit Musikern abgebildet, die Trommel und Flöte spielen; sie
selbst hält einen Tamburin und Zimbeln in Händen. Im Museum in
Istanbul kann man ihre Anhängerinnen beim Tanz bewundern –
einige von ihnen sind wunderbar losgelöste und im Rhythmus
gefangene Figuren aus Myrina auf Lemnos. Bestandteil der orgiastischen Tänze war das Schlagen der Zimbeln, das Dröhnen der
Trommeln, Schreien und Jammern und Rufen und in einigen Fällen
die Selbstverstümmelung der Männer im Gedenken an Attis. Oder
aber die Tänze verliefen disziplinierter, wie etwa der phrygische
Tanz der Kureten, in dem sie sich gemeinsam in gemessenem
Schritt vor und zurück bewegten, mit den Köpfen nickten und auf
ihre Schilde schlugen. Man kann sich leicht vorstellen, dass jemand,
der *Frauen* bei einem solchen Tanz beobachtete, beeindruckt
und entsetzt sein und vielleicht mit Geschichten von »bewaffneten und schonungslosen Kriegerinnen« heimkehren würde. Doch
die Korybanten, so hieß es für gewöhnlich, waren Männer. War es
denkbar, dass sie selbstkastrierte Männer oder Eunuchen waren,
die Frauenkleider trugen? In einem solchen Fall würden die Männer äußerst feminin aussehen. Ein Zeuge, der solche Tänze als Bestandteil heiliger Riten oder einer geheimnisvollen Initiation mit-
erlebt, ist hinterher kaum fähig, die Frage »Habe ich Frauen oder
Männer gesehen?« zu beantworten. Jeder Beobachter würde seine
eigenen Schlüsse ziehen.

Doch man weiß mit Sicherheit, dass Kriegstänze gelegentlich von richtigen Frauen aufgeführt wurden. Vom vierten Jahrhundert v. Chr. an tanzten professionelle Tänzerinnen mit Helmen, Schilden und Speeren einzeln oder zu mehreren Kriegstänze, die manchmal anmutig oder persiflierend waren, gelegentlich aber auch mit »anzüglichen Gesten und Bewegungen« angereichert wurden.[15] In einer zunehmend patriarchalischen Kultur war dies der degenerierte Ausdruck einer Sache, die einmal echte Bedeutung und Würde besessen hatte, und sie zeigt, wie tief sich die Vorstellung von bewaffneten Frauen, die erotische und zugleich aggressive Tänze aufführen, eingegraben hatte.

Am Schrein der Artemis Limnatus in Südgriechenland hat man Votivtafeln gefunden, deren Darstellungen darauf schließen lassen, dass einige der Tänze, die von Chören junger Mädchen aufgeführt wurden, orgiastisch waren (was nicht bedeutet, dass sie sexuellen Verkehr einschlossen, sondern lediglich, dass die Geweihten sich dem Gott oder der Göttin hingaben und sich von ihm/ihr in Besitz nehmen ließen). Lillian Lawler behauptet, dass fortgesetztes Schlagen der Trommel typisch für solche Tänze war, denn es sollte die erforderliche Raserei verursachen. Und in Sparta kamen Frauen und Mädchen zum Schrein der Artemis, um dort »bekleidet ›mit nur einem Chiton‹ hemmungslos ekstatische Tänze für die Göttin« aufzuführen – dass heißt, sie hatten praktisch gar nichts an. In Ankyra in Zentralkleinasien gab es mit dionysischen Orgien in Beziehung gesetzte Frauentänze, die nicht nur Artemis, sondern auch Athene geweiht waren. Pausanias erwähnt, dass in früheren Zeiten die Verehrung der Artemis in dem nordwestpeloponnesischen Landstrich Elis mit anzüglichen, sehr alten Tänzen erfolgte, die später Eingang in die Komödienaufführungen in Athen fanden.

Es ist eigenartig, dass zwei der Elemente, für die Amazonen berühmt waren – kriegerisches Verhalten und hemmungslos ausgelebte Sexualität –, in diesen Tänzen zum Ausdruck kamen und dass diese Tänze im archaischen Griechenland und wahrscheinlich auch im Dunklen Zeitalter und in der Bronzezeit so weit verbreitet waren. Der Faden, an dem es hier festzuhalten gilt, heißt: *Kriegstänze aufgeführt von Priesterinnen* (oder kastrierten männlichen Akolyten) *zu Ehren der Großen Muttergöttin*. Ohne Zweifel hatten diese

Tänze in ihrer frühen authentischen Form einen religiösen Sinn; sie sollten eine bestimmte Art von Energie mobilisieren, die die Anwesenden auf eine andere Bewusstseinsebene heben würde. Diese Kriegstänze waren heilige Tänze. Wenn wir dem Faden der heiligen Tänze in das Herz Anatoliens folgen, dann finden wir vielleicht noch andere Hinweise auf die Identität der Amazonen.

DIE WANDERDERWISCHE

Wir wissen, dass in einer Phase des Kybelekults Tänze Bestandteil orgiastischer Riten waren und dass sich ihre männlichen Anhänger während dieser Tänze kastrierten. Doch gab es auch noch *andere* Arten heiliger Tänze zu Ehren der Göttin? Wir sollten in Betracht ziehen, dass mehr in diesen Tänzen steckt als klappernde Zimbeln und Schreien und Raserei. Schließlich erwähnt Kallimachos nicht nur den bewaffneten Kriegstanz der Amazonen, sondern auch ihren Kreistanz. Auf Samothrake ist ein bezaubernder Fries aus dem vierten Jahrhundert v. Chr. erhalten geblieben, auf dem Mädchen Hand in Hand tanzen, und ein alter hethitischer Text erwähnt eine Tanzweise, die beim Kilamfest von Bedeutung war und mit »Drehen« oder »Wirbeln« übersetzt werden könnte.

Der Wirbeltanz hat sein Zuhause in Konya in der zentralanatolischen Ebene. Er wird eindeutig mit den Mevlevi-Derwischen, dem 1273 n. Chr. gegründeten Fakirorden, in Verbindung gebracht, für die er eine Art physisches Gebet, ein Suchen nach der Vereinigung mit dem Göttlichen ist. »Erfunden« wurde der Tanz angeblich von dem großen Heiligen, Dichter und Mystiker Jalaluddin Rumi im dreizehnten Jahrhundert n. Chr., doch tatsächlich wirbelt jedes Kind gelegentlich zum Spaß, und es ist wohl eher so, dass Rumi die Bewegungsform »neu entdeckte«, als er sich vom Verlust seines Freundes und Meisters Shamsuddin von Tabriz erholte, dessen Tod ihn allen Berichten zufolge in eine Trauerraserei gestürzt hatte. Heute tragen die tanzenden Derwische eine hohe konische Filzkappe und ein weißes Gewand mit einem langen Glockenrock, der sich wie ein Teller ausbreitet, wenn sie sich drehen. Es ist vorgeschlagen worden, die Wurzeln der Derwischtradition bei den *Galli* zu suchen, den umherwandernden Anhängern der Großen Mutter, die zum Islam wechselten, als er im sechsten Jahrhundert n. Chr. entstand. Doch tatsächlich scheint es zwei verschiedene Derwischkategorien zu geben: die islamischen Derwische, die einem Orden äußerst frommer religiöser Männer angehören, und die unabhängigen Wanderderwische, die auf eigene Faust im Land umherziehen. Interessanterweise tragen Angehörige der zweiten Gruppe gelegentlich eine Doppelaxt, ein Symbol, das seit dem minoischen Kreta mit der Großen Mutter assoziiert wird.

Ich erlernte den Wirbeltanz der Derwische in einer staubigen Gemeindehalle in Chorlton-cum-Hardy, Manchester. Ich wurde von einem Mann unterwiesen, der seinerseits von einem Mann bei einem echten Derwisch aus Konya gelernt hatte. Das Prinzip ist einfach: Man streckt beide Arme aus, um das Gleichgewicht zu behalten, und dreht sich auf der Stelle, wobei man ein Bein als Standbein nutzt und das andere, um sich herumzuwirbeln.

Sobald man das aufsteigende Gefühl von Übelkeit überwunden hat, fühlt sich die Bewegung wunderbar an – die Stille der Meditation in Verbindung mit dem Hochgefühl des Fliegens. Danach ist man erfüllt von einem intensiven, warmen Gefühl der Zuneigung für andere. Es ist mit nichts vergleichbar, was ich vorher oder danach in meinem Leben getan habe, eine vollkommen einzigartige Erfahrung.

Ich entschloss mich, mir den echten Derwischtanz anzusehen. In einem Bus voller Kettenraucher überquerten wir mit einer Geschwindigkeit von 25 Stundenkilometern die anatolische Hochebene in der unheimlichen, gedämpften Stille eines Schneesturms. Bei der Ankunft in Konya waren wir spät dran und wurden deshalb sofort zu dem Sportstadion geführt, wo die öffentliche Aufführung stattfand. Müde und angespannt nach stundenlangem Fahren auf vereisten Straßen fühlten wir uns vom Anblick der tanzenden Derwische wie geblendet: Wie Schneeflocken wirbelten sie in ihren weißen Gewändern, auf dem Kopf den hohen Filzhut, auf ihren Gesichtern der Ausdruck verzückter Hingabe. Die Aufführung war Bestandteil eines einwöchigen Festes, das jedes Jahr im Dezember am Todestag von Jalaluddin Rumi beginnt. Jalaluddin Rumi hat in Konya gelebt und wird von den Türken mit einer Intensität geliebt, die bei uns Fußballstars und Prinzessin Diana vorbehalten ist.

Der Anblick war überwältigend, doch wir wussten, dass sich »das Eigentliche« in Privathäusern abspielen würde. Wir fragten uns also durch, wurden von Teppichladen zu Teppichladen weitergereicht, tranken endlos süßen schwarzen Tee, aßen türkische Pizza und wurden schließlich einem bescheidenen Mann im Regenmantel vorgestellt, der uns die Hände schüttelte und uns zur privaten Feier in sein Haus einlud, die am letzten Tag der Festwoche stattfinden sollte.

Ich hielt mich mit meinem Kopftuch hinten bei den Frauen auf. Mein Mann durfte vorne bei den Männern sitzen. Wir waren offenbar die einzigen anwesenden Europäer. Während die Derwische die heiligen Namen Gottes anstimmen, stacheln sie einander an, indem sie sich mit dem rechten Arm ruckartig auf die Brust schlagen, sie werfen ihre Köpfe hin und her und treiben den Rhythmus an. Das ist der *zikr*. Begleitet wird der Sprechgesang vom herzzerreißend wehmütigen Gesang eines blinden Mannes, der *ney* (einer Flöte aus Schilfrohr mit intensivem, unstetem Klang) und von Trommeln. Es ist aufregend und beängstigend zuzusehen, wie die Energie vollkommen ungehindert zu fließen beginnt. Ein ungefähr vierzehnjähriger Junge weint die gesamte Aufführung hindurch still vor sich hin. Dann und wann tritt ein Mann oder Junge im weißen Gewand und mit dem konischen Filzhut auf dem Kopf vor und beginnt seinen Wirbeltanz: die rechte Hand wie empfangend zum Himmel gestreckt, die linke nach unten auf den Boden weisend, der Rock sich öffnend wie eine weiße Lilie. Da ist ein hochgewachsener Mann, er wirkt ruhig und ätherisch, dort ein rothaariger Junge, der sich in vollkommener Losgelöstheit dreht, nichts zurückhält. Er dreht sich auf der Stelle wie ein Kreisel, gelegentlich taumelnd und fast fallend. Als er seinen Tanz abbricht, entströmt seinen Augen das Licht des Paradieses. Es ist beängstigend und atemberaubend. Hier wird uns das brennende mystische Herz des Islams präsentiert, das so weit von jeglichem Fundamentalismus entfernt ist, wie man es sich nur vorstellen kann.

Die in Privaträumen abgehaltene *sama* ist erheblich einfacher gehalten als das Spektakel, das während eines Festivals oder Konzerts im Westen »aufgeführt« wird, und viele Gelehrte sind der Meinung, dass sie ihren Ursprung in vorislamischer Zeit haben muss. Da ich diesen mystischen Reigen mit eigenen Augen gesehen habe, kann ich mich dieser Auffassung anschließen. Um drei Uhr morgens fand ich die Erfahrung schließlich vor allem beunruhigend: Sie wühlte mich tiefer auf, als mir angenehm war. Mir wurde klar, wie gewaltig die Wirkung dieses Tanzes sein konnte. Ich zweifle nicht daran, dass der rothaarige Junge, wenn man ihn dazu aufgefordert hätte, sich zur Ehre Gottes zu entmannen, der Aufforderung ohne Zögern nachgekommen wäre. Die freigesetzte physische und emotionale Energie war mir, der Europäerin, die so instinktive Kräfte nur in sublimierter Form ertragen kann, unheimlich. Ich erkannte deutlich, dass die Kraft an sich weder gut noch schlecht war, dass sie sich jedoch durchaus in die eine oder die andere Richtung wenden konnte – zu Selbstverstümmelung und Gewalt einerseits oder zu einer ruhmreichen Bejahung göttlicher Macht andererseits.

Hatten sich die Geweihten der Kubaba in Karkemisch oder der Kybele/Artemis in Ephesos einem ähnlichen Bewegungsablauf wie dem *zikr* und dem Wirbeltanz hingegeben? In einem faszinierenden kleinen Buch mit dem Titel *The Land of the Blue Veil*, das 1950 veröffentlicht wurde, erzählt Allan Worsley, ein Arzt, der viele Jahre lang im Sudan arbeitete, von einer Tanzzeremonie, zu der er eingeladen wurde. In der »Derwischstadt« in der er praktizierte, hatte er bereits an anderen Sufi-*zikrs* teilgenommen. Doch diesmal handelte es sich um einen geheimen Tanz, der von Frauen zweifelhaften Rufs aufgeführt wurde, den er normalerweise nicht hätte sehen dürfen, wäre er nicht von einer jungen *fille de joie* (seine eigene euphemistische Umschreibung) eingeladen worden, deren Leben er durch seine medizinische Intervention gerettet hatte. Er beschrieb, wie die Frauen an den Enden ihrer langen, zahlreichen Zöpfe walnussgroße Klumpen befestigten, die aus Gummi und Fett bestanden und noch eine wichtige Rolle spielen sollten:

Während sie tanzte, gab sie merkwürdige saugende Geräusche von sich, die sich so anhörten, als locke man ein Tier an, oder wie das Tschilpen eines Spatzen. Ihre nackten Brüste wölbten sich vor, wenn sie den Kopf in den Nacken warf. Während sie langsam auf mich zu kam, schraubte sich der Chor zu einem Crescendo der Gefühle empor. Größer und größer wurde die Spannung, bis sie schließlich kaum noch dreißig Zentimeter von mir entfernt war.

Sie bewegte sich in Halbkreisen vor mir wie ein wildes Tier, das sein Opfer hypnotisiert, bevor es zuschlägt. Ihre Hüften machten nun sinnliche, schlangenhafte Bewegungen, hin und her und zugleich kreisend. Die Musik, die inzwischen ihren Höhepunkt erreicht hatte, ging in ein scharfes Kreischen über, in das alle Anwesenden einstimmten: *zagharet*, die Freudenschreie sudanesischer Frauen, wie die lang ausgehaltenen Töne einer Primadonna. Als mir das Mädchen näher und näher kam, intensivierten sich die Bewegungen ihrer Hüften. Dann hörte die Musik plötzlich und ohne Warnung auf, das Mädchen bewegte seinen Kopf mit Schwung hin und her, auf und ab, und das volle Gewicht ihrer am Ende mit Fettklumpen beschwerten Zöpfe schlug mir ins Gesicht!

»Das war eine sehr große Ehre, *genaabak*!« flüsterte Zehnab. »Sie hat dir den *shebbaal* geschenkt.«

Dieser offensichtlich erotische Tanz imitierte eine Schlange, die ihr Opfer erst verzaubert und dann zuschlägt. Damit stellte der Tanz Orgasmus und Tod in einem dar. Sicherlich ähnelt dieser Tanz jenem, mit dem die Tempelhuren der Ischtar die Männer auf ihre Initiation vorbereiteten und daran erinnerten, dass jeder Orgasmus ein »kleiner Tod« ist. Außerdem lässt die Beschreibung vermuten, dass dieser Tanz dem ägyptischen *raqs sharqi* ähnelte, der sich gleichfalls sinnlicher Hüftbewegungen bediente. Der Autor begriff ihn, was verständlich ist, wenn man die Zeit und sein Geschlecht berücksichtigt, als eine degenerierte Form des *zikr*, doch selbstverständlich könnte es sich genauso gut um eine noch *frühere* Form gehandelt haben. Die Tänzerin verwandelte sich in die Schlange, in jene rohe, medusenhafte sexuelle Energie, die für Männer so beängstigend ist.

Wie bereits erwähnt, bedeutet Amazonen auf Armenisch »Mondfrauen«, und die Amazonen in ihrer »Mondfraueninkarnation« sind nicht so sehr Kriegerinnen als vielmehr Priesterinnen der Kybele, die selbst eine Mondgöttin war. Esther Harding weist darauf hin, dass die ersten Mondgottheiten häufig Tiere waren und dass die Göttin später mit diesem Tier assoziiert wurde: So etwa Artemis mit Bären, Kybele mit Löwen und Isis mit der Kuh. Die tiefste Ebene weiblichen Instinkts war von animalischer Macht: der Schonungslosigkeit von Löwen, der wilden Beschützerkraft der Bären, der mütterlichen Freigebigkeit der Kuh. Mit der Weiterentwicklung des Menschen wurde diese primitive Energie natürlich überlagert, doch sie ist noch immer da, jederzeit bereit, zum Vorschein zu kommen, wenn die Gelegenheit es zulässt. Denken Sie nur an die Wildheit, mit der eine Mutter ihr Kind beschützt, an die Unbarmherzigkeit von Frauen in Beruf und Politik – oft sind sie härter als die meisten Männer.

Die Hellenen wollten diese elementare weibliche Energie verschleiern und mäßigen. Das jedoch ist nicht möglich, und so floss sie ein in Geschichten über Amazonen und Gorgonen, die auf eine Weise sexuelles Begehren, Gewalt und Leidenschaft verkörperten, wie keine »domestizierte« Griechin sie sich jemals erlauben durfte.

Kybele wird oft zwischen zwei Löwen sitzend oder auf einem von Löwen gezogenen Streitwagen dargestellt, Ischtar/Schawuschka steht auf einem Löwen, und Artemis wird sogar mit verschiedenen wilden Tieren assoziiert. Seit dem siebten Jahrtausend v. Chr. werden in Anatolien ständig Göttinnen mit Löwen oder Leoparden abgebildet. Diese Assoziation des Weiblichen mit der ungezähmten felinen Energie dieser Tiere blieb über die Zeit der Amazonen hinaus bestehen. Auf schwarzfigurigen griechischen Vasen sieht man sie gelegentlich im Löwenfell, und die skythischen Kriegerinnen wurden mit Löwenkrallen bestattet. Um die Bedeutung dieser Verbindung zwischen dem Weiblichen und den Großkatzen ausfindig zu machen, müssen wir Çatal Hüyük aufsuchen, den Ort in Kleinasien, dem wir die früheste Darstellung dieser besonderen Beziehung verdanken.

DIE GÖTTIN VON ÇATAL HÜYÜK

Die niedrigen Hügel von Çatal Hüyük befinden sich am Rande der anatolischen Hochebene, im Winter von eisigen Winden und im Sommer von brüllender Hitze heimgesucht. In der Nähe fließen zwei Flüsse zusammen, und man kann die Berge sehen, aus denen der für die Herstellung von Waffen und Werkzeugen benötigte Obsidian stammt. Von etwa 6800 bis 5700 v. Chr. existierte hier eine stabile Hochkultur in einer »Stadt« mit fünftausend oder mehr Einwohnern. Die Menschen lebten an der Schwelle zur neolithischen Revolution, hatten möglicherweise bereits mit der Viehzucht begonnen und bauten schon einige Feldfrüchte an. Sie verstanden es, Dinge herzustellen und zu modellieren, schufen einzigartige Wandgemälde, Figurinen aus Stein und Ton sowie elegante Werkzeuge.

Ich besuchte Çatal Hüyük mitten im Winter, als ein eisiger Wind über die Ebene blies. Es war zu kalt, um einen klaren Gedanken zu fassen, aber nicht, um zu spüren, dass es sich hier um einen Ort handelte, der vor achttausend Jahren bereits zwei Jahrtausende lang besiedelt war. Wandert man in dem Ausgrabungsgelände umher, dann sieht man überall auf dem Siedlungshügel die gespenstischen Grundrisse der kleinen Häuser, die ohne Gassen und Straßen unmittelbar aneinander anschlossen, und überall tritt man auf Keramikscherben, Obsidianbruchstücke und Steine mit Löchern darin, die vielleicht kleine Göttinnenidole waren. Es ist ein unheimliches Gefühl, wenn man den braun glasierten Griff eines Tonkrugs aufhebt, den zuletzt ein Mensch vor siebentausend Jahren in Händen hielt.

Als James Mellaart Anfang der sechziger Jahre Çatal Hüyük ausgrub, stellte er überrascht fest, dass es sich bei 50 Prozent der Gebäude um Kultstätten handelte, die im Inneren mit Wandgemälden und Reliefs ausgeschmückt waren. An den Wänden solcher Räume fanden sich außerdem in Gips gefasste Stierköpfe und reliefartige

Figuren mit weit gespreizten Beinen, die Mellaart als die gebärende Muttergöttin interpretierte. Er nahm an, dass er seine Ausgrabungen in einem »Priesterviertel« begonnen hatte, doch spätere Archäologen wie etwa Ian Hodder vertraten die Auffassung, dass es sich hier um eine Gesellschaft handelte, in der das Weltliche und das Religiöse nicht säuberlich voneinander getrennt waren, wie es heute in städtischen Siedlungen meist der Fall ist. Die numinose Welt des Göttlichen mit ihren titanischen Kräften und die Alltagswelt menschlicher Bestrebungen waren miteinander auf eine Weise verschmolzen, die wir uns heute nur noch schwer vorstellen können, so weit haben wir uns inzwischen von den elementaren Tätigkeiten entfernt, die erforderlich sind, um der Erde das Überleben abzuringen.

Die Ausgrabungsstätte Çatal Hüyük befindet sich in einem sumpfigen Becken am Zusammenfluss zweier Flüsse. Damit war der Ort für die Viehzucht gut geeignet, was vielleicht überhaupt der Grund war, das Gelände zu besiedeln. Der Nachteil war jedoch, dass dies zugleich ein idealer Brutplatz für Moskitos war. Bei einundvierzig Prozent der Schädel, die in Çatal Hüyük bei Ausgrabungen gefunden wurden, lassen sich Spuren von Überwucherungen in den Bereichen des weicheren Marks feststellen, die von Malaria Plasmodium falciparum verursacht wurden. Malaria ist eine Krankheit, die Fieber und Halluzinationen hervorruft und damit die Grenzen zwischen Wirklichkeit und Fantasie, zwischen dem Reich der Menschen und der Götter verschwimmen lässt. Eine Gesellschaft, die dieser Krankheit in ungewöhnlichem Maße ausgesetzt ist, könnte also besonders zu mystischen und religiösen Erfahrungen neigen.

Mein erster Besuch in einer solchen nachgebauten Kultstätte mit ihren die Wände zierenden Stierköpfen im Museum in Ankara löste in mir das unheimliche Gefühl aus, eine fremde Welt, ein Machtzentrum dunkler, unterweltlicher Energie zu betreten, die kaum in vier Wänden fassbar war. Die Menschen von Çatal Hüyük verbrachten viel Zeit im täglichen Kontakt mit ihren Rindern, trieben oder sammelten sie, passten auf sie auf, schlachteten, melkten, züchteten sie und brachten dann die Schädel in ihre

Häuser, überzogen sie mit Gips und hängten sie an die Wände. Außerdem arbeiteten sie die Schädel von Ebern und weißköpfigen Geiern in brustförmige Wandvorsprünge ein, sodass beispielsweise die Schnäbel der Geier die Brustwarzen ersetzten. Geier rissen das Fleisch von den Leichen, die zur Verwesung ins Freie gelegt wurden. Die zurückgebliebenen Knochen ihrer Toten begruben die Einwohner von Çatal Hüyük unter ihren Schlafplätzen. Anders als wir hatten sie nicht das Bedürfnis, Leben und Tod, das Reich der Tiere und das der Menschen, das Zahme und das Wilde streng voneinander zu trennen. Sie gestatteten es den Polaritäten, sich gegenseitig zu durchdringen, was für die moderne Psyche sehr befremdlich ist.

DAS MATRIARCHAT VON ÇATAL HÜYÜK

Mehrere der Figurinen von Çatal Hüyük stellen Frauen mit Großkatzen dar. Am berühmtesten ist die in einem Kornspeicher gefundene Figur von der beleibten Frau mit ihren großen hängenden Brüsten und den dicken Beinen. Sitzend hat sie ihre Hände auf den Kopf je eines Leoparden gelegt, ihre Füße stehen auf Menschenschädeln, und wahrscheinlich gebärt sie gerade ein Kind. Als ich das Museum in Ankara aufsuchte, um die »Herrin der Tiere« oder, wie ich sie lieber nennen möchte, die »Leopardenfrau« anzusehen, wurde dort gerade eine spezielle Ausstellung über Çatal Hüyük vorbereitet, und alles war in Unordnung. Die Figur befand sich in einem Glaskasten in einem abgesperrten Bereich. In der Hoffnung, die Arbeiter würden es nicht bemerken, stieg ich über das Seil und näherte mich der Vitrine. Natürlich sahen sie mich, aber mit der typischen türkischen Höflichkeit zogen sie es vor, in die andere Richtung zu blicken. Die Lebendigkeit der Figur berührte mich unmittelbar. Wenn jemandem in einer Bildhauerklasse eine solche Figur gelänge, dann wäre ihm Lob für seinen Naturalismus gewiss. Die »Leopardenfrau« hat nichts Gewolltes oder Konventionelles an sich. Mir will es so scheinen, als habe hier eine echte, eine ältere Frau Modell gesessen, deren fruchtbare Zeit, wie man an ihren schlaffen Brüsten und ihrem Bauch sehen kann, sich ihrem Ende entgegen neigte.

Im Rumi-Mausoleum in Konya, 50 Kilometer entfernt von Çatal Hüyük, sah ich die Zwillingsschwester der »Leopardenfrau«, eine lebhafte Bauersfrau des 20. Jahrhunderts in Pluderhosen, anderthalb Meter groß, mit großen, hängenden Brüsten und einem riesigen, halbmondförmigen Bauch. Ihr Po bildete einen gewaltigen Vorsprung, auf dem ihre Enkelin saß, behaglich festgebunden. Eine Tochter, deren Äußeres sich dem ihrer Mutter rasch anglich, stand neben ihr. Sie strahlten ursprüngliche Glut und Stolz aus. Wir westeuropäischen Frauen haben diese erdige Form weiblicher Kraft vollständig verloren und sie durch eine androgyne Leichtigkeit des Seins ersetzt.

Später, als ich die »Leopardenfrau« noch einmal vor meinem inneren Auge betrachtete, fragte ich mich, ob sie vielleicht die Matriarchin von Çatal Hüyük war, die »Priesterkönigin«, die über den Stamm wie über eine Familie wacht und ihn schützt. Sie wirkt wunderbar verlässlich und stark; ich kann mir gut vorstellen, wie sie den Vorsitz bei den Spielen oder Ritualen des Volkes führt, Preise zuspricht, den Schuldigen ihre Strafen zumisst, die Verbindung des Weiblichen mit Lebenskraft und Tod verkörpert, das Tor zum Leben wie zum Tod symbolisiert. Die merkwürdige, flache Relieffigur mit den weit gespreizten Beinen, von der Mellaart meinte, sie sei die gebärende Erdmutter, sieht nicht aus wie eine Frau, die Wehen hat, doch für die Einfassung eines Tors könnte man sie halten. Einen ähnlichen Eindruck vermitteln die beiden »Geburtssteine« des Steinkreises in Stenness auf den Orkney-Inseln. Wenn man sich hinter sie stellt und zu den Hügeln von Hoy hinüberblickt, dann erfasst einen das starke Gefühl, an einem Tor zu stehen, das in den Körper der Göttin und hinauf zu ihren Brüsten führt.

Die hängenden Brüste und der ausgeleierte Bauch der »Herrin der Tiere«, die ihr das Aussehen einer älteren Frau verleihen, die schon viele Kinder geboren hat, stützt die These, dass in Çatal Hüyük ältere Frauen als die Hüterinnen religiöser Macht betrachtet wurden. Ihren Kopf mussten die Archäologen ergänzen, und wir wissen also nicht, wie ihr Gesicht tatsächlich aussah. Doch hat man ihr, nachdem man zahlreiche ähnliche Figuren zu Vergleichen herangezogen hat, den entrückten Gesichtsausdruck und die geschlossenen Augen eines Menschen in Trance gegeben. Vielleicht verschmolz sie in der Trance mit ihren Leoparden, jagte über die Erde, nahm Witterung auf, um festzustellen, wo die wilden Stiere grasten und wohin die Jäger bei ihrer nächsten Expedition aufbrechen sollten. Oder aber sie war ein Orakel wie die delphische Pythia, kommunizierte mit Göttern und Geistern, um das Wissen zu erlangen, das für das Überleben ihres Volkes entscheidend war. Jedenfalls sieht sie so aus, als sei sie fähig, mit der Macht des Wilden, der Macht des Drachen zu verschmelzen, sie zu kennen und für sie zu sprechen. Dass in Çatal Hüyük, dessen Bewohner überdurchschnittlich mystisch waren, weil ein Großteil von ihnen mit den durch die Malaria hervorgerufenen Fieberschüben zu kämpfen hatte, die Fähigkeit des Verschmelzens hoch angesehen war, ist leicht vorstellbar. Doch wie alle guten Eltern wissen, ist Trennung eine wichtige Voraussetzung für Entwicklung; und der Zeitpunkt musste kommen, da Männer sich rücksichtslos von dem alles umfassenden Körper der Muttergöttin befreiten und auf eigene Faust loszogen.

DIE »LEOPARDENFRAU« UND DIE AMAZONEN

Was also ereignete sich im Übergang von der Jungsteinzeit, in der die gewaltige, mütterliche »Leopardenfrau« lebte, und der Bronzezeit, die die Amazonen und ihren Mythos hervorbrachte? Als der Mensch aufhörte, vor allem Jäger und Sammler zu sein, und er sich langsam zum sesshaften Bauern entwickelte, verblasste seine enge Beziehung zur Tierwelt. Nachdem er die Tiere erst einmal gezähmt hatte, konnte er es sich leisten, auf Mitgefühl für sie zu verzichten. Er distanzierte sich von ihnen genauso wie von der Großen Mutter. Er verwandelte die Göttin in einen Drachen, der unterworfen oder vernichtet werden muss; oder er fand andere Wege, sie zu »seinem Feind« zu machen. Die Amazonen waren eine Ausdrucksform dieses »Feindes«. Herakles, der archetypische männliche Held, unterwarf zunächst die tierischen Monster, unter anderem den Löwen, und wandte sich dann den Amazonen zu, gleichfalls widernatürliche Monster, jedoch in Menschengestalt. Die Amazonen wehrten sich; im Namen der Großen Göttin und der »Leopardenfrau« schlugen sie tapfer zurück, doch wir wissen, dass sie unterlagen. Gegen Ende der Bronzezeit ist diese Bewusstseinsrevolution vollendet, und die Geschichten über die Amazonen sind alles, was geblieben ist. Sie erinnern uns an die alte Ordnung, an eine andere Art weiblicher Macht.

7

Die Geistertänzer

Die Art, wie Morocco sich bewegte, hatte etwas Faszinierendes, das mich geradezu in Trance versetzte. Sie war weder schön noch jung, und ihr Körper war bereits gut gepolstert. Sie trug eine Brille, die jener der Religionslehrerin meiner Schulzeit glich, und ihre Haare waren irgendwie zusammengebunden. Doch wenn sie ihre Hüften auf diese schassierende Weise wiegte, wenn sie unter ihrem schlüpfrigen Kleid mit ihren Brüsten wackelte und wenn sie dieses strahlende Lächeln aufblitzen ließ, dann war der ganze Saal mit steifen Damen in ihren Bauchtanzkostümen bereit, ihr hüften- und brüstewackelnd bis in die Hölle zu folgen.

Ich hatte mich für den zweitägigen Bauchtanz-Workshop in der Nähe meines Elternhauses in Macclesfield angemeldet, um von einer Frau, die sich selbst Morocco (tatsächlich heißt sie Caroline Varga Dinicu) nannte, etwas über die Berber herauszufinden. In einer Internet-Website war ich auf ihre interessanten Äußerungen zur Verbindung zwischen den libyschen Amazonen und den Berbern und Tuareg Nordafrikas gestoßen. Morocco reiste seit dreißig Jahren immer wieder zu ihnen, um sie zu besuchen und mit ihnen zu tanzen. Sie schien mir die Art von »Autorität« zu sein, die mir vielleicht weiterhelfen könnte.

In der Turnhalle hielten sich etwa 40 Frauen jeden Alters und Aussehens auf – ein freundliches Mädchen mit ausladenden Hüften in einem gewaltigen Faltenrock, hartgesottene Liverpoolerinnen in den Fünfzigern mit festen Körpern in Bodys, ernste junge Frauen, die am Tag in Banken und Universitäten arbeiteten und sich bei Nacht in Sirenen verwandeln mit nacktem Bauch, von Tüchern und paillettenbesetzten Gürteln umschlungenen Hüften, schwarz umrandeten Augen und schwer behängten Ohren. Ich, in meinem verblichenen schwarzen Rock und schlabberigen Batik-T-Shirt, mit dem alten Hüfttuch, sah trist und fehl am Platz aus, von oben bis unten die distanzierte, ein wenig peinlich berührte recherchierende Journalistin.

Aber ich war gar nicht so distanziert und peinlich berührt, wie es den Anschein hatte. Auch ich hatte vor Jahren in Manchester einmal einen Bauchtanzkurs mitgemacht. In meinen eher steifen Bürofrauenhüften hatte ich die Schlange der Sexualität zum Leben erweckt, mit den nackten Füßen aufgestampft und meine Augen blitzen lassen. Zehn Jahre später fiel es also meinem Körper nicht allzu schwer, den orientalischen Rhythmus zu finden, der uns aus Moroccos Lautsprecheranlage beschallte. Als wir Hip-Drops und Achten zum fünfzigsten Mal wiederholten, stieg die alte Begeisterung langsam wieder in mir hoch. Da war das Geheimnis, das wir immer so leicht vergessen: Frauen haben diese Macht *von Natur* aus in sich, während Männer sich wahnsinnig anstrengen müssen oder sie stehlen müssen, um sie zu erlangen!

Orientalischer Tanz oder Bauchtanz, wie er meist gegen den Willen seiner ernsthaften Anhänger bezeichnet wird, ist sehr, sehr alt. Sehr einfach ausgedrückt ist es ein Tanz, durch den Frauen sich ihrer Sexualität erfreuen und mit ihr protzen können. Man kann mit dem Hintern, den Hüften, den Brüsten oder jedem anderen hierzu geeigneten Körperteil wackeln; man darf schlangenhaft oder in Achtern mit den Hüften kreisen; es ist gestattet, kräftig aufzustampfen und dabei hochmütig und unnahbar auszusehen; es ist erlaubt, sich flehentlich zu wiegen oder fröhlich im Kreis zu wirbeln. Männer glauben meist, der Tanz finde für sie statt, damit sie gaffen können, doch die meisten Frauen tanzen ihn für sich selbst – wobei Bewunderung und Begehren natürlich wesentlich zum Wohlbehagen beitragen können. Diesen Tanz in einem türkischen Restaurant am Bosporus, bei einer Hochzeit oder irgendwo in einer Partyatmosphäre zu sehen, heißt, den köstlichen Schaum erotischer Erregung zu schmecken, ohne den Kelch bis zu seiner manchmal bitteren Neige leeren zu müssen.

Männern steht dieser Weg ebenfalls offen. Doch ist ihre Darbietung, wenn sie ihre Augen, ihre Schultern und Hüften richtig einzusetzen wissen, meist subtiler, jedoch nicht weniger sexy als die von Frauen. Dieser Tanz ist überall in der arabischen und moslemischen Welt in vielen verschiedenen Ausprägungen zu Hause. Manche sagen, es sei ursprünglich ein Initiationstanz für Mädchen gewesen, der ihnen vor der Hochzeit vermitteln sollte, durch den Sexualakt Freude zu schenken und zu erfahren.

Im Westen wird uns Bauchtanz natürlich häufig nur in seiner entarteten Form von Frauen ohne Körpergefühl dargeboten. Es herrscht allgemeine Übereinstimmung darüber, dass wir in Westeuropa nie wirklich in die Mysterien magischer Sexualität eingeweiht wurden, wie sie das hinduistische und buddhistische Tantra lehrt. Und doch kann jede Frau eine *Shakti* sein, ob sie nun in Rochdale, Kairo oder in Bangalore lebt. Man muss nur die Schlange in den Körper lassen …

DIE AFRIKANISCHEN AMAZONEN

Nur Diodor liefert im ersten Jahrhundert v. Chr. einen vollständigen Bericht von den libyschen Amazonen.[1] Er zeichnet ein zusammenhängendes und detailliertes Bild von einem kriegerischen matriarchalischen Stamm, der »um viele Geschlechter vor dem Trojanischen Krieg« und vor den Amazonen von Themiskyra gelebt hat.

Diodor sagt, dass es damals in Nordafrika mehrere »Geschlechter streitbarer Weiber« gab, die äußerst kriegerisch waren und für ihre Tapferkeit sehr bewundert wurden. Zu ihnen gehören auch jene Gorgonen, gegen die Perseus zu Felde zog. Bei den libyschen Amazonen war es Sitte, dass die Frauen in der Kriegskunst ausgebildet wurden und eine Zeit lang Kriegsdienst leisteten, während der sie sich ihre Jungfräulichkeit bewahren mussten. Danach taten sie sich mit Männern zusammen und hatten Kinder, doch lebten sie in einer Gesellschaft, in der die Geschlechterrollen – nach unserem Verständnis – vollkommen auf den Kopf gestellt waren: Die Frauen übernahmen die Regierungs- und Staatsgeschäfte, während die Männer daheim blieben, auf die Kinder aufpassten, die Hausarbeit erledigten und allgemein das taten, was die Frauen ihnen auftrugen. Wurden Mädchen geboren, brannte man ihnen die Brüste aus, damit sie ihnen später beim Kriegshandwerk nicht im Weg waren. Deshalb erhielten sie von den Hellenen den Namen Amazonen, »Brustlose«.

Der Stamm lebte auf einer Insel namens Hespera (»die Abendinsel«) im See Tritonis. Dieser See befand sich Diodor zufolge in der Nähe Äthiopiens und des Gebirges, das die Hellenen »Atlas« nennen. Die libyschen Amazonen lebten vor allem von der Milch und dem Fleisch ihrer Viehherden, denn den Getreideanbau kannten sie noch nicht.

Die kriegerischen Amazonen unterwarfen alle Städte in ihrer Nachbarschaft und gründeten auf der Insel ihre eigene Stadt namens Chersonesos (»Halbinsel«). Immer noch auf Eroberungen aus, unterwarfen sie die Atlantier, ein wohlhabendes und zivilisiertes Volk, in deren Land angeblich die Götter geboren waren. Die Amazonenkönigin Myrina sammelte 30 000 Fußsoldaten und 3000 Reiter, die aus den Häuten von Riesenschlangen gefertigte Panzer trugen. Als Waffen verwendeten sie Schwerter, Speere sowie Bogen, »mit denen sie nicht nur gradeaus nach vorn schossen, sondern die sie auch auf der Flucht mit großer Geschicklichkeit zum Schuss rückwärts gegen den Verfolger gebrauchten«. Sie töteten alle Männer der atlantischen Hauptstadt, woraufhin sich die übrigen Einwohner von Atlantis ergaben. Dann gab sich Myrina ehrenhaft, baute die Hauptstadt der Atlantier neu auf und half den Einwohnern in ihrem Kampf gegen die Gorgonen.

Die Amazonen hatten den Sieg gegen die Gorgonen bereits errungen, als sich eines Nachts Gefangene befreien und einen Überraschungsangriff starten konnten. Fast gelang es ihnen, das Blatt zu wenden, und sie erschlugen zahllose Amazonen, bis sie schließlich selbst ohne Ausnahme niedergestreckt wurden. Später, als sich die Gorgonen von dieser Niederlage erholt hatten und Medusa ihre Königin war, unterwarf Perseus sie endgültig.

Danach führte Myrina ihre Armee nach Syrien und Anatolien, erreichte die Ägäisküste und gründete viele Städte, darunter Kyme, Pitane und Priene. Sie brachte die Insel Lesbos in ihren Besitz und gründete dort die Stadt Mytilene, die sie nach ihrer Schwester benannte. Ihre letzte Tat war die Begründung des Heiligtums der Göttermutter auf Samothrake (siehe sechstes Kapitel). Schließlich wurden Myrina und ihre Armee von einer Allianz aus Thrakern und Skythen besiegt, sie selbst wurde erschlagen, und ihre verbliebenen Truppen kehrten nach Nordafrika zurück.

Diodor zitiert hier Dionysios von Milet, der »die Bücher über die Argonauten und den Dionysos und über viele andere in den ältesten Zeiten geschehene Dinge geschrieben hat«. Da Diodor nicht aus eigener Anschauung schreibt und sich auf eine möglicherweise unzuverlässige Quelle beruft, kann sein Bericht nicht als historisch aufgefasst werden. Dennoch kann er wertvolle Hinweise auf die Amazonen und den Ursprung ihres Mythos enthalten.

Zunächst einmal heißt es, das Heimatland der Amazonen befinde sich im westlichen Libyen in der Nähe des Berges Atlas. Mit »Libyen« wird der Raum westlich von Ägypten bezeichnet, und bisher hat niemand den See Tritonis oder seine Überreste dort gefunden. Doch wenn man den Berg Atlas mit dem heutigen Atlasgebirge gleichsetzt, dann befände sich das Land der Amazonen im heutigen Algerien in der Nähe seiner Grenze zu Marokko. Diodor berichtet, dass die Amazonen Viehzüchter waren, die kein Getreide anbauten, also kann man wohl davon ausgehen, dass sie ein nomadisches oder halbnomadisches Volk waren und in der Jungsteinzeit oder in der frühen Bronzezeit gelebt haben. Für einen von Frauen dominierten Stamm in dieser Gegend und dieser Zeit gibt es keine archäologischen Beweise, doch sobald die Geschichte im fünften Jahrhundert v. Chr. von Herodot geschrieben wird, verfügen wir über einige interessante, wenn auch keineswegs zuverlässige Anekdoten über die Gegend.

Herodot schreibt über das libysche Volk der Nasamonen:

> Jeder pflegt viele Frauen zu haben, die gemeinsamer Besitz sind. Wenn einer eine Frau besucht, macht er es ähnlich wie die Massageten. Er stellt einen Stab vor der Hütte auf. Wenn ein Nasamone zum erstenmal heiratet, ist es Sitte, daß die Braut in der ersten Nacht mit sämtlichen Hochzeitsgästen

der Reihe nach sich begatten muß. Jeder gibt ihr dafür ein Geschenk, das er von Hause mitgebracht hat.[2]

Bei den libyschen Gindanern tragen die Frauen für jeden Mann, mit dem sie geschlafen haben, einen Ring aus Leder um die Fußknöchel. Die Frau mit den meisten Fußringen ist am höchsten angesehen, weil sie von den meisten Männern geliebt wurde.

Beide Sitten spielen auf eine Art von sexueller Promiskuität an, die normalerweise mit matriarchalischen Vorstellungen in Verbindung gebracht wird. In einer solchen Gesellschaft wird kein Wert auf die Identität des Vaters eines Kindes gelegt, und Frauen sind nicht »Eigentum« der Männer. Für Herodot ist dies lediglich unzivilisiertes Verhalten – »sie begatten sich wie das Vieh« –, und tatsächlich handelt es sich auch nicht um Bräuche, die an sich und aus sich heraus eine Gesellschaft kennzeichnen, in der Frauen die Herrschaftsgewalt haben. Doch sie passen zu den Amazonen, die einmal im Jahr promiskuitiven Sex praktizieren, um Kinder zu bekommen.

Sogar noch beeindruckender ist Herodots Bericht von den rituellen Kämpfen der Auseer, die angeblich am Tritonsee lebten:

> An dem jährlichen Fest, das sie der Athena feiern, kämpfen die Jungfrauen, in zwei Gruppen geteilt, mit Steinen und Knütteln gegeneinander. Sie erfüllen damit, wie sie sagen, eine altererbte Pflicht gegen ihre heimische Göttin, die bei uns Athena heißt. Die Jungfrauen, die an ihren Wunden sterben, nennen sie falsche Jungfrauen. Sobald der Kampf zu Ende ist, tut das Volk folgendes. Die Jungfrau, die am tapfersten gekämpft hat, wird mit einem korinthischen Helm und einer hellenischen Kriegsausrüstung geschmückt und auf einem Wagen um den See herumgefahren. ... Athena gilt bei ihnen als Tochter des Poseidon und der Göttin des Tritonsees. Aus Groll gegen ihren Vater sei sie zu Zeus gegangen, der sie als seine eigene Tochter angenommen habe. So erzählen sie. Sie leben in Weibergemeinschaften, kennen kein eheliches Zusammenleben, sondern begatten sich wie das Vieh.[3]

Überdies behauptet Herodot, dass die Hellenen die Kleidung und den Schild der Athenebilder von den libyschen Frauen entlehnt haben (siehe auch viertes Kapitel), »nur ist das Gewand der Libyerinnen aus Leder, und die Gehänge an der Aigis [dem Schild] sind nicht Schlangen, sondern Riemen«. Über ihr Gewand werfen die Libyerinnen »ein kahles, rot gefärbtes, mit Troddeln behängtes Ziegenfell«. Aus *aiges*, dem libyschen Wort für Ziegenfell, haben die Griechen »Aigis«, ihr Wort für den Schild, gemacht. »Ich glaube«, schreibt Herodot weiter, »daß auch das laute Heulen bei den heiligen Handlungen aus Libyen stammt. Die Libyerinnen können es sehr schön.« Dieses »laute Heulen« ist nichts anderes als der von Alan Worsley in seinem Bericht über den Tanz der sudanesischen Frauen beschriebene Freudenschrei, der noch immer überall im Nahen Osten und in Nordafrika von Frauen ausgestoßen wird, wenn sie entweder selbst tanzen oder irgendeine Darbietung ansehen und ihre Freude ausdrücken wollen.

Herodot hat viel Spaß daran, bizarre Bräuche zu beschreiben, vor allem dann, wenn sie der griechischen Norm widersprechen, daher darf man diese Beschreibungen nicht als objektive Wahrheiten betrachten. Doch die Erwähnung von jungen Frauen, die zu Ehren ihrer Göttin kämpfen, lässt an den Amazonenmythos denken und könnte der Ursprung jener bewaffneten Frauentänze sein, wie sie in Ephesos abgehalten wurden. Wenn die besten der Kriegerinnen eine Art jungfräuliche Priesterschaft bildeten, die der Kriegsgöttin diente, dann wäre dies ein sehr viel versprechender Ursprung für den Amazonenmythos. Verschiedene feministische Autorinnen haben mit Platon nahegelegt, dass Athene die Göttin Neith ist, deren Symbol zwei gekreuzte Bogen sind (siehe viertes Kapitel).

Diodors Schilderungen einer Amazonenarmee, die über Anatolien bis an die Ägäisküste zieht und dort verschiedene Städte gründet, insbesondere auf Samothrake, ist vermutlich eine im Nachhinein gefundene Erklärung für die große Bedeutung, die die Verehrung der Göttin im ersten Jahrhundert v. Chr. an diesen Orten noch immer hatte. Hier waren die religiösen Vorstellungen aus Kreta besonders stark verwurzelt, hier blieben sie am längsten erhalten.

MOROCCOS REISE

Morocco ist eine Amerikanerin, die sich stolz als ethnische Zigeunerin bezeichnet. Weniger Freude machen ihr jedoch die Erwartungen, die eine solche Etikettierung mit sich bringt. Sie versuchte, als Flamencotänzerin über die Runden zu kommen, als sie in der Hoffnung auf einen Job zu einem Vortanzen ging, das sich jedoch als Bauchtanzen entpuppte. Der Restaurantbesitzer stellte sie dennoch ein, weil die bereits engagierte Tänzerin wie eine »Kreuzung aus Richard Nixon und einem Weihnachtsbaum« aussah. Sie verliebte sich in die Musik des Nahen Ostens und lernte das Bauchtanzen von den Gästen des Restaurants, die meist aus den arabischen und türkischen Regionen der Welt kamen. Während Morocco sich ein durchsichtiges Kleid für die Nachmittagsvorstellung überstreifte, zählte sie die Nationalitäten ihrer informellen Lehrerinnen auf (meist Großmütter, die sie auf der Damentoilette ansprach: »Können Sie mir zeigen, wie Sie das eben gemacht haben?«): »Ägypterinnen, Algerierinnen, Libyerinnen, Marokkanerinnen, Tunesierinnen, Libanesinnen, Syrierinnen, Jordanierinnen, Albanierinnen, Türkinnen, Griechinnen und Armenierinnen«, sagte sie. Merkwürdig, dachte ich, die Liste umfasst genau die Gegenden, die mit den Amazonen und mit der verlorengegangenen weiblichen Kraft in Verbindung gebracht werden.

Im Jahr 1964 sah Morocco in New York die Aufführung einer marokkanischen Tanzgruppe und war restlos begeistert. Der orientalische Tanz erinnert Frauen an ein Körpergefühl, das Gehemmtheit und Vergleichen mit Kate Moss vorausging. Sie lieh sich das Geld für die Reise von ihrer Mutter und machte sich auf die Suche nach B'shara, der Lehrerin der Gruppe. Mit dem Flugzeug nach Casablanca und dem Zug nach Marrakesch, dann mit dem Bus, mit dem Geländewagen und, als dieser den Geist aufgab, mit dem Esel nach Guelmin. Dort angekommen, ging sie über den Platz, als sie eine junge Frau auf sich zukommen sah. Je näher sie sich kamen, desto mehr hatte Morocco das Gefühl, in einen Spiegel zu blicken: Das Mädchen, das da auf sie zu kam, war ihre perfekte Doppelgängerin, nur ihre Haut war ein paar Schattierungen dunkler als ihre. Sie zog einen Spiegel aus der Tasche, sie beide blickten hinein und lachten. Die junge Frau brachte sie geradewegs in das Haus ihrer Tante, und es stellte sich heraus, dass diese niemand anderer als B'shara von Guelmin war, die Lehrerin, die Morocco suchte. B'shara hieß sie als eine lange verschollene Nichte, die endlich den Weg nach Hause gefunden hatte, willkommen. Sie blieb einen Monat und kehrte viele Male zurück, um von dieser außergewöhnlichen Frau mehr über die Tänze der Tuareg zu lernen. Tatsächlich war B'shara die Guedra-Tänzerin von König Hassan von Marokko, bis sie 1992 an Krebs starb. Guedra ist ein zeremonieller Segnungstanz, der in der Regel von Frauen aufgeführt wird.

Die Tuareg sind Nomaden, die in der Sahara und in der Sahelzone Nordafrikas leben: Man kann sie in Marokko, Algerien, Libyen, in Niger und Mali antreffen. Das Wort für einen Adeligen der Tuareg lautet »Imajeghan«, und ein fantasiebegabter Websiteschöpfer[4] behauptet, es klänge ähnlich wie »Amazonen«, und meint, die Imajeghan könnten die Nachfahren der von Diodor geschilderten afrikanischen Kriegerinnen sein. Die Frauen der Tuareg gehen unverschleiert, während die Männer in der Öffentlichkeit mit dem einen Zipfel ihres *tagelmousse*, eines Zwischendings aus Turban und Schleier, immer ihren Mund und ihre Nase bedeckt halten. Morocco zufolge waren die Tuareg bis vor kurzem ein weitgehend matriarchalisch organisiertes Volk. Den Frauen gehören die Zelte, was bedeutet, dass sie darüber entscheiden, wo und neben wem sie wohnen. Normalerweise sind auch die Schlüssel zu den Kisten, in denen sich der Familienbesitz befindet, in ihrer Gewalt. Anders als in moslemischen Ländern üblich dürfen die Frauen und Männer der Tuareg vor der Ehe so viele Liebhaber haben, wie sie wollen, und sexuell erfahrene Frauen genießen hohe Anerkennung. Man fühlt sich auf geradezu unheimliche Weise an Herodots libysche Gindanerinnen erinnert, die die Zahl ihrer Liebhaber mit Ringen an ihren Fußknöcheln sichtbar machen. Morocco berichtet, dass Tuareg-Frauen über sich selbst bestimmen, ihre Kraft in informellen Ringkämpfen zur Schau stellen und selbst einen Mann wählen dürfen. Ehen, denen von beiden Seiten zugestimmt wird, halten in der Regel lange und stellen eine starke Verbindung dar. Frauen haben auch danach platonische Freundschaften mit Männern. In einem Tuareg-Sprichwort heißt es: »Männer und Frauen sind einander für Augen und Herzen bestimmt, nicht nur für das Bett.«

Lloyd Cabot Briggs bestätigt 1960[5] einen Großteil dessen, was Morocco erzählt, und zeichnet ein lebendiges Bild von den sexuellen Freiheiten der Tuareg-Frauen. In unregelmäßigen Abständen feiern die Tuareg der Ahaggar-Wüste ein *ahal*, eine Art Fest des Werbens. Die Musik liefern eine adelige *imzad*-Spielerin (das *imzad* ist ein einsaitiges Streichinstrument) sowie männliche und weibliche Sänger. Schäkereien und Vergnügen bestimmen den offiziellen Teil des Abends, der damit endet, dass die Frauen, gefolgt von zwei oder drei Bewunderern, aufbrechen. Die kleinen Gruppen lassen sich an einem abgeschiedenen Ort nieder, und die Mädchen reden und scherzen mit den jungen Männern, die ihnen abwechselnd ins Ohr flüstern oder ihnen stumme Botschaften in die Hände »schreiben«. Es gibt eigens Zeichen für Sätze wie »Ich möchte mit dir allein sein« und Antworten wie »Ich liebe einen anderen« oder »Brich mit den anderen auf, doch kehre allein zurück«. Wenn das Mädchen dann schließlich mit dem von ihr gewählten Partner allein ist, dann küssen sie sich, beatmen einander gegenseitig von Nase zu Nase und gehen sexuell so weit, wie das Mädchen es wünscht. Briggs gibt an, Frauen seien so sehr geachtet, dass kein Mädchen und keine Frau sich fürchten müsse, vergewaltigt oder sexuell missbraucht oder zu etwas gezwungen zu werden, was sie nicht will.

Das ist die Kultur des »blauen Volkes«, das seine Stoffe gerne mit Indigo färbt – je tiefer der Farbton, desto reicher die Person. Sie hämmern das Indigopulver mit einem Stein in den Stoff, statt ihn zu färben, sodass es auf ihre Körper abfärbt und ihre Haut vor dem Austrocknen schützt. Die Männer achten sorgsam darauf, alle Öffnungen in ihrem Gesicht mit ihrem *tagelmousse* zu bedecken, insbesondere in der Gegenwart von Fremden. Sie glauben, dass böse Geister durch diese Öffnungen in den Körper eindringen können. Frauen sind, so Morocco, vor dieser Gefahr durch ihre magische lebenspendende Fähigkeit geschützt. Briggs zieht eine pragmatischere Erklärung vor: Die Männer halten sich vor allem in heißem staubigem Wetter und im Sattel auf und müssen ihr Gesicht und ihren Hals mit dem Schleier schützen. Was immer auch der Grund sein mag, hier offenbart sich eine Geschlechterrollenumkehrung, die Herodot bestimmt gefallen hätte.

Die Tuareg-Braut, so schreibt Briggs, behält auch nach der Heirat das Anrecht auf all ihren Besitz, der Mann hingegen hat die Kosten der Familie zu tragen. Doch behauptet Briggs auch, Frauen übernähmen keine Ämter und hätten außerhalb ihres Heims wenig zu sagen: Die Stammesführer sind Männer, auch wenn die Führerschaft vom Amtsinhaber an den ältesten Sohn der ältesten Schwester fällt. Ein Tuareg-Kind erbt Rang und Privilegien von der Mutter, die ihren Status auch dann beibehält, wenn sie »unter ihrem Stand« heiratet. Dennoch wird von einem Kind als dem Sohn oder der Tochter von Soundso gesprochen, wobei der Name des Vaters genannt wird. Francis Rodd, der sein Wissen über die Tuareg dreißig Jahre vor Briggs sammelte, meint jedoch, dass die Frauen sehr wohl am öffentlichen Leben Anteil haben, dies jedoch anders zum Ausdruck bringen als die Männer: »Sie legen es nicht darauf an, sich in irgendwelche Stammesräte wählen zu lassen. Sie gehören ihnen rechtmäßig an und nicht durch Wahl, doch selbst dann kommandieren sie Männer nicht herum. Ihre Aufgabe ist es, zu beraten und zu bezaubern. Sie machen Gedichte und haben auch sonst ihre eigene Art.«[6]

Rodd meint weiter, dass die Frauen der »Leute mit dem Schleier«, wie sich die Tuareg selbst nennen, »von den Männern auf eine Weise respektiert werden, die nach meiner Erfahrung keine Parallelen hat«. Bewundernd beschreibt er ein Beispiel für die außerordentliche Tapferkeit der Frauen: »Bei einem Gefecht im Aïr Kel Fade führten die Frauen ihre Männer in den Kampf und schützten sie und ihre Kinder mit ihren eigenen Körpern, damit die Franzosen nicht schossen.«

Bis vor kurzem war die Gesellschaftsstruktur der Tuareg noch recht starr. Es gab drei Ebenen: »Adliger«, »Vasall« und »Sklave«, wobei letztere meist Schwarzafrikaner waren. Tuareg-Männer machen Sklavinnen zu ihren Konkubinen, weil diese »weniger kapriziös und anmaßend« sind als Tuareg-Frauen und »weil sie kühle

Haut haben«. Der Vorteil bei der Sklavenhaltung bestand für die Adeligen darin, dass sie mit schwerer körperlicher Arbeit nicht überlastet waren und sich Zeit für die Erziehung ihrer Kinder nehmen, ihnen über Märchen die Stammesgeschichte vermitteln und ihnen das Tuareg-Alphabet beibringen konnten, das auf ein altes Schreibsystem namens *tifinagh* zurückgeht. Die Tuareg sind reich an Dichtung und Liedgut. Beides wurde bisher vor allem durch die Frauen des Stammes weitergereicht.

Mit Scharfsinn kommentiert Briggs die weitverbreitete Annahme, dass die Tuareg-Frauen des Ahaggar, egal ob sie jung oder älter, verheiratet oder unverheiratet sind, »sich großzügig männlichen Gästen zur Verfügung stellen«. Er behauptet, dieses Märchen sei die Folge der missverstandenen sexuellen Freiheit, die Tuareg-Frauen vor der Eheschließung genießen. Tatsächlich komme es vor allem bei den besonderen Zusammenkünften wie dem *ahal* zu vorehelichen Sexualkontakten – diese Feste sollten den jungen Leuten helfen, sich kennen zu lernen und Partner zu finden. Unwillkürlich fühlt man sich bei dieser Schilderung an die bereits zitierte Passage Herodots erinnert: »Wenn ein Nasamone zum erstenmal heiratet, ist es Sitte, daß die Braut in der ersten Nacht mit sämtlichen Hochzeitsgästen der Reihe nach sich begatten muß. Jeder gibt ihr dafür ein Geschenk, das er von zu Hause mitgebracht hat.« Wenn man dies als eine Sitte begreift, die eine patriarchalische Gesellschaft den Frauen aufzwingt, dann hat man den Eindruck, Frauen würden missbraucht. Versteht man sie jedoch als matriarchalische Sitte, die jungen Frauen viele nützliche Geschenke einbringen soll, dann hat sie eine völlig andere, erheblich unbeschwertere und festlichere Qualität.

Es wäre an den Haaren herbeigezogen, würde man die Tuareg tatsächlich für die direkten Nachfahren jener eisenzeitlichen Libyer halten, die mit ihren merkwürdigen Sitten auf echte matriarchalische Gesellschaften in der Bronzezeit zu verweisen scheinen. Doch Informationen über beide Gruppen sind nützlich, um eine Vorstellung davon zu entwickeln, wie vorpatriarchalische, frauengesteuerte Gesellschaften ausgesehen haben mögen. Erst wenn wir aufhören, die »matriarchalische« Vergangenheit zu romantisieren, können wir ein Gespür für ein sich von dem unseren grundsätzlich unterscheidende Muster sexueller Praktiken entwickeln. Im Amazonenmythos gaben die Griechen möglicherweise ihrem Versuch Ausdruck, diese alten Sitten zu verstehen; in der Regel assoziierten sie genauso wie wir politische Macht mit religiöser Macht und religiösem Respekt. Doch am Beispiel der Tuareg wird klar, dass es möglich ist, Frauen zutiefst zu respektieren, ihnen große persönliche Freiheiten einzuräumen und sie dennoch von politischer Macht auszuschließen. Und tatsächlich muss man sich fragen, welche echte »Macht« eine moderne Frau denn hat, deren Leben von ihrer Arbeit, ihren erzieherischen und ehelichen Verpflichtungen verschlungen wird und die keine »Zeit für sich hat«, um sich einfach wie die Tuareg-Frauen im Zelt hinzusetzen und sich zu unterhalten.

Laut Morocco ist das »Matriarchat« der Tuareg fast verschwunden. Eine zwanzig Jahre während Trockenperiode und schreckliche Bürgerkriege haben fast alle Tuareg-Männer gezwungen, die im Besitz der Frauen befindlichen Zelte zu verlassen, um auf Dauer in den Städten zu leben, wo die Häuser den Männern gehören. Dort, so erzählt Morocco in ihrem New Yorker Dialekt, »übernehmen die Männer rasch die gockelhaften Ausdrucksformen des Patriarchats«. Auch wenn den Frauen noch immer Respekt entgegengebracht wird, so hat doch der Einfluss des Islam das Gleichgewicht erschüttert. Die Anthropologin Susan Rasmussen, die sich mit den Tuareg von Aïr in Niger beschäftigt hat, berichtete kürzlich, »die Männer behaupten nun, dass die ›Frauen Lügen und Kindergeschichten erzählen‹, während es den Männern um die Geschichte geht ... die Besitzlieder der Frauen seien ›nicht wissenschaftlich‹, während die *ezzeker*-Lieder, mit denen die Männer Gott loben, aus dem Sufismus stammen und daher mit der ›Wissenschaft des Koran‹ gleichgesetzt werden können.« Die Tuareg von Kel Ewey erklärten ihr, dass Frauen sich scheuen, den Koran zu berühren, und dass es menstruierenden Frauen nicht gestattet ist, islamische Amulette anzufassen. Während eines inoffiziellen Rituals sind es dennoch die Frauen, die dem Kind einen Namen geben, der sich von jenem unterscheidet, den es von seinem Vater oder vom *marabout* in der Moschee am darauffolgenden Tag erhält.[7]

In einigen der Tänze, wie etwa dem Guedra, einem Segenstanz, der vor allem von Frauen getanzt wird, lebt das Weibliche fort. »Guedra bedeutet ›großer Kessel‹«, erklärt Morocco, »ein wertvoller Gegenstand für ein nomadisches Volk, das nur die allerwichtigsten Dinge mitnehmen kann. Wenn man eine Haut über den Kessel spannt, dann heißt Guedra außerdem ›Trommel‹, mit der man den Herzschlagrhythmus, den Grundrhythmus des Tanzes, schlägt. Und als Guedra wird auch die Tänzerin bezeichnet. Allerdings nur, solange sie sich dabei auf den Knien befindet. Wenn sie aufsteht, dann erhält sie eine andere Bezeichnung.«

Morocco legte Wert darauf, dass die Guedra im Wesentlichen ein Frauentanz ist, auch wenn ein Mann oder ein Kind sich ihr gelegentlich anschließen können. Für gewöhnlich findet die Guedra am Abend statt, und ihr Sinn besteht darin, Frieden und Segen aus der Erde heraufzuziehen und an die anwesenden wie auch alle übrigen Menschen weiter zu reichen. Die Guedra-Tänzerin trägt ein traditionelles Frauengewand namens *haik*, das aus einem einzigen sehr langen Stück Stoff geschlungen und vorne mit zwei Fibeln alter Art zusammengehalten wird. Zu Beginn des Tanzes hält sie ihren Kopf bedeckt. Sie verteilt Segnungen von ihrem Kopf, ihrem Herzen und ihrer Leber (die Tuareg meinen, das Herz sei wankelmütig, und die tiefsten Gefühle kämen aus der Leber), entblößt nach und nach ihren Kopf und wechselt in eine rhythmische Trance. Es handelt sich um einen einfachen Tanz, der von der Ernsthaftigkeit der Tänzerin lebt. Er wird von einem einfachen Herzschlagrhythmus und von Gesängen begleitet und kann viele Stunden lang und bis weit in die Nacht hinein dauern.

An diesem Sonntagnachmittag in der Sporthalle des noblen Gesundheitszentrums bei Macclesfield führte Morocco den Tanz auf und wurde dabei von Frauen beobachtet, die um der Bewegung und der Erotik willen gekommen waren, nicht für irgendeine spirituelle Erbauung. Morocco steht ohne Zweifel mit der echten Tradition in Verbindung, und sie ist eine der wenigen, die noch Zugang zu dem Strom verborgener weiblicher Energie hat. An diesem

Nachmittag vermochte sie den *baraka* (Segen) nicht herbeizuholen, nur seinen Geist, doch man konnte die Wirkung des Tanzes erahnen. In einer langen, kalten Wüstennacht würde Morocco tanzend den *baraka* wie einen Funkenregen von ihren Fingerspitzen zu den Anwesenden schnippen, sie würden den Segen in sich aufnehmen und beruhigt und erfrischt nach Hause gehen.

Morocco erzählte uns, sie habe die Tuareg immer wieder gefragt, woher ihr Stamm komme, und die Antwort habe immer gleich gelautet: »Vor langer Zeit lebten wir auf einer Insel im Meer. Wir sind hierher gekommen, um Handel zu treiben und unsere Waren zu verkaufen. Doch eines Tages verschwand die Insel in den Wellen und wir konnten nicht mehr zurück. Nun müssen wir unser Leben hier führen.« Ich kann nicht anders, als Sie daran zu erinnern, dass laut Diodor die libyschen Amazonen von einer Insel »im See Tritonis« kamen. Diesen See vermutet man in der Nähe der heutigen Grenze zwischen Libyen und Tunesien. Dann ist da noch das Erdbeben in der ausgehenden Bronzezeit, das Santorini zerstörte und Flutwellen erzeugte, die vielleicht das Ende der minoischen Kultur auf Kreta beschleunigt haben. Könnte es sein, dass die Tuareg ursprünglich von einer der Ägäisinseln kamen, auf der die Große Mutter verehrt wurde, wie etwa auf Samothrake, auf Lemnos oder Kreta? Diese Inseln liegen weit entfernt von der nordafrikanischen Küste, was eine solche Überfahrt mehr als unwahrscheinlich erscheinen lässt. Doch mich will der Gedanke an Francis Rodds Aussage, dass die Frauen der Tuareg von den Männern auf eine Weise respektiert werden, die nach seiner Erfahrung keine Parallelen hat, nicht loslassen. Wo hat dieser Respekt seinen Ursprung, und werden wir jemals etwas Vergleichbares finden, wenn er bei den Tuareg schließlich ganz verschwunden ist?

DIE LETZTEN MATRIARCHINNEN

Ich verpasste die Gelegenheit, mit Eva Meyerowitz persönlich zu sprechen, nur um ein paar Monate. Als ich nach der Lektüre eines Beitrags, den sie für die Zeitschrift *Spare Rib* geschrieben hatte, versuchte, über ihren Verlag mit ihr Verbindung aufzunehmen, stieß ich auf die Art lästiger kleiner Hindernisse, die einen Rechercheur gelegentlich zum Aufgeben zwingen. Erst 1998 startete ich einen neuen Anlauf, nur um von einem äußerst hilfsbereiten Mitarbeiter des Verlags Faber & Faber zu erfahren, dass Eva Meyerowitz vor kurzem verstorben war.

Eva Meyerowitz fand sich unmittelbar vor dem Zweiten Weltkrieg in Ghana wieder, wohin sie und ihr Mann aus Südafrika gezogen waren. Als sie dort immer tiefer in die Kunst verschiedener afrikanischer Stämme eindrang, verwandelte sich Eva Meyerowitz, die sich eigentlich zur Bildhauerin berufen fühlte, nach und nach in eine Anthropologin. 1944 reiste sie auf der Suche nach den Ruinen einer mittelalterlichen Stadt allein durch das Land und begegnete den Akan, einem Stamm, der sich sein matriarchalisches Sozialsystem bewahrt hatte. In vier Büchern dokumentierte sie den langsamen Verfall der matriarchalischen Anteile dieser Gesellschaft unter dem Einfluss der britischen Herrschaft.[8] Ihr Beitrag in der Zeitschrift *Spare Rib* hatte von Amazonen gehandelt, von den echten Amazonen, denen sie auf ihren Reisen durch Westafrika begegnet war.

Der erste Absatz ihres Buches *The Sacred State of the Akan* gibt die Essenz des Matriarchats wieder: »Die *Ohemmaa*, die Königin oder Königinmutter, wie die Europäer sie nennen, wird von den Akan als Eigentümerin des Staates betrachtet; der *Ohene*, der König ... wird von der Königinmutter als Regent des Staates eingesetzt ... Die Königinmutter steht für die *große Mutter-Mond-Göttin*, der König für den *Sonnengott* und der Staat für das Universum.«

Weil die Königinmutter mit dem Mond identifiziert wird, trägt sie Silberschmuck und hält, wenn sie bei zeremoniellen Anlässen in ihrer Sänfte sitzt, eine Schatulle mit Silberstaub in ihrem Schoß. Mit diesem Silberstaub spielt sie und wirft ihn zur Freude des Volkes in die Luft. Wenn sie stirbt, dann wird sie mit ihrem Silberschmuck begraben, und all ihre Körperöffnungen – Augen, Ohren, Nase, Mund und Vagina – werden mit Silberstaub gefüllt.

Die Königinmutter durfte heiraten, wen sie wollte, oder konnte sich einfach Liebhaber nehmen und mit ihnen Kinder zeugen.

Nur ihre Söhne waren Prinzen und hatten ein Anrecht auf den Thron, nicht die Söhne des Königs. Sie musste sich nicht um die Administration kümmern, sondern war für alles zuständig, was mit Frauen und ihrem Wohlergehen zu tun hatte. Im Staat von Akan verfügte sie über ihren eigenen Gerichtshof, in dem sie Frauen betreffende Fälle verhandelte, und sie diente dem König als Rechtsberaterin, wenn es um Scheidung, Anklagen wegen Vergewaltigung oder Verführung ging. Sie konnte zum Tode Verurteilte begnadigen. Die Königinmutter hatte einen eigenen Hocker oder Thron, der die Erschaffung oder Geburt des Universums symbolisierte. In der Öffentlichkeit saß sie in der Nähe des Königs, jedoch einen Schritt hinter ihm auf seiner linken Seite, damit er sich im Fall eines Angriffs vor sie werfen und sie mit seinem Körper schützen konnte, woraus hervorgeht, dass sie als die Wertvollere betrachtet wurde.

Im Rang stand die Königinmutter klar über allen königlichen Ehefrauen (und der Bono-König hatte mehr als 3000!). Sie verfügte über ein eigenes Gefolge junger und hübscher Mädchen, die bei einer Prozession vor ihr her gingen. Doch wie beeinflusste die Verkörperung matriarchalischer Macht den Status der Frauen im Königreich? Ausführlich beschreibt Eva Meyerowitz das lange und komplizierte Fest namens *beragoro*, das den Übergang vom Mädchen zur Frau bezeichnet. Eine vergleichbare Feier für Jungen fehlte, und die *beragoro*-Zeremonie schien vor allem darauf abzuzielen, den Mädchen ein Gefühl für ihre Wichtigkeit und ihren Wert sowie für ihre Würde zu vermitteln. Nach einer rituellen Waschung wird ein Teil der Körperbehaarung des Mädchens abrasiert und den Geistern der Ahnen angeboten, um sie zu informieren, dass aus dem Mädchen nun eine Frau geworden ist. Dann erhält das Mädchen Frauenkleider, wird nach Hause getragen, volle fünf Tage lang gefeiert und erhält von allen Geschenke. Sie sitzt wunderbar geschmückt da, während hinter ihr eine alte Frau ihre sexuelle Erziehung vollendet, indem sie ihr ins Ohr flüstert. Man wird zwangsläufig an die von den Mädchen in Brauron zu Ehren der Artemis gefeierten Riten erinnert, in denen die Aufforderung mitschwang: »Siehe darauf, jetzt noch rasch eine gute Zeit zu haben, denn morgen schon wirst du Mutter sein und ein von Opfern bestimmtes Leben führen.«

Obgleich bei den Akan der Ehemann der Herr im Haus ist, bevorzugt und beschützt das Gesetz Frauen auf vielfältige Weise. Meyerowitz kommentiert:

Wenn ein Mann eine Frau beleidigt oder auf vulgäre Weise über sie schwatzt, dann darf sie ihn vor das Gericht der Königinmutter bringen, das ihn mit einer hohen Geldstrafe belegen kann. In alten Zeiten beriefen sich Königinmütter oftmals auf dieses Gesetz und verhängten die Todesstrafe, wenn ein Mann abschätzig über eine Prinzessin gesprochen hatte. Die Prinzessinnen machten sich den besonderen Schutz, unter dem sie standen, zunutze, taten was sie wollten und wechselten ihre Ehemänner (und Liebhaber) häufig.

Die Kolonisation durch die Briten wirkte sich für die Frauen von Akan negativ aus. Die Engländer übergingen die Königinmütter und ihre Ministerinnen und verhandelten nur mit den Männern. Als man sie auf ihren Fehler aufmerksam machte, versuchten sie, die Frauen einzubeziehen, doch es war zu spät: Die Männer hatten bereits gelernt, die Frauen zu missachten.

Im Königreich von Akan gab es keine echten Amazonen. Junge Frauen zogen nicht in den Kampf. Ältere Frauen hingegen, die die Menopause bereits hinter sich hatten, leisteten gelegentlich Kriegsdienst. Bei den Ashanti kämpften sie als Stoßtrupp, der die Männer ermutigen sollte, und wurden im Fall ihres Todes mit militärischen Ehren begraben. Dafür gab es im benachbarten Dahomey, dem heutigen Benin, »professionelle« Kriegerinnen, die weit eher unserer Vorstellung von Amazonen entsprechen. Die letzten von ihnen kämpften in den Kriegen von 1894 und 1898 gegen die Franzosen. 1937 waren noch drei dieser Kriegerinnen am Leben. Der Forschungsreisende und Diplomat Richard Burton schrieb 1900 über seine Begegnung mit ihnen:

Sie waren unterteilt in Frauen mit Donnerbüchsen, Elefantenjägerinnen, Scharfrichterinnen, die 1,20 Meter lange Klingen bei sich trugen, und Linientruppen, die mit Musketen und kurzen Schwertern bewaffnet waren ... Alle Amazonen waren offiziell königliche Ehefrauen ... Es galt als Hochverrat, sie zu berühren, und sei es aus Versehen; sie lebten im Palast, und wenn sie irgendwo hingingen, dann mussten alle Männer, selbst die Fremden, die Straße räumen ... Ein solches System macht die Amazonen, wie nicht anders zu erwarten ist, vollkommen unberechenbar ... Ihr einziges Ziel im Leben ist Blutvergießen und Kopfabschlagen. Sie sind stolz darauf, keine Männer zu sein, und sie haben allen Grund dazu. Die Männer zucken und ducken sich, wenn sie ihre Gewehr abfeuern, die Soldatinnen nicht. Die Männer laufen davon; die Frauen kämpfen bis zum bitteren Ende. Bei dem heftigen Angriff auf die Stadt Abokuta (am 15. März 1864) erkletterten mehrere Amazonen aus meinem Regiment die Mauern mit Leitern; ihre bewaffneten Brüder versuchten kaum, es ihnen gleich zu tun.[9]

Obwohl sie angeblich »königliche Ehefrauen« waren, mussten diese »Amazonen« zölibatär leben, und wurde eine von ihnen mit einem Liebhaber erwischt oder schwanger, wurde sie in der Regel hingerichtet. Es ist interessant, von Burton, der sich offenbar nicht um Geschlechterrollen scherte, zu erfahren, dass die Soldatinnen mutiger und rücksichtsloser waren als die Männer. Möglicherweise lässt sich dies zum Teil durch die Sublimierung sexueller Instinkte in aggressives Verhalten und hormonelle Veränderungen durch hartes Training erklären. Doch Burton sah eine andere Ursache: »Der Ursprung dieser außergewöhnlichen Arbeitsteilung ist meiner Meinung das männliche Äußere der Frauen, das es ihnen ermöglicht, im Hinblick auf körperliche Kraft, Mut und Durchhaltevermögen mit den Männern mitzuhalten. Gleiches gilt für die meisten Stämme, die das Nigerdelta bewohnen. Auch dort machen die Frauen mit ihrem rauen Äußeren und ihrer Robustheit den Männern Konkurrenz.«[10]

Obwohl Burton den Mut dieser Amazonen bewunderte, empfand er ihren Anblick als grotesk und unnatürlich. In seinem Buch *Mission to Gelele, King of Dahome* beschreibt er zwei Leibwächterinnen des Königs:

> Diese Würdenträgerin war ein riesiges altes Walross mit einer Mütze, die jenen der französischen Cordon-bleu ähnelte, jedoch anders als diese unten rosa und weiß, oben mit zwei Krokodilen aus blauem Stoff verziert und von silbernen Hörnern umrahmt war ... die Humbagi ... ist außerdem sehr ausladend, und der silberne Hammerkopf, der sich auf ihrer Stirn erhebt, verleiht ihr das Aussehen eines Einhorns. In der Regel werden die Kriegerinnen dick, sobald sie aufhören zu tanzen, und manche von ihnen sind geradezu Wunder an Fettleibigkeit.

Offenbar haben diese Soldatinnen nur wenig mit dem traditionellen Bild der geschmeidigen und knabenhaften Amazonen gemein: »Ich erwartete Verkörperungen von Penthesilea, Thalestris, Diana zu sehen. Stattdessen sah ich alte, hässliche, breitschultrige Schlampen, die mürrisch umhertrotteten und deren Gesichter aufgedunsenen waren, als seien sie von ihrer Herrin verprügelt worden.«

Burton hatte erfahren, dass zu Zeiten von König Gezo, dem die Amazonen Mitte des 19. Jahrhunderts ihre wichtige Position verdankten, die Bogenschützinnen junge Mädchen waren, »die Besten aus der Armee und die Besten der Tänzerinnen«. Er ging davon aus, dass etwa zwei Drittel der Amazonen Jungfrauen waren – das übrige Drittel war verheiratet. Sie wurden von den Männern getrennt untergebracht und »verließen nie ihre Quartiere, ohne dass eine ihnen voran getragene Glocke dafür sorgte, dass die Männer die Straße frei machten«. Burton äußert sich eher abfällig über die von ihnen ausgedrückte Sexualität: »In der Regel ziehen diese kämpfenden *celibataires* die *morosa voluptas* des Schulmeisters und die Eigenheiten der zehnten Muse vor«, womit dieser verklemmte Zeitgenosse Königin Viktorias zum Ausdruck bringen will, dass sie Lesbierinnen waren.

Der Status von Frauen im alten Dahomey scheint uneindeutig gewesen zu sein. Bei Hofe hatten die Frauen Vorrang vor den Männern, doch beobachtete Burton, dass sich die Kriegerinnen nicht als Frauen, sondern als Männer betrachteten und dass Männer, wenn sie sich ehrlos verhielten, als Frauen beschimpft wurden. Selbstverständlich hatten die Mädchen, die der König in ihrer Jugend dazu bestimmte, seine zölibatären Amazonenehefrauen zu werden, kein Mitspracherecht, und man kann davon ausgehen, dass wenigstens einige von ihnen mit ihrem Schicksal unzufrieden waren. Auf mich machen diese Amazonen eher den Eindruck, ein dem König nützliches und seinem königlichen Ich schmeichelhaftes Mittel gewesen zu sein als ein Symbol weiblicher Kraft und Unabhängigkeit. Burton jedenfalls ließ keinen Zweifel daran, dass er sie für eine abscheuliche Verirrung hielt. Dennoch beweisen sie, dass junge und auch ältere Frauen in psychologischer und physiologischer Hinsicht gute Soldaten abgeben können. Dass afrikanische Frauen gelegentlich größere und kräftigere Körper haben als Frauen vieler anderer Rassen, schwächt den Hauptaspekt nicht: Wenn Frauen ihre Energie nicht in ihre Sexualität und Fortpflanzung fließen lassen, dann können sie zu ebenso rücksichtslosen und aggressiven Kämpfern ausgebildet werden wie die härtesten Männer. Derartige Amazonen wollen wir möglicherweise gar nicht sein, aber es ist gut zu wissen, dass uns dieser Weg offen steht, wenn Not am Mann ist.

8

Die letzten Amazonen

Die Geschichte der Penthesilea ist tragisch. Sie ist die letzte *echte* Amazone. Herakles hat die meisten ihrer Schwestern während des Kriegs um Hippolytes Gürtel getötet oder in die Flucht geschlagen. Doch eine kleine Gruppe konnte entkommen und hat lange genug überlebt, um sich auf Seiten Trojas am Krieg zu beteiligen. Penthesilea wirft sich Achilleus, dieser extremen Verkörperung männlichen Stolzes und Heldenmuts, entgegen und setzt ihm im Nahkampf schwer zu. Doch ihr Amazonenmut ist machtlos gegen seine vollendete Geschicklichkeit und Kraft: Er rammt ihr seinen Speer in die Brust, und sie fällt sterbend zu Boden. Achilleus beugt sich über sie, um ihr den Helm abzunehmen, und verliebt sich in sie, als er ihr schönes Gesicht erblickt. Als Thersites sich über seine Unmännlichkeit lustig macht, wirft er ihn so hart zu Boden, dass dieser ebenfalls stirbt.

Diese Geschichte erzählt Quintus von Smyrna im fünften Jahrhundert n. Chr. in einer epischen Fortsetzung der *Ilias* im Stile Homers. Die Einzelheiten der Ereignisse entnahm Quintus einem verschollenen Epos von Arktinos. Es existieren weitere Fassungen. In einer wird Achilleus von Lust überwältigt und vergeht sich an dem noch warmen Körper der toten Penthesilea. In einer anderen will Thersites der sterbenden Amazone die Augen herausreißen, Achilleus jedoch versetzt ihm einen so gewaltigen Hieb, dass er ihm die Zähne ausschlägt und seinen Geist in die Unterwelt befördert.

Die Tragik der Geschichte liegt in ihrer Hoffnungslosigkeit. Penthesilea hatte nie auch nur die geringste Chance gegen Achilleus: Er ist ein Krieger und sie nur eine mutige, törichte, idealistische Frau. Die Amazone kämpft einen verlorenen Kampf: Die *Shakti-*

Energie ist in eine Sackgasse geraten. Die Zeit der Amazonen ist vorbei und jene der heroischen Krieger angebrochen. Eine einzelne Amazone vermag diesen Prozess durch nichts aufzuhalten. Die Geschichten gibt es natürlich weiterhin, doch sie sind immer die Geschichten von Fremden, die sich auf der Durchreise befinden: »Ich kenne einen Mann, dessen Freund an irgendeiner einsamen Küste am Schwarzen Meer an irgendeinem Geplänkel beteiligt war. Und als sie sich daran machten, den Erschlagenen ihre Waffen und Panzer abzunehmen, da stellten sie fest, dass sie gegen Frauen gekämpft hatten, ist das nicht unglaublich? Aber es stimmt, er hat geschworen, dass es die Wahrheit ist ...«

Es gibt zahllose andere Berichte von Königinnen und Kriegerinnen in der antiken Welt, die jedoch alle nicht an die der Amazonen heranreichen. Ihnen fehlt es an Seele und an Herz.

Telesilla, eine griechische Dichterin des fünften Jahrhunderts v. Chr., sammelte die Frauen der besiegten Stadt Argos, bewaffnete sie und führte sie zur Verteidigung gegen die angreifenden Spartaner. Arachidamia war eine aus einer Reihe spartanischer Prinzessinnen, die Frauentruppen anführten. Während der Belagerung von Lakonien im dritten Jahrhundert v. Chr. kämpfte sie gegen Pyrrhos, den König der Molosser. Triaria, die Frau des Befehlshabers der römischen Rheinarmee, Kaiser Aulus Vitellius (im Vierkaiserjahr 68–69 n. Chr.), begleitete ihren Mann gekleidet und bewaffnet wie ein Zenturio in die Schlacht und kämpfte an seiner Seite.

Zababi und ihre Nachfolgerin Samsi regierten als arabische Kriegerköniginnen etwa von 740 bis 720 v. Chr. Beide kommandierten Armeen mit einem hohen Frauenanteil. Die großartige Zenobia Septimia beherrschte Syrien von etwa 250 bis 275 n. Chr. Auf dem Rücken ihres Pferdes und in voller Rüstung führte Zenobia ihre Armeen gegen die römischen Legionen unter Kaiser Claudius II. und später unter Aurelian, der fast vier Jahre brauchte, bis es ihm gelang, ihre Hauptstadt Palmyra zu unterwerfen. Und selbst in ihrer Niederlage triumphierte Zenobia noch über ihre Sieger: Den Triumphzug durch Rom trat sie in einem von ihr selbst entworfenen Streitwagen an, und sie trug nicht nur an Ketten, sondern auch an glitzernden Juwelen schwer.[1]

Einige dieser Geschichten könnten sehr wohl wahr sein und widerspiegeln, welche hartnäckige »Abweichung« Kriegerinnen in einer Vielzahl von Gesellschaften sind. Die überzeugendsten Berichte handeln meist von kampfbereiten Frauen bei nomadischen Völkern. Tomyris war die Königin der Massageten, eines Volkes, das in seiner Liebe zu Pferden und Krieg den Skythen nahestand. Herodot berichtet außerdem von den promiskuitiven Sexualpraktiken der Massageten und platziert ihren Lebensraum im Westen des Aralsees, im heutigen Usbekistan und Kasachstan. Herodot hält die Schlacht, die 529 v. Chr. zwischen Tomyris und dem Perserkönig Kyros II. stattfand, für die größte und bedeutendste, die jemals von Nichtgriechen ausgetragen wurde. Ein Großteil der persischen Armee und auch Kyros selbst kamen zu Tode. Tomyris hatte ihm versprochen: »... ich werde dich satt machen in Blut, dich, den Unersättlichen.« Also suchte sie seinen Körper auf dem Schlachtfeld und steckte sein Haupt in einen mit Menschenblut gefüllten Weinschlauch. Herodot hält dies für den glaubwürdigsten Bericht darüber, wie Kyros zu Tode kam. Jedenfalls ist er äußerst anschaulich und gehört zu meinen Lieblingsmythen.

Unter nomadischen Völkern setzt sich eine traditionelle Amazonenhaftigkeit bis weit in die Neuzeit hinein fort. Manchmal tritt der kriegerische Aspekt in den Vordergrund, manchmal die matriarchalischen Sexualpraktiken. Als Ruy Gonzales de Clavijo in den ersten Jahren des fünfzehnten Jahrhunderts n. Chr. eine Gesandtschaft an den Hof des Groß-Khan Timur Lenk nach Samarkand führt, stolpert er ebenfalls über »Amazonen«:

> Fünfzehn Tagesreisen entfernt von der Stadt Samarkand nach China zu gibt es ein Land, das von Amazonen bewohnt wird. Bis zum heutigen Tag leben sie nicht mit Männern. Nur einmal im Jahr gestatten ihnen ihre Anführerinnen, zusammen mit ihren Töchtern die nächstgelegenen Siedlungen aufzusuchen, um sich mit den Männern zu verständigen. Eine jede wählt sich den Mann aus, der ihr am besten gefällt, lebt, isst und trinkt eine Zeitlang mit ihm und kehrt dann in ihr eigenes Land zurück. Wenn sie danach Töchter gebären,

dann behalten sie sie; doch die Knaben schicken sie zu deren Vätern zurück. Diese Frauen sind Untertanen von Timur Lenk; früher unterstanden sie dem Kaiser von Kathai [alte Bezeichnung für Nordchina]. Sie sind Christen und gehören der griechisch-orthodoxen Kirche an. Sie stammen von den Amazonen ab, die in Troja zugegen waren, als es von den Griechen besiegt wurde.[2]

Dieser Bericht beschreibt ein Volk, das sich kaum von den heutigen Mosuo-Frauen aus der nordwestlichen chinesischen Himalajaregion unterscheidet. Diese Menschen tibetischer und birmanischer Abstammung scheinen eine ganz und gar matriarchalische Gesellschaft zu bilden. Die Frauen heiraten weder, noch verlassen sie ihr Heimatdorf. Es ist ihnen gestattet, jeden Mann mit nach Hause zu bringen, mit dem sie eine sexuelle Beziehung und Kinder haben wollen. Jungen haben im Haus ihrer Eltern ein gemeinsames Zimmer, Mädchen jedoch erhalten jeweils einen eigenen Raum und dürfen ab dem Alter von 13 Jahren Liebhaber mitbringen. Kinder werden immer in der Familie der Mutter aufgezogen.

Bei einem jährlichen Erntedankfest schmücken sich die Mädchen mit ihren herrlich bestickten Samtjacken und elegant geflochtenen Perücken mit dem Ziel, zu flirten und einen Mann für die Nacht zu finden. Chinesische Anwärter meiden sie wie die Pest, da sie wissen, dass diese sie heiraten wollen, und die Ehe kommt diesen Frauen wie Sklaverei vor. So jedenfalls kann man über die Mosuo nachlesen. Für mich hört sich diese Geschichte fast zu gut an, als dass man ihr glauben könnte. Ich nehme an, dass die Einzelheiten für die Zeitschrift, der ich sie entnahm, journalistisch übertrieben wurden. Ich will den Autor nicht bezichtigen, die Fakten verdreht zu haben, sondern lediglich auf die journalistische Neigung hinweisen, Details zu glätten oder fortzulassen, die nicht in das Gesamtbild passen. Ähnliches ereignete sich vermutlich, wenn die vielen Reisenden von vermeintlichen »Amazonenstämmen« berichteten: Sie rundeten das Bild ab, um eine Verbindung zu den archetypischen Amazonen aus der griechischen Sagenwelt herzustellen.

Wie bereits in der Einleitung erwähnt, glauben viele, dass sich der Begriff »Amazonen« auf Stämme bezieht, die in Südamerika im Regenwald oder an den Ufern des Flusses Amazonas wohnen. Im sechzehnten Jahrhundert glaubte man in England, dass nach Penthesileas Tod die verbliebenen Amazonen aus Kleinasien nach Südamerika emigrierten, und in der Folge legten es viele Reisende und Missionare darauf an, dort das Heimatland der Amazonen zu finden. Tatsächlich trafen Forscher auf »amazonenhafte« Stämme, die alle Eigenschaften der griechischen Vorläufer zu haben schienen, was einige Verwirrung verursachte. Der Jesuit Cristobal de Acuna beschreibt im siebzehnten Jahrhundert, dass man, wenn man zunächst dem Amazonas flussaufwärts und dann einem seiner Nebenflüsse in nördlicher Richtung folgt, schließlich zum Tacamiaba gelangt, einem kahlen Berg, an dem ständig der Wind rüttelt. Hier leben die Amazonen.

Diese Frauen leben in der Abgeschiedenheit zusammen und schützen sich selbst, ohne die Hilfe von Männern in Anspruch zu nehmen. Zu einer bestimmten Zeit im Jahr werden sie jedoch von ihren Nachbarn, den Guacaris, besucht. Wenn diese eintreffen, dann laufen die Amazonen aus Angst, es könnte sich um einen Überfall handeln, erst einmal, um ihre Waffen zu holen. Doch sobald sie ihre Freunde erkennen, beeilen sie sich alle, die Ankömmlinge in ihren Booten zu begrüßen. Jede Frau nimmt eine Hängematte aus den Booten und hängt sie bei sich daheim auf. Dann legt sie sich hinein und wartet auf die Männer. Ein paar Tage später fahren die Gäste der Amazonen wieder fort, nur um in der nächsten Saison unfehlbar zurückzukehren. Die Mütter ziehen die Mädchen auf, die aus diesen Verbindungen geboren werden. Was nun die Knaben betrifft, so weiß niemand so recht, was aus ihnen wird. Ein Indianer, der in seiner Jugend mit seinem Vater zu einem dieser Stelldicheins gefahren war, erzählte mir, dass die Frauen im Folgejahr den Männern ihre Söhne aushändigten. Doch gemeinhin wird angenommen, dass sie die männlichen Kinder töten. Ich weiß es nicht mit Gewissheit zu sagen.[3]

Die Tötung männlicher Kinder wird häufig erwähnt und stellt eine merkwürdige Umkehrung der in patriarchalischen Gesellschaften weitverbreiteten Sitte dar (die sich noch heute in Indien und China fortsetzt), weibliche Säuglinge auszusetzen, weil ihnen geringerer Wert beigemessen wird. In manchen Gesellschaften kann eine Frau ihren Wert steigern, indem sie sich ehrenhalber zum Mann erklären lässt, ein Zugeständnis, das auch heute noch in manchen nördlichen Provinzen Albaniens an bestimmte Mädchen gemacht wird. In den kargen, armen Bergregionen ist das Leben hart, und das alte Stammesgesetz namens »Lek« hat auch heute noch Gültigkeit. Eine »eingeschworene Jungfrau« ist sechs Beutel mit Goldstücken oder zwölf Ochsen wert, genau zweimal so viel wie eine gewöhnliche verheiratete Frau. Wo Notwendigkeit oder Neigung es erforderlich machen, können Frauen sich für ein Leben als »eingeschworene Jungfrau« entscheiden, Männerkleider tragen, die schwere landwirtschaftliche Arbeit tun und auf jede Weise die Schlagkraft des »Mannes im Haus« für sich beanspruchen. Sie dürfen nicht heiraten und auch keine Kinder haben, aber es ist ihnen gestattet, in der Bar zu sitzen, Raki zu trinken, zu rauchen und zu einem »der Jungs« zu werden. Bei einer Hochzeit sitzen sie im Kreis der Männer und nicht bei den Frauen, und es scheint so, als würden sie von den Männern tatsächlich als ihresgleichen akzeptiert.

Der Journalist Julius Strauss,[4] der die Region 1997 aufsuchte, lernte die zweiundvierzigjährige Lule kennen, eine »eingeschworene Jungfrau«, die zehn Schwestern und einen kränklichen Bruder hatte. Als sie 15 Jahre alt war, wurde sie von ihrer Mutter aufgefordert, die Familie zu übernehmen, und in ihrem Dorf wird sie gleichberechtigt mit allen Männern behandelt. »Sie benimmt sich wie ein Mann, raucht und trinkt wie ein Mann, und wir respektieren sie als Mann«, sagte einer der Männer in einer örtlichen Bar. Unter dem kommunistischen Regime arbeitete sie als Traktorfahrerin, doch nun verdient sie ihr Geld als selbständige Schweißerin.

Lule selbst sagt: »Meine Schwestern haben mich immer als Jungen betrachtet. Ich wollte mir von niemandem etwas sagen lassen ... Doch ich würde meinen Nichten keinesfalls zu einem solchen Leben raten. Es ist sehr hart.« Ihre Schwestern bedienen sie mit Raki und Kaffee und kümmern sich um sie wie um einen Mann.

In Monoklissia, einem griechischen Dorf an der bulgarischen Grenze, tauschen Männer und Frauen einmal jährlich im Dezember die Rollen: Die Männer bleiben daheim, erledigen die Hausarbeit und kümmern sich um die Kinder, während sich die Frauen in einer komischen Überzeichnung männlicher Indolenz ins Café setzen, Karten und Backgammon spielen, Ouzo und Kaffee trinken. Nach einem weinseligen Mittagessen paradieren sie durch das Dorf und wählen sich eine Königin für den Tag. Wie im Gedenken an die Thesmophorien bringen sie die verbleibenden Stunden mit dem Singen deftiger Lieder, mit Gesprächen und einer Mahlzeit zu, bei der gebratene Hähnchen (niemals Hühnchen) gegessen werden. Die örtliche Überlieferung will es, dass der Ort in der Antike eine Amazonenhochburg war, und tatsächlich, Penthesilea, unsere Heldin von Troja, stammt aus der griechischen Provinz Thrakien, von der Monoklissia nicht weit entfernt ist. Andere bezeichnen den Tag als Festtag der heiligen Domna und sagen, dass es sich um einen christlichen Feiertag zu Ehren von Hebammen und weiblicher Fruchtbarkeit handelt. Gemeinsam mit einem griechischen Freund namens Jannis suchte Patricia Storace die Stadt am Tag der *Ginaikokratia* (was »die Herrschaft der Frauen« bedeutet) auf und stellte fest, dass die Welt auf dem Kopf steht:

> Eine [der Frauen] tritt vor, eine Schale Wasser in der einen, einen Basilikumzweig in der anderen Hand, und bespritzt, in Mimik wie Gestik die typischen Segnungen orthodoxer Priester und deren Anmaßung moralischer Autorität parodierend, Jannis voller Schadenfreude. »Warum bespritzen Sie mich?« fragt er, eine Spur verletzt. »Weil Sie ein Mann sind, *bre*, verschmutzt, und gereinigt werden müssen, bevor Sie eintreten.« Sie blinzelt mir zu. Ganz offensichtlich genießt sie es, sich über die Theologie und deren Frauenbild

lustig zu machen, insbesondere über das für eine Frau ihrer Generation geltende Verbot, in den Tagen ihrer Menstruation eine Kirche zu betreten; schon die Babys durften nur in der Nähe des Allerheiligsten getauft werden, sofern es Jungen waren.[5]

Auch hier wird Frauen für kurze Zeit Männlichkeit mit allen dazugehörigen Privilegien zugestanden, damit sie ruhig in ihrer gewohnten Unterwürfigkeit verharren. Der Brauch in Monoklissia existiert, damit Frauen Dampf ablassen können (und um Touristen, Schriftsteller und Filmemacher anzulocken?), aber er macht diese Frauen gewiss nicht zu Erbinnen der Amazonen. Um die wirklichen Erben von Geist und Energie der Amazonen zu finden, müssen wir an einem anderen Ort suchen.

ERBEN?

Im wesentlichen sind es Lesbierinnen, die in den verschiedensten Formen utopischer Kommunen, ob ländlich, politisch oder städtisch, das »separatistische« Leben der Amazonen ausprobiert haben. Dass die Amazonen eine Quelle der Inspiration für die in den siebziger Jahren aufgekommene Idee von einem »lesbischen Staat« waren, dürfte kaum überraschen. Monica Wittig definierte die Amazonen als »Frauen, die auf allen allgemein akzeptierten Ebenen: erfundenen, symbolischen, tatsächlichen ... miteinander, in Abgeschiedenheit und für sich leben«.

Doch diese Möglichkeit war bereits viel früher, zu Beginn des 20. Jahrhunderts, von zwei lesbischen Frauen namens Renée Vivien und Natalie Barney untersucht worden. Barney war eine großgewachsene, auffallende Frau, die von Zeitgenossen mit dem Spitznamen »L'Amazone« gerufen wurde. Sie und Vivien entschlossen sich, von Paris auf die Insel Lesbos zu reisen, wo die Dichterin Sappho eine Gruppe von Mädchen erzogen hatte (die absolut nichts Amazonenhaftes an sich hatten), um dort eine Frauenkommune zu begründen. Da sie jedoch von Sappho und ihren Schülerinnen auf der Insel keine Spuren fanden, rangen sie sich schließlich dazu durch, lieber in Paris eine Frauenakademie zu gründen.

Sie waren die ersten in einer langen Reihe von Frauengruppen, die feststellen mussten, dass sich das Ideal einer egalitären, dezentralisierten, gemeinschaftlichen und die Natur respektierenden Gesellschaft, geführt von vernünftigen und friedlichen Frauen, die in *Frauen am Abgrund der Zeit* von Marge Piercy beschrieben wurden, nicht so leicht realisieren ließ – möglicherweise deshalb, weil Aggression als negative, männliche Eigenschaft galt und nicht offen zum Ausdruck gebracht werden durfte. Stattdessen floss sie in unterirdische Gegenströmungen und entlud sich heftig und destruktiv. Ich weiß, wovon ich spreche, denn ich habe in mehreren ausschließlich aus Frauen bestehenden Gruppen gearbeitet, in denen ich mich oft nach dem schlichten männlichen Durchsetzungsvermögen sehnte. Die echten Amazonen hatten keine Probleme damit: Sie brachten ihre Aggression offen zum Ausdruck – das konnten sie sich leisten, weil sie »männisch« und den Männern körperlich gleich waren und sentimentale Blicke auf das weibliche Wesen nicht kannten.

Die abschließende Analyse zeigt, dass sich die Amazonen wegen ihrer direkten »maskulinen« Neigung zur Gewalttätigkeit nicht als Rollenvorbild für utopische Feministinnen und Lesbierinnen eignen. Zwar trifft es zu, dass diese Gewalttätigkeit aus der Notwendigkeit resultiert, sich gegen männliche Übergriffe zu schützen, doch sie ist vorhanden, und die meisten ideologisch vernünftigen Feministinnen missbilligen sie.

Wer sind dann die eigentlichen Erben des Amazonengeists? Oder, um es anders auszudrücken, wohin ist die weibliche Energie, die *Shakti*, verschwunden in den ersten Tagen des dritten Jahrtausends?

An dieser Stelle kann es leicht geschehen, dass man in Geschichten über kämpfende, aggressive oder originelle Frauen eintaucht, die unter unkonventionellen Umständen leben, oder dass man sich in soziologischen Streifzügen über Lara Croft und Tank Girl verliert. Es mag zwar unterhaltsam sein, einen solchen Weg einzuschlagen, aber ich möchte ihn dennoch nicht gehen. Die Beschäftigung mit Soldatinnen ist nicht wirklich relevant, da die moderne Kriegsführung Gegner nicht mehr von Angesicht zu Angesicht gegenüberstellt. Soldatin in irgendeiner Armee zu sein macht eine Frau noch nicht zur Amazone. Auch eine starke, entschlossene Frau – von denen es heute etliche beeindruckende Beispiele gibt – ist noch keine Amazone. Es geht um etwas Subtileres und zugleich Radikaleres, das etwas mit dem absichtlichen Überschreiten der Grenze zwischen männlich und weiblich zu tun hat und mit dem Ziel, Energie anders einzusetzen. In ihrem 1912 veröffentlichten Buch bezeichnet Florence Bennett es charmant als die »orientalische Vorstellung von sexueller Verwirrung«.

Die Zauberin ist ein eigenartiges Buch, das vorgibt, der wahre Bericht von der Initiation einer Amerikanerin in die Mysterien einer südamerikanischen indianisch-magischen Tradition zu sein. An einer zentralen Stelle während ihrer Ausbildung erfährt Taisha Abelar von ihrer Lehrerin Clara, dass überall auf der Welt Frauen aufgezogen werden, um Männern zu Diensten zu sein: »Dabei spielt es keine Rolle, ob sie auf einem Sklavenmarkt eingekauft oder umworben und geliebt werden«, betont Clara. »Ihr fundamentaler Zweck und ihr Schicksal ist das gleiche: Männer zu versorgen, zu schützen und zu bedienen.« Taisha protestiert und weist darauf hin, dass dies nicht immer zutrifft, doch Clara bleibt bei ihrer Meinung. Und wenn eine Frau mit einem Mann schläft, dann lässt er »Energielinien« in ihrem Körper zurück und kann von da an ihre Energie abrufen und stehlen. Die magischen Kunstgriffe, die Clara Taisha beibringt, sollen diese verlorene Energie zurückholen.

Man muss die Geschichte nicht wörtlich nehmen, um ihre Relevanz zu erkennen: Der Geschlechtsakt setzt Prozesse in Gang, die einer Frau ihre Kraft rauben – egal ob ihre Energie nun in die Aufrechterhaltung einer Beziehung, in die Empfängnis und Erhaltung eines Kindes oder in subtilere Dinge fließt. Frauen in unserer Gesellschaft wird für gewöhnlich noch immer beigebracht, Männer zu unterstützen und zu erfreuen. Auf unverheiratete Frauen, die ein bestimmtes Alter überschritten haben und vor allem auf Sex verzichten, wird herabgeblickt, weil es ihnen nicht gelungen ist, sich einen Mann »zu angeln«. Doch es ist wichtig, zwischen Abelars Auffassung und der klassisch-feministischen Position, die verärgert gegen diese Situation Position bezieht, zu unterscheiden: die »Kriegerin« in Abelars Welt gibt sich nicht dem Selbstmitleid hin und lehnt Männer auch nicht ab; sie lernt einfach, mit ihrer sexuellen Energie sparsam umzugehen und sie zur Erforschung des Unbekannten einzusetzen: »Die persönliche Entwicklung ist im Vergleich zur Fortpflanzung ein gleichwertiger, wenn nicht ein bedeutenderer Auftrag.«

Taisha erhält später von einer neuen Lehrerin namens Nelida eine überraschende Lektion über die Quelle dieser weiblichen Energie: »... sie hob ihren Rock und spreizte die Beine. ›Sieh dir meine Vagina an‹, forderte sie mich auf. ›Das Loch zwischen den Beinen einer Frau ist die energetische Öffnung der Gebärmutter, ein mächtiges und findiges Organ.‹« Zunächst schockiert und peinlich berührt – »ihrem Geschlecht schien eine Kraft zu entströmen, die mich benommen machte, als ich sie anstarrte« –, beruhigt sich Taisha langsam und erkennt die Wahrheit von Nelidas Aussage: »Dass sie mir ihre Nacktheit gezeigt hat, hat Unfassliches mit mir gemacht; es linderte meine Qualen und ließ mich meine Prüderie aufgeben. In einem einzigen Augenblick war ich mit Nelida unendlich vertraut geworden. Jämmerlich stotternd schilderte ich ihr, was ich soeben erkannt hatte. ›Genau das ist es, was die Energie der Gebärmutter bewirken soll‹, erklärte Nelida fröhlich.«

Die sexuelle Energie, die die meisten von uns in den Sexualakt und seine Begleiterscheinungen investieren, wird von diesen Zauberinnen gespeichert und in die fortgesetzte Bemühung gesteckt, die Tore der Wahrnehmung und der Reise in unsichtbare Welten zu reinigen. Damit ihnen dies gelingt, müssen Kriegerinnen und Krieger »untadelig« sein; das heißt, sie müssen jegliche Aufgeblasenheit ganz und gar ablesen und sich ununterbrochen um Selbstdisziplin bemühen.

Als Nelida den Rock hebt, macht sie das Gleiche wie die finstere, ihre Vulva präsentierende Sheila-na-gig, die als Skulptur noch in manchen irischen Kirchen vorhanden ist, die nackten Göttinnen Babyloniens, Assyriens, die Figuren aus Kreta und Indien mit ihren vorgeschobenen Brüsten – sie verkörpert die *Shakti*, die Kraft, die die Welt erschafft, sie kleidet, ihre Kreaturen belebt und ihnen Formen und Namen gibt. Doch wir dürfen nicht vergessen, dass Frauen die *Shakti* zwar verkörpern, sie jedoch nicht *besitzen*. Vielleicht ist dies der Irrtum, dem Amazonengesellschaften erlegen sind: Sie haben geglaubt, beide Geschlechter seien dazu in der Lage, sich diese Macht anzueignen und sie dem anderen Geschlecht vorzuenthalten.

Wir haben die weibliche Macht der Amazonen zurückverfolgt in die Zeit der Hethiter und Kreter, zu ihren Priesterköniginnen und heiligen Hierodulen, in weiter östlich gelegene Länder, wo die androgyne Ischtar, die Göttin von Liebe und Krieg, herrschte; und wir haben gesehen, wie die männliche Seite der menschlichen Natur die wilden und chaotischen Energien der weiblichen Seite zu organisieren und zu ordnen versuchte, um die Zivilisation voranzubringen. Der Geist musste über den Körper siegen. Das Christentum mit seinem Bild des ans Kreuz geschlagenen menschlichen Körpers war die Religion, die dieses Erfordernis am besten zum Ausdruck brachte. Doch nun sieht es so aus, dass wir, um uns weiter zu entwickeln, zurückgehen und den Körper und das Weibliche neu entdecken müssen. Nur müssen wir diesmal vollkommen anders mit der *Shakti*-Energie umgehen. Das ist es, was die oben erwähnten »Zauberinnen« tun. Wir wollen hoffen, dass damit nicht die Rückkehr zu einer grotesken Art Matriarchat gemeint ist, in dem Frauen wie Bienenköniginnen herrschen und Männer entweder Drohnen, Söhne von Müttern oder kastrierte Priester sind.

Als sich Jenny Lewis 1985 im Krankenhaus von einer radikalen Brustamputation erholte, erhielt sie einen Brief von einer Freundin. »Liebe Jenny«, hieß es darin, »nun bist du eine echte Amazone.« Der Brief durchbrach Jennys Lähmung, ihre Angst und Verwirrung, und rief in ihr den Entschluss wach zu überleben. Außerdem veranlasste er sie, sich mit den Amazonen zu beschäftigen und dabei fast den gleichen Spuren zu folgen wie ich, jedoch als Dichterin und nicht als Rechercheurin. Sie beschreibt, wie die »gewaltigen, aus sich herausgehenden Energien unserer Stammmütter von den Launen einer patriarchalischen Kultur untergraben werden, einer Kultur, die Frauen beibringt, sich für ihre Sexualität und für die mangelnde Bereitschaft zur Unterordnung zu schämen.« Wie viele Schriftsteller und Dichter vor ihr interpretierte sie die Amazone als kollektives Menschheitswesen. Sie erlangte ihren Widerspruchsgeist zurück und erholte sich von ihrer schrecklichen Krebserkrankung. Mit ihrem Buch *When I Became an Amazon* feierte sie ihre Entdeckung und Genesung.

Die Amazone

Wir kamen über das Eis
des Kimmerischen Bosporus,
fünftausend von uns liefen harmonisch
in gleichmäßigem Tempo, ließen gefrorene
Spuren unseres Atems hinter uns zurück.
In Pelze gekleidet waren wir gegen
die Bitternis des Winters,
unser Geist und unsere Klingen
geschärft, um Rache zu nehmen.
Der Schneesturm hämmerte an unsere Schilde,
als wir uns mit gesenkten Köpfen
gegen die beißenden Winde lehnten.

Auf unseren Rücken trugen wir Stangen,
Seile und Zeltbahnen,
um notdürftig Unterstände zu bauen
für das nächtliche
Lager. Hundeschlitten flankierten uns
zur Linken und Rechten, beförderten
Verpflegung, Waffen und Vorräte
des tödlichen Gifts, in das
wir unsere Pfeile tauchen.
Jene am Ende trugen Speere,
Messer und Äxte. Vorn die Bogenschützen,
die den geflügelten Tod loslassen konnten,
in einem Augenblick. Und all unsere Kraft
und all unsere Speere und all unsere Träume

und unser Leben dem Sieg verpflichtet –
und der ewigen Freiheit

des Geistes der Amazonen.[6]

Vielleicht können wir heute nur mehr über die Magier (oder sollten
wir sie »Zauberweiber« nennen?) oder die Dichter mit dem Geist
der Amazonen in Verbindung treten.

WER ALSO WAREN DIE AMAZONEN?

Wenn man die Sophien-Kathedrale in Kiew betritt, dann fällt der
Blick als erstes auf die riesige Frauengestalt, die von der Kuppel
über dem Altar herabblickt. In einem glitzernden Mosaik steht sie
mit leicht gebeugten Knien da, und ihr alles durchdringender Blick
folgt einem überall hin. Ihre Arme hat sie in einer Geste der Offenbarung oder Segnung gehoben, und sie trägt einen goldenen Mantel über einem blauen Kleid und einem roten Gürtel, der ihre heilige Abstammung kenntlich macht. Sie strahlt vor Kraft. Als die
Tataren im elften Jahrhundert Kiew überfielen und die Kathedrale
stürmten, um sie zu zerstören, da erschreckte sie das Bild so sehr,
dass sie von ihrem Tun abließen. Als wir die diensthabende Frem-
denführerin nach der prominenten Rolle der Figur fragen, antwor-
tet sie: »Aber das ist doch klar, sie ist die Schutzgöttin unserer
Stadt!«

Die abgebildete Figur ist Maria Oranta, die jungfräuliche Mutter
Jesu. Doch sie hält kein Kind im Arm, ihr Sohn Jesus und seine
Erzengel verlieren sich im Himmel über ihr, und man muss den
Hals strecken, um sie überhaupt sehen zu können. Maria Oranta
hat die Machtposition inne; ihre Gegenwart füllt die Kathedrale,
sie ist die kämpferische Wächterin der Stadt Kiew.

Nur anderthalb Jahrtausende bevor der Künstler, der sich sicherlich der *Shakti* bewusst war, diese jungfräuliche Kriegerin Maria
schuf, durchstreiften skythische und sauromatische Kriegerinnen
die Steppen in der Gegend um Kiew, hielten Wache in ihren Zelt-

lagern und Siedlungen oder sammelten sich zum Kampf mit kampfbereiten Stämmen aus der Waldsteppe im Norden. Diese Frauen kämpften Seite an Seite mit ihren Männern. Sie taten es, weil es erforderlich war und damit ihre Kinder überleben und ihre Wohnstätten bestehen bleiben würden. Einige von ihnen waren außerdem Priesterinnen, die die Rituale zu vollziehen wussten, die den Stamm zusammenhielten und an ihre Götter und Göttinnen band. Von dieser Art sind die Frauen, deren Gräber die drei Archäologinnen, die ich aufgesucht habe, untersucht und studiert haben. Bezeichnenderweise sind es Frauen, die bei der Suche nach Kriegerinnengräbern oder, vielleicht treffender, bei der Aufdeckung der Wahrheit über vergangene Geschlechterrollen führend sind.

Bei unserer Reise zurück in der Zeit begegneten wir den anderen prototypischen Amazonen – den Kriegstänze aufführenden Priesterinnen in Ephesos oder Samothrake, den Stierspringerinnen mit ihren merkwürdigen Schurzen, den Könige machenden Matriarchinnen und Zauberweibern von Zalpa/Themiskyra, der überschwänglichen hurritischen Prinzessin Puduhepa, die die hethitische Religion revolutionierte. Wir haben die großen »Städte der Göttin« in Anatolien und im Nahen Osten betreten, in denen man von der *Shakti* wusste und sie feierte, ob durch Tempelprostitution oder bewaffnete Priesterinnen oder kastrierte Frauenmänner oder Androgyne. Die Verbindung dieser Göttinnen mit wilden Tieren, insbesondere mit Löwen und Leoparden, führte uns zurück in die Zeit der alten Leopardenpriesterin des jungsteinzeitlichen Çatal Hüyük.

Vom siebten Jahrtausend v. Chr. an entwickelte sich diese Zivilisation und wiedersetzte sich der Zähmung dieser wilden »weiblichen« Energie, bis schließlich im Klassischen Zeitalter die Griechen die Schlacht für sich entschieden, die Demokratie ihren blendenden Anfang nahm und der moderne Staat mit seiner Einschränkung der individuellen Freiheit entstand. Die Vernunft siegte über das Mysterium, das Männliche über das Weibliche, und das Bild der Amazonen erscheint im strahlenden Glanz stellvertretend für das, was geliebt und verloren, bewundert und schließlich vernichtet werden muss, wie anziehend und bezwingend es auch sein mag.

In den Amazonen manifestiert sich die Erinnerung an eine weibliche Macht, deren Wesen wir alle fast vollständig vergessen haben. Doch die Erinnerung kehrt zurück. Als ich mich mit ihrem Bild beschäftigte, veränderte es sich wie ein Foto in Entwicklungsflüssigkeit, das manchmal klar und strahlend und dann wieder undeutlich und trübe erscheint. Ich habe festgestellt, dass die Amazonen nicht das sind, was sie zu sein scheinen, sondern etwas zugleich Mächtiges und Flüchtiges. Es ist äußerst unwahrscheinlich, dass je ein Frauenstamm existierte, der *aufs Haar genau* den von Herodot und Diodor beschriebenen Amazonen glich. Doch ich bin zufrieden mit der Feststellung, dass es alle Komponenten des Mythos zu verschiedenen Zeiten und an verschiedenen Orten gab, und wenn man sie zusammenfügt, dann kommen sie gemeinsam der archetypischen Amazone sehr nahe. Ob sie nun Penthesilea oder Antiope oder Xena heißt, die Amazone ist erfüllt von Kraft, Gewalt, Glanz und Freiheit.

Der Held *musste* dieses weibliche Monster vernichten – ob es die Form eines Drachen oder einer Amazone hatte, spielte dabei keine Rolle. Es war ein unverzichtbarer Schritt, der viel Gutes mit sich brachte. Doch wie bei jedem Fortschritt ging in dem Prozess auch etwas verloren. Von diesem Verlorenen handelt dieses Buch. Denn manchmal, wenn der richtige Zeitpunkt gekommen ist, müssen wir das zurückholen, was wir zuvor abgelehnt haben, und es uns erneut bewusst machen. Vielleicht fangen wir ja dieses Mal etwas anderes damit an. Das enorme Interesse an den Amazonen signalisiert, dass wir an einem solchen Punkt angelangt sind.

Zeittafel

	KRETA UND GRIECHENLAND	AMAZONEN *(im Mythos)*
JUNGSTEINZEIT 5000 v. Chr.		
3000 v. Chr.		
BRONZEZEIT 2000 v. Chr.	2000 v. Chr.	**Zeit der afrikanischen Amazonen**
1600 v. Chr.	Schlangengöttin; Höhepunkt der kretischen Zivilisation	
1250-1200 v. Chr.	Heroisches Zeitalter 1600 v. Chr. Zeit des Herakles Trojanischer Krieg 1256 v. Chr.	**Zeit der Amazonen** Amazonen greifen Athen Penthesilea stirbt in Troja
750 v. Chr.	Dorische Wanderung **Dunkles Zeitalter**	die letzten Amazonen flie nach Skythien die Amazonen bei Home
EISENZEIT 500 v. Chr.	die griechischen Kolonien am Schwarzen Meer entstehen 600 v. Chr. **Archaisches Zeitalter Griechenlands**	die Amazonen erscheine Kunst und Literatur
330 v. Chr.	425 v. Chr. **Klassisches Zeitalter Griechenlands**	Herodot, Lysias und Hipp krates erwähnen die Ama
	Hellenistisches Zeitalter Griechenlands	

	Eurasische Steppe	Anatolien	Mesopotamien
	6800–5700 v. Chr.	Çatal Hüyük; »Herrin der Tiere«	
...00 ...r.	Cucuteni-Idole		Inanna-Verehrung
...50 ...r.	hergestellt bei Kiew		in Sumer/Akkad
...00 ...r.	2500 v. Chr.	Hattier in Alaça Hüyük	
	2000 v. Chr.		Ischtar-Verehrung
	1900 v. Chr.	assyrische Handels- routen nach Zalpa	in Babylon
	Nomaden durchstreifen die Steppe	Hethiterreich	
	erste Kriege- 1200 v. Chr.	Hethiterreich zerfällt	
	rinnengräber in Georgien	Neuhethitisches Reich Kubaba-Verehrung	
	Kimmerier 750 v. Chr.		Schawuschka-Vereh-
	greifen Anatolien an	Phrygisches Reich Kybele-Verehrung	rung in Ninive
...00 ...r.	Gräber skythischer und sauromatischer Kriegerinnen 556 v. Chr.	Errichtung des Artemis- tempels in Ephesos	
...00 ...r.	Gräber sarmatischer Kriegerinnen		

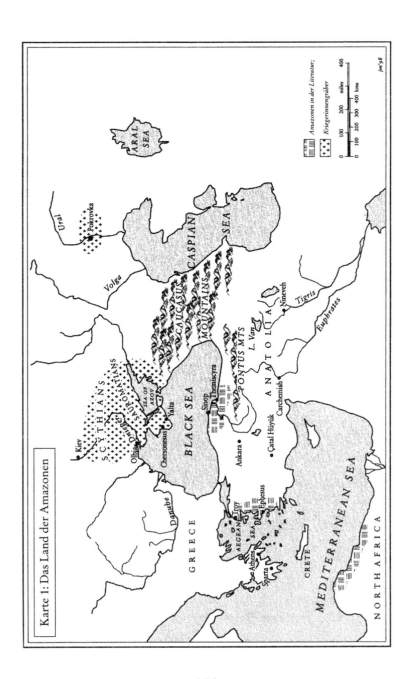

Karte 1: Das Land der Amazonen

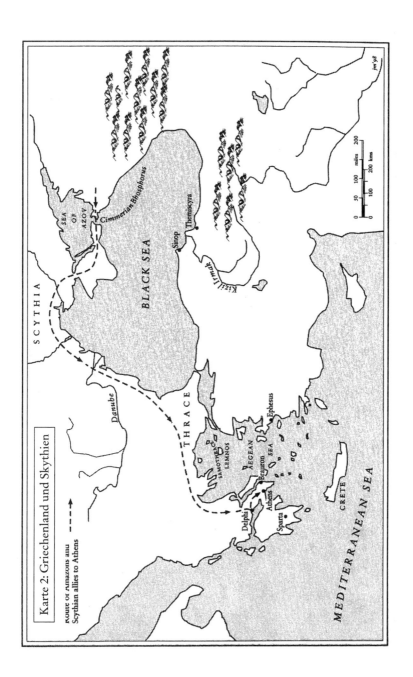

Karte 2: Griechenland und Skythien

Route of Amazons and
Scythian allies to Athens

SCYTHIA

BLACK SEA

SEA OF AZOV

Cimmerian Bhosphorus

Sinop

Themiscyra

Kizil Irmak

Danube

THRACE

SAMOTHRACE
LEMNOS

AEGEAN SEA

Ephesus

Brauron

Delphi

Athens

Sparta

CRETE

MEDITERRANEAN SEA

jm '98

200

100

50

miles

200 kms

100

100

0

0

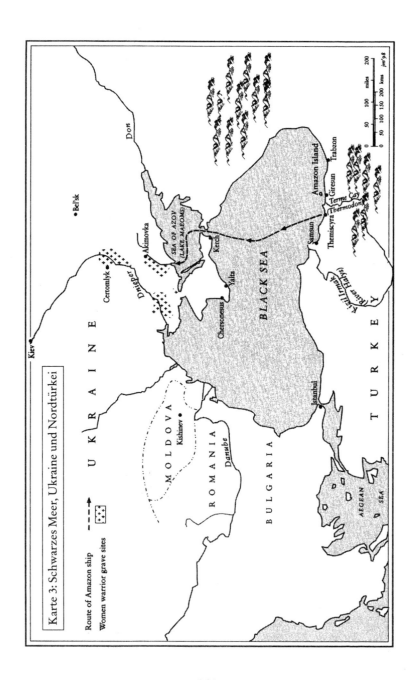

Karte 3: Schwarzes Meer, Ukraine und Nordtürkei

Route of Amazon ship
Women warrior grave sites

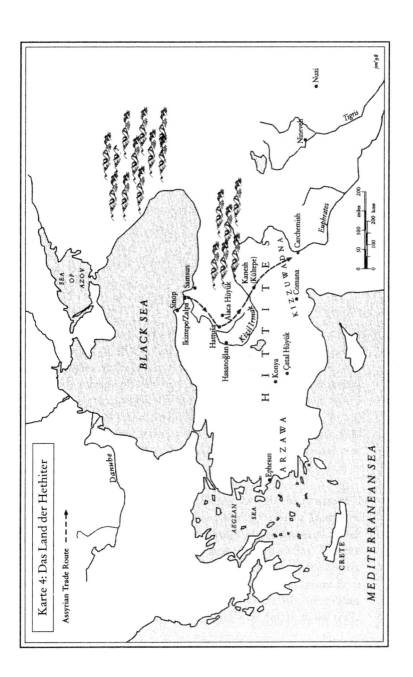

Karte 4: Das Land der Hethiter

Assyrian Trade Route - - - →

SEA OF AZOV

BLACK SEA

Danube

AEGEAN SEA

CRETE

MEDITERRANEAN SEA

Nuzi

Tigris

Nineveh

Euphrates

Carchemish

Sinop

Samsun

Ikiztepe/Zalpa

Hattusa

Hasanoğlan

Alaca Hüyük

Kanesh (Kültepe)

Kizil Irmak

Konya

Çatal Hüyük

Comana

K I Z Z U W A D N A

H I T T I T E S

A R Z A W A

Ephesus

200 miles
200 kms
100
50
100
50
0
0

jm '98

Schlangengöttin (Fayence, Kreta, mittlere III. minoische Periode)

Achilles ermordet Penthesilea, griechische Amphore, 540 v. Chr.

Amazone mit Pferd, griechische Vase, ca. 500 v. Chr.

Teil des Relieffrieses aus Bassae, Griechenland, ca. 420 v. Chr.

Krieger und Amazonen, Athen, Mitte des 4. Jh. v. Chr.

Teil des Pergamon-Altars, ca. 164–156 v. Chr.

Göttin Durga im Kampf (Mahabalipuram, Indien)

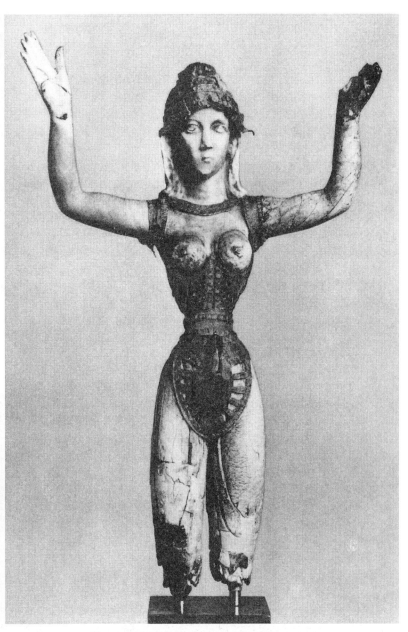

»Unsere Liebe Frau des Sports«, Kreta, Bronzezeit

Beigaben aus den Gräbern in Pokrovka

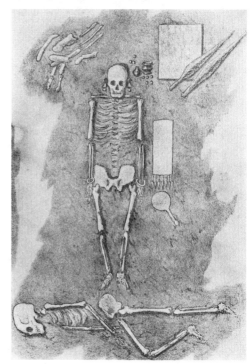

Zentralgrab im Hügel 20 auf dem Cholodnyj Jar

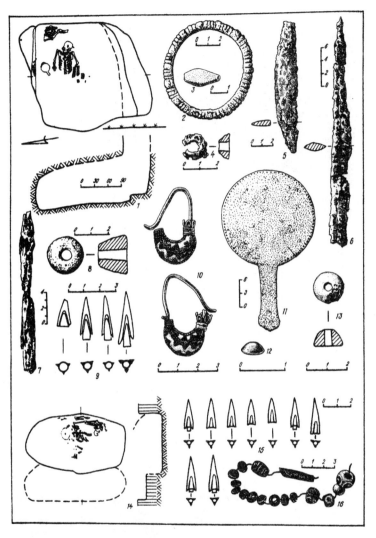

Beigaben aus den Gräbern zweier Kriegerinnen in Akimovka

Diana, römische Göttin des Wildes, um 300 n. Chr.

Artemis, Lesbos, 5. Jh. v. Chr.

»Die angelehnte Amazone« von Kresilas, 2. Hlf. des 5. Jh. v. Chr.

*» Verwundete Amazone« nach
Kresilas, 2. Hlf. des 4. Jh. v. Chr.*

*»Sterbende Amazone«,
griechische Skulptur*

Kostüm einer Kriegerin aus der Eisenzeit nach Lyubov Klotchko

Kampf zwischen Amazonen und Griechen, griechische Skulptur, 2. Hlf. d. 4. Jh. v. Chr.

Amazone in Bronze von Franz von Stuck, 1897/98

Berittene Amazone,
Figur auf einer
etruskischen Urne

Frau oder Göttin auf
Pferd, Kreta, Bronzezeit

Weibliche Idole aus Ikiztepe, 3. Jh. v. Chr.

Figur einer Göttin in Silber und Gold aus Alaca Hüyük, frühe Bronzezeit

Bleifigur einer Göttin aus Kültepe-Karun, 18. Jh. v. Chr.

Frauenfigur in Silber und Gold aus Hasanoglan, 3. Jh. v. Chr.

Brustlose Kybele mit Musikern, 6. Jh. v. Chr.

»Herrin der Tiere« aus Çatal Hüyük, 6. Jh. v. Chr.

Goldene Schlangenarmreifen aus Amisos

Kriegsgöttin Innana, 7. Jh. v. Chr.

Afrikanische Amazone, 19. Jh.

BILDNACHWEISE

U. Bahadir Alkim: Anatolia I. From the beginnings to the end of the 2nd millenium B.C. London: Barrie & Rockcliff: The Cresset Press 1969

Archiv für Kunst und Geschichte Berlin

Richard Cavendish/Trevor O. Ling (Hrsg.): Mythologie der Welt-religionen. Eine illustrierte Weltgeschichte des mythisch-religiösen Denkens. München: Christian Verlag 1981

Hans-Joachim Kreutzer (Hrsg.): Kleist-Jahrbuch 1986. Berln: Erich-Schmidt-Verlag 1986

Erich Neumann: Die große Mutter. Eine Phänomenologie der weiblichen Gestaltungen des Unbewußten. Olten/Freiburg i.Br. 1956

Franz von Stuck: Gemälde · Zeichnung · Plastik aus Privatbestiz. Hersg. vom Verein zur Förderung Mod. Kunst, Schärding. Museum Moderner Kunst Passau 1993

Lyn Webster Wilde: On the trail of the Women Warriors. London: Constable 1999

ANMERKUNGEN

1. Der Amazonenmythos

1 Diodor, »Geschichts-Bibliothek.« In: *Langenscheidtsche Bibliothek sämtlicher griechischen und römischen Klassiker in neueren deutschen Musterübersetzungen. Band 29: Diodor.* Aus dem Griechischen von Dr. Adolf Wahrmund. Berlin/Stuttgart: Langenscheidtsche Verlagsbuchhandlung, 1855-1907, Buch IV, Absatz 15-16.

2 Apollodor, *Bibliothek.* In der Ausgabe: *Die griechische Sagenwelt. Apollodors mythologische Bibliothek.* Aus dem Griechischen von Christian Gottlob Moser und Dorothea Vollbach. Köln: Parkland, 1997, Buch II, Absatz 98-105.

3 Camille Paglia, *Die Masken der Sexualität.* Aus dem Amerikanischen von Margit Bergner. Berlin: Byblos, 1992.

4 Donald J. Sobol, *The Amazons of Greek Mythology.* New York: Barnes, 1972.

5 Sarah B. Pomeroy, *Frauenleben im klassischen Altertum.* Aus dem Englischen von Norbert F. Mattheis. Stuttgart: Alfred Kröner, 1985. Ein Großteil meiner Informationen über das Leben im klassischen Griechenland entstammt diesem Buch.

6 Mandy Merch, »The Amazons of Ancient Athens.« In: Susan Lipshitz (Hrsg.), *Tearing the Veil: Essays on Femininity.* London: Routledge & Kegan, 1978.

7 Apollonios von Rhodos, *Die Argonauten.* Aus dem Griechischen von Thassilo von Scheffer. Leipzig: Dieterich'sche Verlagsbuchhandlung, 1940, Buch II, Vers 1169-1176.

8 Victor Ehrenberg, *From Solon to Socrates.* London: Routledge, 1973.

9 John Boardman, *The Eye of Greece.* Hrsg. v. D. Kurtz und B. Sparkes. Cambridge: Cambridge University Press, 1982.

10 Dietrich von Bothmer, *Amazons in Greek Art.* Oxford: Oxford University Press, 1957.

11 Homer, *Ilias.* Aus dem Griechischen von Johann Heinrich Voß. München: Goldmann, 1989, Buch III, Vers 184-190 und Buch VI, Vers 186.

12 Pomeroy, *Frauenleben im klassischen Altertum*, S. 118.

13 Hesiod, »Ehoien« (Frauenkataloge). In: Hesiod, *Werke in einem Band*. Aus dem Griechischen von Luise und Klaus Hallof. Berlin: Aufbau, 1994, Kapitel 161, Vers 10-12.

14 Mina Zografou, *Amazons in Homer and Hesiod*. Athen, 1972.

15 Abgedruckt in: Anne Baring und Jules Cashford, *The Myth of the Goddess*. London: Viking, 1991.

16 George Thomson, *The Prehistoric Aegean*. London: Lawrence & Wishart, 1949.

17 Der Begriff wird in unterschiedlichen Schreibweisen verwendet, zum Beispiel: Schauschga, Schawuschka oder Shauskha. Ich habe mich für die phonetische Schawuschka entschieden.

18 A. H. Sayce und Adolf Holm.

2. Das Geheimnis der Steppen

1 Herodot, *Historien*. Aus dem Griechischen von A. Horneffer. Stuttgart: Alfred Kröner, 1971[4], Buch IV, Absatz 113-114.

2 Hippokrates, »De articulis.« In: Robert Fuchs, *Hippocrates, sämtliche Werke*. München, 1895/1899, Band III, S. 139.

3 Hippokrates, »De aere aquis locis.« In: Robert Fuchs, *Hippocrates, sämtliche Werke*. München, 1895/1899, Band I, S. 395.

4 Herodot, *Historien*, Buch IV, Absatz 64.

5 Elena Fialko hatte zunächst 112 Begräbnisstätten von Frauen mit Waffen untersucht, dann jedoch solche ausgeschlossen, die ausgeraubt worden waren oder nur ein paar einzelne Pfeilspitzen als Waffen enthielten. Auch die Gräber, in denen sich die Beigaben der Frauen mit jenen der neben ihnen liegenden Männer vermischt haben könnten, vernachlässigte sie. Damit blieben 95 Gräber übrig, von denen sich 77 im Steppenbereich befanden und 36 von Anthropologen als eindeutig weiblich bestimmt worden waren. Die übrigen wurden als Frauengräber betrachtet, weil sie »vermischten Hausrat« enthielten. In 34 Gräbern waren Frauen die Hauptperson in ihrem Kurgan, auch wenn die meisten dieser Grabhügel nicht besonders groß waren.

6 Elena Fialko ließ nur die Frauen als Kriegerinnen gelten, die mit mehr als einer Pfeilspitze beerdigt worden waren, da eine einzelne Pfeilspitze auch als Amulett an einer Kette hätte getragen werden können und nicht zwangsläufig bedeutete, dass die Frau eine Kämpferin war.

7 Hippokrates, »Luft, Wasser und Ortslage.« In: Richard Kapferer (Hrsg.), *Die Werke des Hippokrates*. Stuttgart/Leipzig: Hippokrates-Verlag, 1934, Teil VI, Kapitel 22, S. 52-54.

8 Timothy Taylor und Tatiana Miroshana.

9 Wurde diskutiert in: Miranda J. Greens, »Images in Opposition.« In: *Antiquity*, Dezember 1997, Band 71. ·

3. Artemis, hell und dunkel

1 Sue Blundell, »Who Are the Amazons?« In: *Classical Association News*, August 1998.
2 Vincent Scully, *The Earth, the Temple and the Gods*. New Haven: Yale University Press, 1979.
3 Walter Burkert, *Griechische Religion der archaischen und klassischen Epoche*. Serie: Die Religionen der Menschheit, Band 15. Stuttgart: W. Kohlhammer, 1977, S. 366 (Scholiast über Lukian).
4 Carlos Castaneda, *Die Kunst des Pirschens*. Aus dem Amerikanischen von Thomas Lindquist. Frankfurt a. M.: Fischer, 1983.
5 Die fünfzig Töchter des Danaos, König von Libyen, die alle, bis auf eine, auf Befehl des Vaters ihre Ehemänner ermordeten.
6 Burkert, *Griechische Religion der archaischen und klassischen Epoche*, S. 370.
7 Arthur Evans, *The Palace of Minos*. London: Macmillan, 1921, Band IV., S. I.
8 Bibel, Apostelgeschichte 19,26.
9 Herodot, *Historien*. Aus dem Griechischen von A. Horneffer. Stuttgart: Alfred Kröner, 1971[4], Buch I, Absatz 173.
10 Mina Zografou, *Amazons in Homer and Hesiod*. Athen, 1972.
11 Florence Bennett, *Religious Cults Associated with the Amazons*. New York: Columbia University Press, 1912.
12 W. R. Lethaby, »The Earlier Temple of Artemis at Ephesus.« *Journal of Hellenic Society*, Band 37, S. I.

4. Das Medusengesicht der Göttin

1 Pausanias, *Beschreibung Griechenlands*. Aus dem Griechischen von Ernst Meyer. Zürich/Stuttgart: Artemis, 1954, 1967[2], Buch VII (Achaia), Absatz 18, 12-13.
2 Herodot, *Historien*. Aus dem Griechischen von A. Horneffer. Stuttgart: Alfred Kröner, 1971[4], Buch IV, Absatz 103.
3 Herodot, *Historien*, Buch IV, Absatz 180.
4 Jessica Amanda Salmondson, *The Encyclopedia of Amazons*. New York: Paragon House, 1991.
5 Zitiert von: S. H. Hooke, *Middle Eastern Mythology*. Harmondsworth: Penguin, 1963.

6 Diodor, »Geschichts-Bibliothek.« In: *Langenscheidtsche Bibliothek sämtlicher griechischen und römischen Klassiker in neueren deutschen Musterübersetzungen. Band 29: Diodor*. Aus dem Griechischen von Dr. Adolf Wahrmund. Berlin/Stuttgart: Langenscheidtsche Verlagsbuchhandlung, 1855-1907, Buch III, Absatz 52-53.

7 Marten J. Vermaseren, *Cybele and Attis*. London: Thames & Hudson, 1977.

8 Barbara Walker, *Das geheime Wissen der Frauen*. München: dtv, 1993.

9 Esther Harding, *Women's Mysteries*. London: Rider, 1971.

10 Walter Burkert, *Griechische Religion der archaischen und klassischen Epoche*. Serie: Die Religionen der Menschheit, Band 15. Stuttgart: W. Kohlhammer, 1977, S. 433-435.

11 Walter F. Otto, *Dionysos: Mythus und Kultus*. Frankfurt, 1933.

12 Apollodor, *Bibliotheke*, in der Ausgabe: *Die griechische Sagenwelt. Apollodors mythologische Bibliothek*. Aus dem Griechischen von Christian Gottlob Moser und Dorothea Vollbach. Köln: Parkland, 1997.

13 Pausanias, *Beschreibung Griechenlands*, Buch VII (Achaia), Absatz 2, 4-5.

14 Robert von Ranke-Graves, *Griechische Mythologie*. Reinbek: Rowohlt, 1960.

5. Die hethitische Sphinx

1 Lysias, »Rede zu Ehren der bei der Verteidigung Korinths gefallenen Athener.« *Langenscheidtsche Bibliothek sämtlicher griechischen und römischen Klassiker in neueren deutschen Musterübersetzungen. Band 34: Isokrates. Lykurgos. Lysias*. Verdeutscht von Prof. Dr. Wilhelm Binder. Berlin/Stuttgart: Langenscheidtsche Verlagsbuchhandlung, 1855-1907[5], Absatz 4.

2 Diodor, »Geschichts-Bibliothek.« *Langenscheidtsche Bibliothek sämtlicher griechischen und römischen Klassiker in neueren deutschen Musterübersetzungen. Band 29: Diodor*. Übersetzt von Dr. Adolf Wahrmund. Berlin/Stuttgart: Langenscheidtsche Verlagsbuchhandlung, 1855-1907, Buch II, Absatz 45-46.

3 Die Verbindung zwischen den Göttinnen beschreibt: Hilda Ransome, *The Sacred Bee*. Boston, 1937.

4 U. Bahadir Alkim, *Ikiztepe: The First and Second Years' Excavations, 1974-5*. Ankara, 1988.

5 J. G. Macqueen, »Hattian Mythology and Hittite Monarchy.« *Anatolian Studies*, 1959, Band 9.

6 Heinrich Otten, *Eine althethitische Erzählung um die Stadt Zalpa. Studien zu den Bogazköy-Texten*. Wiesbaden: Otto Harrossowitz, 1973, S. 14-15.

7 Volkert Haas, *Magie und Mythen im Reich der Hethiter. Band I: Vegetationskulte und Pflanzenmagie*. Hamburg: Merlin Verlag, 1977.

8 Harry Hoffner, *Hittite Myths*. Georgia: 1990.

9 Herodot, *Historien*. Aus dem Griechischen von A. Horneffer. Stuttgart: Alfred Kröner, 1971[4], Buch I, Absatz 199.

10 Philip Rawson, *The Art of Tantra*. London: Thames & Hudson, 1978.

11 Sarah B. Pomeroy, *Frauenleben im klassischen Altertum*. Übersetzt von Norbert F. Mattheis. Stuttgart: Alfred Kröner, 1985.

12 Haas, *Magie und Mythen im Reich der Hethiter*, S. 6-7.

13 Oliver Gurney, *Some Aspects of Hittite Religion*. Oxford: Oxford University Press, 1977.

14 Siehe die nachfolgende Abhandlung über die Tempelprostitution.

15 Haas, *Magie und Mythen im Reich der Hethiter*, S. 11-12 (KUB XXIX. 1 Kol. I 10-25, Keilschrifturkunde aus Boghazköy übersetzt in Anlehnung an Goetze, ANET 357).

16 In: *Anatolian Studies*, 1978, Band 30.

17 F. Starke, »Halmaschuit im Anitta-Text und die hethitische Ideologie vom Königtum.« In: *Zeitschrift für Assyriologie*, 1979, Band 69, S. 45-120.

18 Volkert Haas, *Geschichte der hethitischen Religion*. Leiden/New York/ Köln: Brill, 1994, S. 185-187.

6. Der Ursprung

1 Volkert Haas, *Hethitische Berggötter und hurritische Steindämonen. Riten, Kulte und Mythen*. Mainz: Ph. V. Zabern, 1982, S. 83.

2 Volkert Haas, *Magie und Mythen im Reich der Hethiter. Band I: Vegetationskulte und Pflanzenmagie*. Hamburg: Merlin Verlag, 1977, S. 59.

3 Oliver R. Gurney, *Die Hethiter: Ein Überblick über Kunst, Errungenschaften und gesellschaftlichen Aufbau eines großen Volkes in Kleinasien im 2. Jahrtausend vor unserer Zeitrechnung*. Aus dem Englischen von Inez Bernhardt. Dresden: Verlag der Kunst, 1980[2].

4 Thorkild Jacobson, *Treasures of Darkness*. New Haven: Yale University Press, 1976.

5 Samuel N. Kramer, »Poets and Psalmists.« In: Denise Schmandt-Besserat (Hrg.), *The Legacy of Sumer*. Malibu: Udena Publications, 1976.

6 Claudian, *Invektive gegen Eutrop*. Aus dem Griechischen von Helge Schweckendiek. Hildesheim/Zürich/New York: Olms-Weidmann, 1992, Buch II, Vers 264.

7 Gernot Wilhelm, *Grundzüge der Geschichte und Kultur der Hurriter*. Darmstadt: Wissenschaftliche Buchgesellschaft, 1982.

8 A. H. Sayce, *Hittite Religion*. London: The Religious Tract Society, 1892.

9 Donald J. Sobol, *The Amazons of Greek Mythology*. New York: Barnes, 1972.

10 Kallimachos, »Auf Artemis« (3. Hymne). In: *Griechische Lyrik*. Aus dem

Griechischen von Emil Steiger. Zürich: Atlantis Verlag, 1961, Vers 237-247.

11 Diodor, »Geschichts-Bibliothek.« In: *Langenscheidtsche Bibliothek sämtlicher griechischen und römischen Klassiker in neueren deutschen Musterübersetzungen. Band 29: Diodor.* Aus dem Griechischen von Dr. Adolf Wahrmund. Berlin/Stuttgart: Langenscheidtsche Verlagsbuchhandlung, 1855-1907, Buch II, Absatz 55.

12 Strabo, »Erdbeschreibung.« In: *Langenscheidtsche Bibliothek sämtlicher griechischen und römischen Klassiker in neueren deutschen Musterübersetzungen. Band 53: Strabo II.* Aus dem Griechischen von Dr. A. Forbiger. Berlin/Stuttgart: Langenscheidtsche Verlagsbuchhandlung, 1855-1910, Buch X, Kapitel 3, Absatz 7.

13 Apollonios von Rhodos, *Die Argonauten.* Aus dem Griechischen von Thassilo von Scheffer. Leipzig: Dieterich'sche Verlagsbuchhandlung, 1940, Buch I, Vers 1-607.

14 Lucian, »Von der Syrischen Göttin.« In: *Langenscheidtsche Bibliothek sämtlicher griechischen und römischen Klassiker in neueren deutschen Musterübersetzungen. Band 36: Lucian II.* Aus dem Griechischen von Dr. Theodor Fischer. Berlin/Stuttgart: Langenscheidtsche Verlagsbuchhandlung, 1855-1910, S. 232.

15 Lilian B. Lawler, *The Dance in Ancient Greece.* London: A & C Black, 1964.

7. Die Geistertänzer

1 Diodor, »Geschichts-Bibliothek.« In: *Langenscheidtsche Bibliothek sämtlicher griechischen und römischen Klassiker in neueren deutschen Musterübersetzungen. Band 29: Diodor.* Aus dem Griechischen von Dr. Adolf Wahrmund. Berlin/Stuttgart: Langenscheidtsche Verlagsbuchhandlung, 1855-1907, Buch II, Absatz 52-55.

2 Herodot, *Historien.* Aus dem Griechischen von A. Horneffer. Stuttgart: Alfred Kröner, 1971[4], Buch IV, Absatz 172.

3 Herodot, *Historien*, Buch IV, Absatz 180.

4 www.net4you.co.at/users/poellauerg/Berber/Berber.html.

5 Lloyd Cabot Briggs, *Tribes of the Sahara.* Harvard University Press, 1960.

6 Francis R. Rodd, *People of the Veil.* London: Macmillan, 1926.

7 Susan Rasmussen, *Spirit Possession and Personhood among the Kel Ewey Tuareg.* Cambridge: Cambridge University Press, 1995.

8 Eva Meyerowitz, *The Akan of Ghana.* London: Faber & Faber, 1951; *The Sacred State of the Akan.* London: Faber & Faber, 1958; *The Divine Kingship in Ghana and Ancient Egypt.* London: Faber & Faber, 1960; *The Court of an African King.* London: Faber & Faber, 1962.

9 Richard Burton. In: *Humanitarian*, 1900, Band 16, S. 118.
10 Richard Burton. In: *Transactions of the Ethnological Society of London*, 1865, Band III, S. 405.

8. Die letzten Amazonen

1 Jessica Amanda Salmonson, *The Encyclopedia of Amazons*. New York: Paragon House, 1991.
2 *Embassy of Ruy Gonzalez de Clavijo to the Court of Timor*. Hakluyt Society, 1859.
3 Cristobal de Acuna, *New Discovery of the Great River of the Amazons*. 1641.
4 Julius Strauss in: *Daily Telegraph*, 6. Februar 1997.
5 Patricia Storace, *Ein Abend mit Persephone*. Aus dem Amerikanischen von Bettina Abarbanell. Berlin: Alexander Fest, 1998, S. 233-234.
6 Jenny Lewis, *When I Became an Amazon*. Manchester: Iron Press, 1996.

GLOSSAR

Anarieis: *Skythische* Schamanen, die sich wie Frauen kleideten, ihre männliche Potenz verloren und als Propheten und Seher wirkten.

Anatolien: Das Zentralplateau Kleinasiens, das den größten Teil der modernen Türkei ausmacht und im Westen durch die Ägäis, im Süden durch das Mittelmeer und im Norden durch das Schwarze Meer begrenzt ist.

Antiope: Amazonenprinzessin, die Herakles dem attischen Held Theseus als Kriegsbeute zuerkennt. Sie gebar Theseus einen Sohn, Hippolytos, und kämpfte mit Theseus gegen die Amazonen, die nach Athen gekommen waren, um sie zu befreien.

Artemis: (1) Jungfräuliche Göttin der Griechen, Jägerin und Herrin der Tiere, Beschützerin aller jungen und wilden Lebewesen und gebärenden Frauen. Sie wird häufig als die Amazonengöttin bezeichnet.
(2) In einer früheren, primitiveren Version ist Artemis die Große Göttin, die in ihrem Tempel in *Ephesos* verehrt wurde.

Athene: Die Kriegsgöttin, unter deren Schutz die Stadt Athen steht. Sie ist die weise, ernste und reine Beraterin der griechischen Helden. In der Hand hält sie einen Schild, auf dem das Schlangenhaupt der Medusa abgebildet ist; auf dem Kopf hat sie einen Helm mit Federbusch.

Bronzezeit: Archäologische Periode zwischen der *Jungsteinzeit* und der *Eisenzeit*, während der die Verwendung von Eisen noch nicht üblich war. In den für die Amazonen relevanten Landstrichen fällt sie in die Zeit zwischen 3000 bis 1200 v. Chr.

Çatal Hüyük: Eine 8000 Jahre alte Siedlung in der anatolischen Hochebene in der Nähe von Konya. Sie ist weltweit eine der ältesten Städte. Berühmt ist Çatal Hüyük für ihre mit Stierköpfen geschmückten Kultstätten und ihre die Große Göttin darstellenden Figurinen.

Cucuteni-Kultur: Künstlerisch bemerkenswerte jungsteinzeitliche Kultur in Moldawien und der Westukraine.

Demeter: Die griechische Göttin der fruchtbaren Erde und Mutter der *Persephone*. Die Trennung und Wiedervereinigung von Mutter und Tochter stehen im Zentrum der *Eleusinischen Mysterien*.

Dionysos: Der Gott des Weines und der ekstatischen Selbstvergessenheit. Seine Anhängerinnen waren unter dem Namen *Mänaden* bekannt.

Dorer: Ein Volk, das um 1200 v. Chr. in *Kreta* und Griechenland eindrang und seine patriarchalischen Sitten mitbrachte.

Eleusinische Mysterien: Initiationszeremonie, die mehrere Tage lang andauerte und durch die Enthüllung eines tiefgreifenden Geheimnisses die Initianden angeblich von der Todesfurcht befreite. Der Mythos von *Demeter* und *Persephone* stand im Mittelpunkt der Eleusinischen Mysterien.

Ephesos: Stadt der Göttin an der türkischen Ägäisküste, die in der Antike für ihren Artemistempel berühmt war.

Galli: Die selbstkastrierten Priester der *Kybele*.

Guedra: Segnungstanz der *Tuareg*, der vor allem von Frauen getanzt wird.

Hattier: Einwohner Nordanatoliens mit vermutlich matrilinearen Bräuchen vor dem Auftauchen der Hethiter.

Hellenen: Gleichbedeutend mit Griechen. Die Vorfahren der meisten griechischen Stämme waren Hellenen.

Herakles: Dorischer Superheld und Sohn des Zeus, der zwölf Arbeiten erledigen musste, darunter als neunte den Raub des Gürtels der Amazonenkönigin *Hippolyte*.

Herodot: Griechischer Historiker, der von Cicero als »Vater der Geschichte« bezeichnet wurde und im fünften Jahrhundert v. Chr. lebte. Er schrieb lebendig über Leben und Bräuche in und jenseits der griechischen Welt, die er entweder aus eigener Anschauung kannte oder von denen er gehört hatte. Es ist praktisch unmöglich, in seinem Werk Dichtung und Wahrheit voneinander zu trennen.

Hethiter: Ein indoeuropäisches Volk, das gegen Ende des dritten Jahrtausends v. Chr. Anatolien besiedelte und dessen Reich fast tausend Jahre bestehen blieb.

Hippolyte: Die Amazonenkönigin, deren Gürtel von Herakles gestohlen wurde, ein Ereignis, das einen Krieg auslöste, in dem zahlreiche Amazonen umkamen.

Homer: Autor der großen Versepen *Ilias* und *Odyssee*. Er schrieb im achten Jahrhundert v. Chr. über das Heroische Zeitalter, das etwa mit dem Untergang Trojas um 1200 v. Chr. endete.

Hurrier: Ein Volk, das sich im zweiten Jahrtausend v. Chr. vom Zagros-Gebirge westwärts nach Anatolien ausbreitete und dessen Religion die hethitische Kultur stark beeinflusste.

Ikiztepe: Bronzezeitliche Siedlung an der türkischen Schwarzmeerküste, die möglicherweise mit der alten hattischen/hethitischen Stadt *Zalpa* identisch ist.

Inanna: Der früheste Name der Großen Göttin bei den Sumerern.

Indoeuropäer: Sammelbezeichnung für Völker, die von Zentralasien (woher sie genau kamen, wird noch debattiert) aus Europa bevölkerten und deren Sprachen gemeinsame Wurzeln haben. *Hethiter*, Griechen und Kelten sind indoeuropäische Völker.

Initiation: Eine religiöse Zeremonie, die den Wechsel einer Person in eine neue Rolle oder in ein anderes Bewusstsein durch Übergangsrituale einleitet.

Ischtar: Babylonische Göttin, die auch als Himmelskönigin und Mutter der Huren bezeichnet wird. In ihre Tempel kamen Männer, die sich von ihren Priesterinnen sexuell initiieren ließen.

Jungsteinzeit: Archäologische Periode, die auch als Neolithikum bezeichnet wird und an deren Ende die Kunst der Metallverarbeitung steht. In *Anatolien* endete sie um 6000 v. Chr.

Korybanten: Die tanzenden und singenden Akolyten der Göttin *Kybele*.

Kreta: Große Insel im Mittelmeer auf halbem Wege zwischen dem griechischen Festland und der türkischen Ägäisküste. Seit der *Jungsteinzeit* ein bedeutendes Handelszentrum und während der *Bronzezeit* Zentrum der *minoischen Kultur*, in der Frauen eine zentrale religiöse Rolle spielten. Die kretische Kultur brachte feingearbeitete und hochentwickelte Kunstwerke hervor.

Kureten: Tanzende und singende Akolyten der kretischen Muttergöttin *Rhea*. Sie werden häufig mit den *Korybanten* verwechselt.

Kurgane: Große Hügelgräber, die überall in der eurasischen Steppe anzutreffen sind.

Kybele: Die große phrygische Muttergöttin, deren Wurzeln zurückreichen bis in die *Bronzezeit* und zur Kubaba von Karkemisch. 204 v. Chr. wurde sie nach Rom gebracht, wo sie sich mehrere Jahrhunderte lang ihre Popularität bewahrte. Ihr dienten Priester, die sich selbst kastriert hatten, und ihre *Korybanten*.

Lara Croft: Athletische, großbrüstige, »virtuelle« Kriegerin.

Lemnierinnen: Die Einwohnerinnen der Insel Lemnos, die ihre Männer ermordeten, nachdem diese sich ihnen sexuell entzogen.

Mänaden: Anhängerinnen des Gottes *Dionysos*, die sich bei ihm zu Ehren abgehaltenen Festen in ekstatische Raserei tanzten und Opfertiere mit Händen und Zähnen zerrissen.

Matriarchat: Ein Sozialsystem, in dem die zentrale Regierungsgewalt in Frauenhänden liegt.

Matrilinearität: Bezeichnet eine Gesellschaft, in der die Herkunft durch die weibliche Seite bestimmt wird und in der Kinder dem Klan der Mütter angehören.

Matrilokalität: Ein Sozialsystem, in dem der Mann bei der Heirat seinen Wohnsitz aufgibt und zu seiner Frau zieht.

Minoische Kultur: Sie entwickelte sich im Kreta der späten Bronzezeit zur vollen Blüte und brachte die Schlangengöttinnen und die Stierwettkämpfe hervor.

Moldawien: Kleiner, erst vor wenigen Jahren selbständig gewordener Staat zwischen der Ukraine und Rumänien.

Mykene: Stadt in der Ebene von Argolis auf dem Peloponnes, die sich während der späten *Bronzezeit* zur Hochkultur entwickelte und von *Homer* in seinen Epen gefeiert wird.

Myrina: Afrikanische Amazone, die Städte in Kleinasien gründete, an der Küste der Insel Samothrake Schiffbruch erlitt und dort ein Heiligtum für die Große Göttin begründete.

Neith: Ägyptische Kriegsgöttin, deren Symbole zwei gekreuzte Bogen und der Schild waren; eine mögliche Vorläuferin der griechischen Göttin *Athene*.

Parvati: Im hinduistischen Pantheon die göttliche Ehefrau oder *Shakti* Shivas.

Patriarchat: Ein Sozialsystem, in dem die zentrale Regierungsgewalt sich in den Händen der Männer befindet.

Penthesilea: Amazonenkönigin, die auf der Seite Trojas im Trojanischen Krieg kämpfte und von dem griechischen Helden Achilleus getötet wurde.

Persephone: Die geliebte Tochter der *Demeter*, die von Hades, dem Gott der Unterwelt, entführt wurde und auf Teilzeitbasis zu ihrer Mutter zurückkehren durfte, nachdem *Demeter* die Welt in eine Wüste verwandelt hatte.

Puduhepa: Dynamische hurritische Priesterin, Königin und Ehefrau des hethitischen Königs Hattušilis III. Sie trug dazu bei, die hethitische Religion zu ordnen und zu stärken.

Reitervölker: Nomadische Stämme, die von der Viehzucht (vor allem Pferde, Rinder, Schafe und Ziegen) lebten, mit denen sie von Sommer- zu Winterweiden und wieder zurück zogen.

Rhea: Kretische Muttergöttin.

Sarmaten und Sauromaten: Halbnomadische Völker, die im vierten und fünften Jahrhundert v. Chr. die *Skythen* aus den Steppengebieten der heutigen Ukraine verdrängten.

Skythen: Iranisches Reitervolk, das seit dem achten Jahrhundert v. Chr. die Steppenlandschaft nördlich des Schwarzen Meers bewohnte, bis sie durch die *Sarmaten und Sauromaten* verdrängt wurden.

Shakti: Begriff im Hinduismus, der entweder die Gefährtin eines Gottes oder die von ihr verkörperte Energie bezeichnen kann. Ich verwende diesen Begriff für die weibliche Energie auch dann, wenn sie durch Göttin, Priesterin oder Kriegerin zum Ausdruck kommt.

Schawuschka: Der hurritisch-hethitische Name für die bisexuelle Kriegsgöttin.

Steppen: Die eurasische Graslandebene, die heute vornehmlich für den Getreideanbau genutzt wird und sich von der ukrainischen Schwarzmeerküste bis nach China und in die Mongolei erstreckt.

Tank Girl: Punkhafte, aggressive Cartoon- und Filmfigur mit den Eigenschaften einer Kriegerin.

Tantra: Hinduistisches und buddhistisches System, in dem sexuelle Energie geweckt und transformiert wird, um höhere Bewusstseinsstände zu erlangen.

Tempelprostitution: Brauch, aufgrund dessen Männer sich in den Tempel der Göttin begaben, um sich dort durch die Priesterinnen in die sexuellen Mysterien initiieren zu lassen.

Themiskyra: Antiken Autoren zufolge die Hauptstadt der Amazonen, die vermutlich an der heutigen türkischen Schwarzmeerküste, möglicherweise in der Nähe von Samsun liegt. Der Fluss Thermodon könnte mit dem Fluss Terme Çay identisch sein, der durch den kleinen Ort Terme fließt.

Thesmophorien: Frauenmysterien im klassischen Griechenland, während derer Schweine geopfert wurden und Frauen sich derben Feiern hingaben.

Tuareg: Nomadisches Volk, das die Sahararegion in Afrika bewohnt. Bedauerlicherweise werden sie heute in zunehmendem Maße gezwungen, ihr Nomadenleben aufzugeben und sich in Städten anzusiedeln, womit ihre frauengesteuerten Sitten langsam aussterben.

Xena: Die Prinzessin und Kriegerin einer gleichnamigen Fernsehserie. Sie ist stark, intelligent, hat hohe Prinzipien und verfügt außerdem über magische Kräfte.

Zalpa/Zalpuwa: Hattisch-hethitische Stadt der *Bronzezeit*, in der eine Kaste von »Zauberweibern« oder Priesterinnen die Macht hatte, Könige einzusetzen.

DANKSAGUNG

Als erstes geht mein aufrichtiger Dank an Natasha Ward, die mich als Freundin und Übersetzerin in die Ukraine und nach Moldawien begleitet hat. Ohne ihren Charme und ihre sprachlichen Fähigkeiten wären uns viele Türen verschlossen geblieben. In der Ukraine waren uns Yura, Lida und Alyosha Serov, Anna Danielnova Shandur, Vira Nanivska und Valery Ivanov die herzlichsten Gastgeber. Dr. Vitaly Zubar vom Archäologischen Institut nahm uns unter seine Fittiche und stellte uns den richtigen Leuten vor, darunter Dr. Elena Fialko, Lyubov Klotchko, Professor Vetschislav Mursin und Ekaterina Bunyatin. Ihre faszinierende und sorgfältige Arbeit verdient ein viel größeres Publikum, als ihnen bisher vergönnt war. Die heutigen Kriegerinnen Dr. Jeannine Davis-Kimball und Professor Renate Rolle schenkten uns großzügig ihre Zeit und ihre Einsichten. Frank und Nina Andrashko halfen mir geduldig bei meinen hartnäckigen Versuchen, mit Professor Rolle Kontakt aufzunehmen. Dr. Mark Tkachuk kümmerte sich in Moldawien um uns. Mustafa Akkaya, der Direktor des Museums in Samsun, zeigte mir die Sehenswürdigkeiten und Fundstücke der Küstenregion des Schwarzen Meers mit berechtigtem Stolz und entsprechender Begeisterung. In Konya ermöglichten mir Mustafa Elma und Mehmet Turan, die private, nichtkommerzielle Seite der tanzenden Derwische kennen zu lernen.

In England bin ich folgenden Personen zu Dank verpflichtet: »Morocco« für das Tanzen und ihre kenntnisreichen Informationen über die Tuareg; Robin Waterfield für seine Geduld bei den griechischen Quellen und die Genehmigung, seine hervorragende Herodot-Übersetzung zitieren zu dürfen; Diane Stein für das Einführen in die verborgene Welt der Hethiter und Hurrier; Professor

Oliver Gurney für sein detailliertes Wissen über die Throngöttin; Jill Hart für ihre hethitische Übersetzung; Professor Mary Boyce für ihre vorbildliche wissenschaftliche Strenge und Jenny Lewis für die Erlaubnis, ihr Gedicht »Die Amazone« vollständig wiederzugeben.

Aufrichtiger Dank gebührt außerdem den vielen Freunden, die mich inspiriert, herausgefordert oder mit nützlichen Details gefüttert haben: Diane Binnigton, Pomme Clayton, Cindy Davies, Lyn Hartman, Cherry Gilchrist, Nick Heath, Dr. Sarah Shaw, Andrew O'Connell, Jane Oldfield, Chris Spencer, Jackie Spreckley und die guten Geister des »Die Amazonen gab es!«-Internetklubs, unter ihnen »Artemis«, »Myrina« und Katherine Griffis.

Und schließlich möchte ich meinen Eltern Jan und Drew Webster dafür danken, dass sie mich finanziell unterstützt haben, während ich an diesem Buch schrieb, und meinem Mann Colin, der mir trotz schrecklicher Rückenschmerzen zur Seite stand.

REGISTER